古典文獻研究輯刊

三七編

潘美月・杜潔祥 主編

第56冊

國故新評(上)

司馬朝軍 著

國家圖書館出版品預行編目資料

國故新評（上）／司馬朝軍 著 -- 初版 -- 新北市：花木蘭文
化事業有限公司，2023〔民 112〕
目 2+226 面；19×26 公分
（古典文獻研究輯刊 三七編；第 56 冊）
ISBN 978-626-344-519-2（精裝）
1.CST：漢學 2.CST：文集
011.08   112010541

ISBN-978-626-344-519-2

古典文獻研究輯刊
三七編　第五六冊　　　　　ISBN：978-626-344-519-2

國故新評（上）

作　　　者	司馬朝軍
主　　編	潘美月、杜潔祥
總 編 輯	杜潔祥
副總編輯	楊嘉樂
編輯主任	許郁翎
編　　輯	張雅淋、潘玟靜　美術編輯　陳逸婷
出　　版	花木蘭文化事業有限公司
發 行 人	高小娟
聯絡地址	235 新北市中和區中安街七二號十三樓
	電話：02-2923-1455／傳真：02-2923-1452
網　　址	http://www.huamulan.tw 信箱 service@huamulans.com
印　　刷	普羅文化出版廣告事業
初　　版	2023 年 9 月
定　　價	三七編 58 冊（精裝）新台幣 150,000 元　　版權所有・請勿翻印

國故新評(上)

司馬朝軍 著

作者簡介

司馬朝軍,上海社會科學院歷史研究所研究員、《傳統中國》主編、《文澄閣四庫全書》總編纂、《司馬氏志》總編輯,原任武漢大學國學院經學教授、歷史學院專門史教授、信息管理學院文獻學教授、黃侃研究所研究員、中國傳統文化研究中心研究員、文獻學研究所副所長、四庫學研究中心主任、武漢大學珞珈特聘教授。著有《四庫全書總目研究》《四庫全書總目編纂考》等四庫學系列著作,主編《辨偽研究書系》,此外出版國學系列著作多種。組織主持「經學論壇」與「江南學論壇」,主編學術集刊《傳統中國研究集刊》。

提　　要

　　這是一本國學論文集。全書三十餘萬字,分為四輯,第一輯為綜論,收入 6 篇;第二輯為專論,收入 9 篇;第三輯為綜述,收入 7 篇;第四輯為書評,收入 6 篇。內容各異,形式多樣,但形散而神不散,都屬於國故之學,故以《國故新評》為題,且與《國故新證》《國故新語》《國故新略》《國故新土》配套。作者高舉「新國故」的旗子,持續推出系列作品。

小 引

　　圖書文獻學與中國古典文獻學、歷史文獻學並為文獻學的「三駕馬車」，三者之間既相互區別，又存在交叉重疊，大致是核心區清楚，而邊界模糊，它們之間的分野問題歷來說不清道不明，難以劃清界線，但在學科「戶口簿」上分別隸屬於「圖書館、情報與檔案管理」、「中國語言文學」、「中國歷史」，因此文獻學也就呈現出「三足鼎立」的局面。我對於三個方面皆有所涉獵，而對圖書文獻學尤為偏愛。我自 1986 年進入武漢大學中文系漢語言文學專業學習，同時研修圖書館學的核心課程（如目錄學、版本學、中文工具書、古籍編目、文學文獻學、歷史文獻學等），碩士階段在職研修漢語史，博士階段又在圖書館學系攻讀古典文獻學，博士後又進入復旦大學中文流動站，出站後回到武漢大學任職於圖書館學系，執教八年，講授文獻學、文史工具書等課程。這種鐘擺一樣反覆搖擺於中文系與圖書館學系的特殊經歷，使得我很早就與圖書文獻學結下了難解之緣。從目錄書（如《書目答問》、《四庫全書總目》）出發，縱覽各種叢書（如《四庫全書》、《四庫全書存目叢書》、《續修四庫全書》）、類書（如《永樂大典》、《古今圖書集成》），熟悉形形色色的工具書，通讀歷代雜家著作，通考古今偽書，橫跨經史子集，在圖書文獻學的版圖上劃出了一個個小「據點」，連成一線，恰好成為一條主要的「戰線」。

　　經過長期的探索與思考，近年我對於古代圖書已經形成了比較系統的看法，初步在《文獻學概論》等書中做了表述。最近在圖書分類方面又有所突破，本來想完成升級換代，撰寫一本《圖書學新論》的專著，以便全面系統地闡發新意，但手頭的事情比較多，一時無法集中精力來做這件事，現在只能將以往

所寫的與此相關的文章集中起來，先行出版一本國學文集。全書分為四輯，第一輯為綜論，收入 6 篇；第二輯為專論，收入 9 篇；第三輯為綜述，收入 7 篇；第四輯為書評，收入 6 篇。內容各異，形式多樣，但形散而神不散，都屬於國故之學，故以《國故新評》為題，且與先前出版的《國故新證》等配套。作為一名從百年老校摸爬滾打出來的國學教授，今後仍將一如既往地鑽研國故之學，努力篇籍，發憤求明，多打幾口深井，多出幾篇像樣的文章，陸續推出系列論文集。研究生王獻松、曾志平、沈科彥、童子希、王朋飛、黃聿龍等對於本書的部分文章皆有所貢獻，謹此致謝。

竊以為，四庫學也好，文獻學也好，都是大國學。有一派認為文獻學就是國學，在此觀念指導下的《文獻學概論》基本上與《國學概論》相差不大。其實四庫學與國學也暗通款曲，例如武漢大學國學院的研究方向設置大致就是按照經史子集來安排的。我們既是四庫學研究者，也是文獻學研究者，更是國學研究者。因此，我試圖將四庫學、文獻學與國學三者貫串為一體。毋庸諱言，三者之間既有高度的關聯，也有諸多的差別。三學相聯，環環相扣，如解連環，如脫桶底。

浮躁之氣如同霧霾一般「籠蓋四野」，一時魚龍混珠，真偽難辨，所謂聰明之士往往渾水摸魚，投機取巧，巧取豪奪，橫刀奪愛，搶灘護盤，以次充好，以假亂真，炮製「米湯大全」，大搞「豆腐渣工程」，可謂亂象叢生，險象環生，學術生態嚴重失衡，學術共同體被非學術人士與假權威劫持。文風不正，學術空氣已經嚴重毒化。《詩》云：「俟河之清，人壽幾何？」在此學術失範之際，這本書似乎有點不合時宜，書中直言不諱地批評了一些所謂磚家學者的所謂論著，快刀斬亂麻，決不留情面。我們不搞標新立異，不搞譁眾取寵，稟承學者之使命，恪守實事求是之宗旨，辨章傳統學術，考鏡文化源流，進而維護學術的尊嚴。

2016 年元旦初稿於上海國學路
2018 年元旦修改於上海國年路
2023 年春節定稿於上海澱山湖

目

次

第一輯　綜　論

戊子四庫文化宣言
——2008 年在北京大學的獲獎感言

一、鳴謝

　　拙著《〈四庫全書總目〉編纂考》一書有幸獲得「余志明《四庫全書》電子版」著作類一等獎，這既是對我十年來從事四庫學研究的最好肯定，也是對我的莫大鞭策。

　　首先，我要特別感謝香港迪志公司與上海人民出版社聯合開發的文淵閣本《四庫全書》電子版。該電子版功能強大，檢索方便，堪稱讀書之法寶，治學之利器。沒有它，拙著不可能在如此短的時間內問世。如果說沒有毛晉提供的眾多汲古閣本，也就沒有清初樸學的勃興。沒有《四庫全書》的問世，也就沒有乾嘉學術的全面復興。現在，我們仍然可以這樣說，沒有《四庫全書》電子版的問世，我們無法跳出前代學術大師的掌心。《四庫全書》電子版是多少研究者夢寐以求的東西。民國年間，黃侃、陳寅恪那代人當年聽說要影印出版紙本《四庫全書》，興奮不已，奔走相告。顧頡剛早年曾忽發狂想，恨不得一口吸盡《四庫全書》的有用信息。季羨林先生晚年憑藉通讀紙本《四庫全書》，才完成了《糖史》的寫作。今天，正是因為擁有了《四庫全書》電子版，我們的猜想與假設隨時可以得到驗證，所需要的材料可以一索即得。古人青燈黃卷，終生孜孜不倦，所得仍然有限。而我們可以在瞬間修正前人的錯誤，壯大他們的事業。有道是：「以管窺天。」過去所用之「管」乃竹管，故所窺之天既小且淺。今日所用之「管」乃電子管——射電望遠鏡，故所窺之天既深且遠。

工欲善其事，必先利其器。《四庫全書》電子版好比射電望遠鏡。憑藉如此利器，我們才有可能透視中國文化的重重迷霧，揭開其神秘面紗，真正做到究天人之際，通古今之變，「較乾嘉諸老更上層樓」。這是我們這一代學人的莫大幸運，可謂時代之恩賜。我們堅信，《四庫全書》電子版必將造福於中華文化復興的宏偉大業。

藉此機會，我還要感謝幾位良師益友。感謝清史研究泰斗戴逸先生和業師曹之教授，正是在他們的啟迪下我才捕獲到這一研究課題。感謝清代學術史權威專家王俊義先生，他對一位素不相識的青年學子給了了極大的關懷。感謝復旦大學傑出教授章培恒先生的印可。感謝武漢大學出版社社長陳慶輝教授對本人研究工作的熱情肯定和大力支持。感謝責任編輯陶佳珞編審，她為拙著的出版付出了無數的心血和汗水。感謝山東大學文史哲研究院王承略教授、武漢大學哲學學院吳根友教授，他們為我的兩本專著作出了中肯的評介。感謝所有為我提供過善意的建議甚或提出批評意見的人們！

二、宣言

其次，我要發表《戊子四庫文化宣言》的要點：

第一，重組《四庫全書》館。該館以《四庫全書》研究專家為主體，老一輩的如李裕民先生、崔富章先生等，年輕一代的如北京大學漆永祥教授、北京師範大學張昇教授、山東大學王承略教授等。此外，在四庫專書研究方面做出貢獻的專家也可參加進來。成立臨時工作機構，為整理與研究《四庫全書》提供保障。

第二，重訂《四庫全書》。《四庫全書》雖然在整理文獻方面做出了重大貢獻，同時也存在大量刪改原文的現象。學術界對《四庫全書》的版本價值是存在著疑義的，即認為《四庫全書》多有違改，而且是成於眾手，校勘不精，文字多有訛誤，不足以作為版本依據。我們計劃分幾步走，先修復其核心部分，如永樂大典本是四庫本中最有價值的部分，首先將這部分校勘好，編纂《永樂大典本叢刊》，然後再擴大戰果，分門別類，逐步將《四庫全書》重新整理一遍，使其成為名副其實的文化長城，重新贏得學界的青睞。

第三，籌建全國四庫學研究會。近年來，武漢大學成立了四庫學研究所，首都師範大學成立了《四庫全書》學術研究中心，甘肅省也成立了《四庫全書》研究會。為了整合研究力量，我們已經著手聯合同志，籌建「中國四庫學研究

會」，準備搭建一個全國性的學術研究平臺。

　　第四，培養新一代四庫學研究專家。現在，北京大學、復旦大學、武漢大學、中國人民大學、南京大學、山東大學等著名高校都紛紛開設了有關四庫學研究的課程，也受到了廣大學生的歡迎。越來越多的研究生開始將四庫學研究作為自己的志業，業已完成了不少碩士或博士學位論文，出版了一批高水平的學術專著。新一代四庫學研究者任重道遠，因為他們肩負著繼往開來的光榮使命。

三、展望

　　從四部之學到七科之學，通人之學一變而為專家之學。五四以降，專家日眾，通人日少，流弊亦日顯。在一個大師匱乏的時代，我們感到寂寞，也日益認識到通人之學的可貴。我們相信，四庫學作為一個具有強大生命力的綜合性、邊緣性的學科，它將日益受到學界關注。四部之學的復興，應該成為中國文化復興的標誌。只有復興中國文化，才有可能再造大師。四庫學的研究還有著巨大的發展空間，仍然是一個值得矚目與期待的領域，在此領域內完全有可能湧現一批像余嘉錫、陳垣那樣的大師級人物。振興四部之學，這是時代的呼喚，也是歷史的使命。

四庫學研究的戰略思考

摘要：

從學術發展的戰略高度出發，就當前四庫學研究工作提出了九條建議：第一，《四庫全書》宜校讎完善；第二，《四庫提要》宜精校精注；第三，四庫學研究力量宜整合為一；第四，四庫學之學術史宜系統清理；第五，《四庫全書》宜轉換編纂模式；第六，《四庫全書》宜轉換理論模式；第七，《四庫全書》宜先修復核心區；第八，《四庫學大辭典》宜重新編纂；第九，《四庫全書》宜在洛陽建第八閣——文正閣。

關鍵詞：四庫學；四庫全書；四庫提要；戰略思考；學術史

20 世紀是四庫學由濫觴到蓬勃發展的重要時期。這一時期，雖然文淵閣《四庫全書》在 80 年代後期影印出版，而文溯、文津和文瀾四閣珍藏的《四庫全書》尚藏在深閣人未識，但憑藉幾代學者的不懈努力，在《四庫提要》的訂誤補遺和四庫學的各個研究領域，仍然取得了令人矚目的成績。此為人所共知，無庸贅述。

近二十年來，四庫出版熱持續升溫，1997 年齊魯書社出版《四庫全書存目叢書》，2000 年北京出版社出版《四庫禁燬書叢刊》、《四庫未收書輯刊》，2002 年上海古籍出版社推出《續修四庫全書》，2003 年上海古籍出版社重印文淵閣《四庫全書》，2004 年鷺江出版社出版文淵閣《四庫全書》線裝影印本，同年商務印書館開始影印文津閣《四庫全書》，杭州出版社也正在積極準備實施文瀾閣《四庫全書》的全部影印，甘肅方面也將影印文溯閣《四庫全書》提上了議事日程。2005 年出臺的甘肅省「十一五」規劃的文化建設工程中，文

溯閣《四庫全書》出版影印項目被列在第一項,並積極實施文溯閣《四庫全書》數字化工程。

　　「出版熱」引發了「研究熱」,人們對四庫學的研究開始自覺地上升到了建立新學科的高度,「四庫學」、「四庫全書學」、「四庫全書總目學」等概念逐漸被提出來,《四庫提要訂誤》(增訂版)、《四庫全書總目辨誤》、《四庫全書總目研究》、《四庫全書總目編纂考》、《四庫禁燬書研究》、《文瀾閣與四庫全書》、《四庫存目標注》、《四庫全書館研究》、《〈四庫全書總目〉的官學約束與學術缺失》等專著紛紛出版。2008 年春,筆者曾在北京大學發表「宣言」,談了自己的幾點看法〔註1〕。有些已經引起有關方面的注意,如重建四庫館一事,在著名出版人盧仁龍先生的推動下,北京文物局在萬壽寺萬壽閣一度建立了「四庫全書新館」(現在已經歇菜),著名作家、學者何香久先生也在滄州創建了「四庫全書新館」(此館生意興隆,方興未艾)。

　　四庫學當前還有哪些工作需要進行,關係到四庫學如何繼續發展,自然成為學者關心的重大問題。對此,筆者冒昧獻芹,談幾點想法,敬請行家教正。

一、《四庫全書》宜校讎完善

　　毋庸諱言,《四庫全書》因為任意篡改歷史文獻而備受學人詬病。《四庫全書》不是善本,自問世以來,不為學界主流人士所重視。魯迅先生更是一針見血地指出:「清朝的考據家有人說過,『明人好刻古書而古書亡』,因為他們妄行校改。我以為這之後,則清人纂修《四庫全書》而古書亡,因為他們變亂舊式,刪改原文;今人標點古書而古書亡,因為他們亂點一通,佛頭著糞:這是古書的水火兵蟲以外的三大厄。」〔註2〕因為魯迅的特殊政治地位,他的這種極為偏激的論調長期處於話語霸權地位,更加強化了人們對《四庫全書》的不信任感。

　　與此同時,我們也注意到,還有一種微弱的聲音。現代著名藏書家倫明先生大約在一九二一年底、一九二二年初致函陳垣稱:

〔註1〕筆者於 2008 年 3 月在北京大學召開的「第三屆余志明《文淵閣四庫全書電子版》學術成果獎」頒獎大會上提出四點建議:第一,重組《四庫全書》館;第二,重訂《四庫全書》;第三,籌建全國四庫學研究會;第四,培養新一代四庫學研究專家。

〔註2〕魯迅:《病後雜談之餘》,《且介亭雜文》,北京:人民文學出版社,1973 年,第153 頁。今按:《四庫全書》到底多大程度上「變亂舊式,刪改原文」?至今還無人能說明白。

（二）為校讎《四庫全書》也。前此曾有刊印《四庫》之議，但此書之訛脫，觸目而是，若任刊布，貽笑外人（前日本人某曾著論言之）。且傳佈此訛脫不完善之本亦奚取乎？但此書博大，校讎不易。現在教部人員極冗，一時諒難裁撤。其中文理清通者當不乏人，與其畫諾而無所事事，何如移一部分之人以校此書。且館中人員亦不少，若去其素餐者以置清通之人，不一二年，此書便可校完。在國家不費分文而成此大業，何快如之。至校書之法，則宜將內務部新得之《四庫》或再借用文淵閣之《四庫》，至各書之有刻本者亦居大多數，皆可取資也。〔註3〕

此議雖善，未見實現。倫明當時雖以藏書聞名，又有「廣東通儒」之稱，但畢竟人微言輕。當然，倫明的提議也未能準確地估計校勘《四庫全書》的難度，以為「不一二年，此書便可校完」，又稱「在國家不費分文而成此大業」，均是紙上談兵。一部如此巨大的叢書，其中的問題又是如此的複雜，在國家不費分文的前提下，在如此短的時間內是無法完成校勘大業的。陳垣雖居高位，領袖群倫，時人稱他為中國的桑原騭藏；伯希和認為只有陳垣與王國維才稱得上「近代中國之世界學者」。尹炎武來函稱：「勵耘謂勵耘手有爐錘，眼似岩電，筆端詼詭，時令人忍俊不禁。考據之業，到此境界，真神乎其技，空前絕後也，豈特當世無兩哉！」〔註4〕即使這樣一位重量級學者，當時也無力回天。但陳垣畢竟是當時最熟悉《四庫全書》的人，就連余嘉錫也要向他請教。他曾經費十年之力清點文津閣《四庫全書》，編輯多種四庫學論著，且精心校勘四庫本《舊五代史》，撰成《舊五代史輯本發覆》。其子陳樂素幹父之蠱，亦以史學名家。他在《陳垣同志的史學研究》一文中指出：「他（指陳垣學生——引者注）運用校勘學方法考察古籍的又一成果，是 1937 年寫成的《舊五代史輯本發覆》。薛居正等編的《五代史》，因後出的歐陽修的《五代史記》而被稱為『舊五代史』，而且逐漸被埋沒不見用；元、明以後，更少流傳。清乾隆年間開四庫全書館，館臣從《永樂大典》中輯出《薛史》，詔頒布於學官。但當時四庫館臣為避免政治上的嫌忌，將《薛史》原文中虜、戎、胡、夷、狄、蕃酋、偽等字眼，儘量改竄，失去了《薛史》的本來面目。陳

〔註3〕陳智超編注：《陳垣來往書信集》（增訂本），北京：生活・讀書・新知三聯書店，2010 年，第 74～75 頁。

〔註4〕陳智超編注：《陳垣來往書信集》（增訂本），北京：生活・讀書・新知三聯書店，2010 年，第 141 頁。

垣同志根據《冊府元龜》、《歐史》、《資治通鑑》等書，把輯本《薛史》中改
竄的字句校勘出來，恢復它本來面目，並指出當日館臣之所以改竄《薛史》
原文，實際是不滿於清朝的統治。這就不僅限於校勘，而且表彰了當日館臣
的政治態度。」〔註5〕傅增湘序云：「凡有清一代敕編之籍，官撰之書，皆可
遵循此例，窺尋筆削之旨，以揭其縛束鈐制之威。是援庵此作，寧獨為《薛
史》發其覆乎？」陳垣的學術秘書劉乃和亦云：「他寫《舊五代史輯本發覆》
一書時，搜集資料、例證極多，稿本有三尺多厚，但他刪繁去複，僅存一百
九十四條，文章寫成只有二萬多字。用舉例的辦法，總結出幾類問題。他說
老輩著書，常有本人刪不用的材料，後輩不知，得到幾條資料，反以為是新
發現，拿來寫『某某書補』，又把作者原已刪去的材料給補上，就大可不必
了。」〔註6〕

薪盡火傳。陳垣嫡孫陳智超承繼祖業，仿《舊五代史輯本發覆》而作《四
庫本續資治通鑑長編發覆》〔註7〕，他以五朝本校四庫本，考察四庫館臣的竄
改情況，有兩點發現：一是改譯遼、西夏等人名、地名、官名。二是因忌諱而
竄改。四庫館臣忌諱甚多，如忌「虜」、忌「胡」、忌「狄」、忌「戎」、忌「夷」、
忌「寇」、忌「夷狄」、忌「戎狄」、忌「犬戎」、忌「蠻夷」、忌「戎虜」、忌「腥
膻」。其中最忌者為「虜」。其結論為：「四庫館臣對夷、狄等字有改有不改，
四庫各本所改也不完全一致，說明這確實不是當時清朝的規定，而是四庫館
臣之間的默契。對宋人指斥遼人處特別敏感，說明館臣心目中的清朝同遼朝
一樣，即都是起自東北而入主中原。冒著大不敬的罪名而把此等字改換，曲折
地反映了當時清朝思想控制之嚴厲以及四庫館臣在清朝高壓統治下的不滿
情緒。」繼而又作《四庫本建炎以來繫年要錄發覆》〔註8〕，其結論之一為：
「《要錄》既然是研究宋代（特別是高宗一朝三十六年）的基本史料之一，而
四庫館臣的竄改所涉及的又是當時至關重要的宋金關係問題，因此很有必要
恢復其本來面目。」陳氏祖孫篳路藍縷，功不可沒。遺憾的是，很少有人再繼
續以「陳門家法」校勘「四庫本」。

近年隨著《文淵閣四庫全書電子版》的問世，「四庫本」的引用得到很大

〔註5〕陳樂素：《陳垣同志的史學研究》，《中國史研究》1980年第4期。

〔註6〕劉乃和：《「書屋而今號勵耘」》，《勵耘書屋問學記》增訂本，北京：生活·讀
　　　書·新知三聯書店，2006年，第183頁。

〔註7〕陳智超：《四庫本續資治通鑑長編發覆》，《社會科學戰線》，1987年第3期。

〔註8〕陳智超：《四庫本建炎以來繫年要錄發覆》，《社會科學戰線》，1988年第3期。

的改觀，可以說是從無人問津到鋪天蓋地地徵用。許多治學嚴謹的老先生公開發布戒律——「除了只有四庫特有的部分外，一律不得輕易徵引『四庫本』！」當今學界人士在古籍整理與研究中，一般也繞道而行，將「四庫本」排除在外。凡此種種，未免因噎廢食，但治標不治本，不能從根本上解決問題。如何才能改變此種局面，變廢為寶呢？我想，唯一的辦法就是聯合全國古籍整理研究的力量，全面校勘《四庫全書》，使之成為善本，將此鈍器改造為治學的利器。倫明先生確有先見之明，不愧為「一代通儒」，九十年前即有此倡議，可惜他生不逢時，無力成此偉業。當然，茲事體大，亦決非一人之力所能勝任。

我們不妨打個不太恰當的比方——《四庫全書》好比一棟「爛尾樓」，毛坯已成，未能裝修。同時也是前人賜給我們的機遇！機不可失，失不再來。如果我們不急起直追，很可能會被日本人或其他國家的人搶先去做。尤其是日本學者，他們向來長於資料排比，製作了大量精良的資料書，他們一旦對代表中國文化的《四庫全書》發生興趣，恐怕國人難以與之爭鋒。大家只要看看敦煌學的研究歷史——日本一些學者一度狂妄地宣稱：「敦煌在中國，敦煌學在日本。」——就可以推知一二。二十年前，長期在臺北故宮博物院守護文淵閣《四庫全書》的吳哲夫先生，在復旦大學的一次演講中就談到了《四庫全書》的校勘問題，不過他當時只是泛泛而談，還沒有提到戰略的高度。現在，我們再次倡議——設立國家級專項基金或重大項目，作為一項戰略任務，組織全國各相關研究人員集體攻關。校讎四庫，功在文化。我們不能讓陳垣一門專美，更不能讓洋人搶先！為了盡快形成統一的四庫學研究共同體，當代的四庫學研究者應該迅速聯合起來！

二、《四庫提要》宜精校精注

《四庫全書總目》（簡稱《四庫提要》）是《四庫全書》的副產品，是中國古典目錄的典範之作，也是中國學術文化史上的經典之作。自它問世之日起，就對中國學術產生了重大的影響，成為讀書治學的必備工具書。

《四庫全書總目》一書，以前通行的版本主要有殿本和浙本。殿本即武英殿聚珍本，乾隆六十年（1795）刊行。浙本也刊行於此年，由浙江布政使謝啟昆刊刻。兩本的差異和優劣，已有許多學者作過研究，兩本間並無因襲關係。浙本依據杭州所存文瀾閣本印行，校勘認真，能夠保持四庫館寫定時的面貌。

殿本由於以內府名義刊刻，付印前做了較多的加工，刪削了一些評語偏激的內容，也刪除了一些語涉禁忌的文字，同時覆核引文，潤飾行文，另成面貌。中華書局 1965 年影印本所據為浙本，1997 年整理本則以殿本為底本，各有取資的理由，不可偏廢。現在文淵閣本和文津閣本《四庫全書》都已影印出版，二本書前提要都得以面世，文溯閣本提要也有金毓黻印本通行。

復旦大學中文系教授陳尚君先生在其《四庫提要精讀·導言》中指出：「今後如果有人將現存各家分纂稿、各本《總目》及書前提要會校成書，當可以為最好的文本。」〔註9〕

這與筆者的想法可謂不謀而合。我自大學本科階段就開始暗中摸索四庫，1998 年秋天考上博士之後，在業師曹之先生的精心指導下，正式向《四庫提要》宣戰，計劃系統全面地研究《四庫提要》，當時準備分三步走：第一步，完成博士論文，做《四庫提要》的總體研究，包括文獻學研究與思想傾向研究；第二部，做《四庫提要》的系列專題研究，包括做《四庫提要》的編纂研究、版本研究及文獻學專題研究；第三部，做《四庫提要》的文本校勘與注釋，包括現存四庫分纂提要稿、各本《總目》、各閣書前提要、《薈要提要》、《簡目》，並充分吸收所有考辨成果（如胡玉縉、余嘉錫、李裕民等人的專書與其他相關論文），進而發掘清代學者的零星成果，並下己見。2004 年武漢大學批准了我的計劃，正式將《四庫全書總目匯考》列入校級重大項目。我於 2008 年推出了《四庫全書總目精華錄》一書，即是該項目的前期成果。近年來我前後主持了十多項科研項目，不斷有其他事情捲進來，沒有全力以赴，影響了研究進度，今後當再接再厲，完成這一重大戰略任務。

我們也注意到，學界還有好幾家也在做這個項目。如臺北「中央」研究院文哲所林慶彰先生 2011 年 6 月親口告訴我，他們已將有關《四庫提要》的文獻彙編成「叢書」，即將出版。甘肅省圖書館館現在對《文溯閣四庫全書提要》進行點校出版的項目，將充分吸收一百多年來學者對《四庫全書》的研究成果，並以《四庫全書總目》以及文淵閣、文津閣、文溯閣庫本提要和提要稿本，對其進行校勘，比較異同。盧仁龍先生也正在做文津閣本《四庫提要》的整理。臺北、河北、南京等地據說都有人在做類似的項目。又聞上海古籍出版社也將推出一個「會校本」。既然在此「一敵三分地」裏出現了如此熱鬧的競爭場面，我們也只好奉陪到底，盡力做出特色，做成精品。

〔註 9〕陳尚君：《四庫提要精讀》，上海：復旦大學出版社，2008 年，第 22 頁。

三、四庫學研究力量宜整合為一

「四庫學」一詞，在 20 世紀 80 年代初期才正式由昌彼得、劉兆祐等先生提出來。著名版本目錄學家、臺灣故宮博物院副院長昌彼得先生在《「四庫學」的展望》中說：「『四庫學』名稱，我不知何時始見於文獻。1983 年臺灣計劃影印文淵閣四庫時，我寫了一篇《影印四庫的意義》一文中，即標出了『四庫學』一辭。」〔註10〕同年 7 月，時任臺灣東吳大學中文研究所所長劉兆祐發表了題為《民國以來的四庫學》的文章，文中說：「到了民國，從事《四庫全書》有關問題研究的風氣很盛，所涉及的範圍也很廣……為了使這門研究工作，成為有系統的學識，我稱之『四庫學』。」〔註11〕1998 年，臺灣淡江大學舉辦「首屆四庫學研討會」。近 30 年來，尤其是近十年來，進入到四庫學陣地的人越來越多，可以說是從四面八方湧向這一領地，既有研究文學的，也有研究史學的，還有研究哲學的，甚至還有研究科學技術史的。

1993 年，海南大學舉辦「中國首屆《四庫全書》研討會」，並成立了「海南大學《四庫全書》研究中心」。正如周積明教授指出的：「『中心』的成立與『學術研討會』的召開本來是大陸『四庫學』集結力量和深化研究的契機，但『中心』宣布成立以後，基本上是偃旗息鼓，未見後續舉措，頗為令人遺憾。」〔註12〕

2003 年，首都師範大學「《四庫全書》學術研究中心」成立，由寧可教授擔任中心主任，傅璇琮先生任學術委員會主席，傅璇琮、孫欽善、陳祖武、詹福瑞、李致忠、楊忠、周少川、黃愛平、盧仁龍等人為首批學術委員。據盧仁龍先生介紹，該「中心」宣布成立以後，基本上也是偃旗息鼓。

2004 年，武漢大學「四庫學研究所」成立，2011 年更名為「四庫學研究中心」，由司馬朝軍擔任負責人。本中心自成立以來，開展了系列科研項目的研究，也取得了系列研究成果，多次獲得國家級項目和學術獎勵。

2005 年 7 月，甘肅省《四庫全書》研究會成立，甘肅省圖書館館長郭向東擔任會長。2011 年換屆，郭向東館長繼續擔任第二屆會長，甘肅省圖書館易雪梅研究員、蘭州大學敦煌學研究所所長鄭炳林教授、蘭州大學歷史文化學院伏俊璉教授、西北師範大學敦煌學研究所李並成教授、甘肅省古籍編譯中心

〔註10〕淡江大學中國文學系主編：《兩岸四庫學》，臺北：學生書局，1998 年，第 1 頁。

〔註11〕劉兆祐：《民國以來的四庫學》，《漢學研究通訊》，1983 年第 2 卷 3 期。

〔註12〕周積明：《「四庫學」：歷史與思考》，《清史研究》，2000 年第 3 期。

主任高國祥為副會長。甘肅省圖書館在「文溯閣《四庫全書》藏書樓」落成啟用之機，在蘭州舉辦了海峽兩岸「四庫學」專家參加的《四庫全書》討論會，會後出版了論文集。甘肅省圖將有序啟動文溯閣《四庫全書》藏書館對公眾全面開放，打造甘肅文化旅遊新地標。利用現代科技手段，逐步實現文溯閣《四庫全書》藏書館多維展示的全面數字化，方便遊客通過網絡領略其全貌。同時，編輯出版《文溯閣〈四庫全書〉書前提要》等系列成果。

隨著這些研究機構的成立與學術影響的擴大，越來越多的學者投身於《四庫全書》的研究。為了使《四庫全節》的研究在全國範圍內有計劃、有重點地進行，更好地開展各項學術活動、更有利地利用各種社會資源，學術機構和學者之間的聯繫和交流就顯得越來越重要，越來越迫切。因此，有必要建立海內外四庫學者知四庫研究機構之間的溝通。〔註13〕為了整合研究力量，加強學術交流，我們應該盡快成立「中國四庫學研究會」，搭建一個全國性的學術研究平臺。

四、四庫學之學術史宜系統清理

現在強調學術要與國際接軌，因而學術史的清理十分重要。20 世紀結束之際，很多學科都對本領域的學術史進行了系統的清理。譬如：英年早逝的沈頌金對簡帛學的學術史所做的清理，全面系統，受到學界的讚賞〔註14〕。戴逸先生主編的《二十世紀中華學案》（北京圖書館出版社，2002 年），對二十世紀的學術史所做的清理，範圍較廣，系統較強，也受到學界的好評。陳文新教授正在主編百卷本《20 世紀中國學術檔案》，規模宏大，體例新穎，值得期待。而從四庫學來說，學術史的清理卻做得還很不夠。

儘管「四庫學」一詞出現較晚，其實，關於四庫學的研究可以一直追溯到《四庫全書》編纂之時。近三十年來，學界關於四庫學的學術史研究方面已經出現了一些論著，主要有下列文章：

1983 年，劉兆祐先生撰《民國以來的四庫學》，發表於《漢學研究通訊》第 2 卷第 3 期之上，文雖過於簡略，但「四庫學」的意識還是比較顯豁的。

1994 年，楊晉龍先生總結既往研究的得失，歸納前人研究四庫學存在的

〔註13〕郭向東：《四庫全書研究文集·序》，甘肅省圖書館、甘肅四庫全書研究會編：《四庫全書研究文集——2005 年四庫全書研討會文選》，蘭州：敦煌文藝出版社，2006 年。

〔註14〕沈頌金：《二十世紀簡帛學研究》，北京：學苑出版社，2003 年。

十大問題，即促成編纂、思想歸屬、《總目》名稱、刻本抄本、成書時間、編
纂動機、內容刪改、文字獄關聯、學術影響、價值評量，主張改變「先人為主」、
「輕信權威」、「規過前人」的研究態度，採用新的研究方式，直接從《全書》
和《總目》內容的「瞭解」上著手，放棄政治史的研究觀點，改從文化史的角
度進行研究。〔註15〕

　　2000 年，周積明教授將「四庫學」史大致可以分為三個階段。第一階段：
乾嘉之際至光宣年間，以《禁書目合刻》、《四庫全書簡明目錄標注》與《邵
亭知見傳本書目》為代表。第二階段：民國年間（1911～1949），其標誌有三：
其一，一大批著名學者參人《四庫全書》以及相關書籍的研究，從而推動「四
庫學」形成一種規模；其二，產生了本門學科的「典範」著作：《四庫全書考
異》、《四庫提要辯證》、《四庫全書總目提要補正》；其三，「四庫學」的研究
領域不斷開拓，形成不同方向。第三階段：1949 年至今。對四庫學史作了粗
線條的勾勒，對四庫學的研究範圍和研究內容提出了自己的看見，提出了四
庫學研究的三種類型，即四庫學的文獻研究、史學研究和文化研究，主張在
實證研究、文獻研究的同時，強化文化研究，倡導從宏觀視野去思考問題、
開掘課題。〔註16〕

　　2002 年，崔富章教授指出了 20 世紀的四庫學研究存在的種種誤區。〔註17〕

　　2004 年，陳仕華教授對於臺灣 50 年來的四庫學研究進行了總結，提出了
獨到的見解，即以四庫學作為研究清代文化、學術史的基礎；借由纂修研究，
瞭解其組織、管理、徵集、採錄，作為編纂大型圖書的經驗；研究《四庫提要》
之義例，提倡「提要學」；研究《四庫提要》內在之文化意涵，可作為清代學
術文化之依據。同時，他也注意到《四庫提要》的彙集整理問題。〔註18〕

　　2005 年，王世偉教授發表了《關於近年來《四庫全書》研究的若干問題》，
他將 20 世紀 80 年代初以來的《四庫全書》研究的主要領域和問題歸納為八個
方面：《四庫全書總目》研究、《四庫全書》的地方文獻研究、《四庫全書》的
校勘與考證、《四庫全書》纂修研究、《四庫全書》的人物研究、《四庫全書》
所收專門文獻研究、《四庫全書》的專題研究、《四庫全書》的現代化研究。他

〔註15〕楊晉龍：《「四庫學」研究的反思》，《中國文哲研究集刊》，1994 年。
〔註16〕周積明：《「四庫學」：歷史與思考》，《清史研究》，2000 年第 3 期。
〔註17〕崔富章：《20 世紀四庫學研究之誤區》，《書目季刊》，2002 年第 1 期。
〔註18〕邱炯友、周彥文主編：《五十年來的圖書文獻學研究》，臺北：學生書局，2004
　　　　年，第 308～309 頁。

認為，研究方法中的史料整理、比較研究、歸納演繹等是其中的一些有特點的研究方法。〔註19〕

2007年，筆者發表《近十年四庫學研究綜述》，回顧1995年至2005年四庫學研究所取得的重要成績，評述其成敗得失。〔註20〕

2008年，陳曉華編寫的《「四庫總目學」史》〔註21〕，是她在博士學位論文的基礎上修改而成的。原稿多為滯後之論。書稿較論文稿作了一些修補，但是對《四庫總目》的學術史所做的清理，範圍較狹，系統較弱，對材料的發掘不夠深入，仍然沒有進行系統清理，既沒有分析清成敗得失，也沒有指明今後努力的方向。全書結構不合理，如第二章為《四庫全書總目》之補撰，第三章為《四庫全書總目》之續編，皆是離題之言，未免節外生枝。其持論亦欠公允。

近年來，學界一直有人在做四庫學的學術史的梳理工作，但還不系統，不完善。例如，余嘉錫先生以《四庫提要辯證》一書成為了四庫學的示範之作，功不可沒。但他的所謂乾嘉諸儒對《四庫提要》「不敢置一詞」的說法是極不準確的。不無遺憾的是，很多人迷信此種似是而非的說法。此說遮蔽了一段學術史的真相。其實，從乾嘉至晚清這段時間，許多學者都對四庫學展開了研究，其成果散見於各種文集、筆記、書目、日記之中，可惜這部分材料發掘不夠，這段學術史至今還是模糊不清的。近年我們就發現了大量不為人注意的史料，將以系列論文的形式逐步推出。

正是由於四庫學的學術史的清理做得很不夠，導致原創性研究日益減少，重複性研究日益增多。這種重複性研究主要表現為：

不知前人已有研究，而以為是自我作古，由己原創。這種重複性研究最受國外學者詬病。例如，《四庫提要》的辨偽成就，自張之洞、梁啟超等人就注意到了，而張心澂《偽書通考》更是充量吸收了這些成果。張心澂狡猾的手法矇騙了中外學人，對後來者也不無干擾。筆者經過仔細比勘，才勘破此重公案，詳細結果已經收到我的論文集《文獻辨偽學研究》之中。這本書集早已於

〔註19〕王世偉：《關於近年來《四庫全書》研究的若干問題》，甘肅省圖書館、甘肅四庫全書研究會編：《四庫全書研究文集——2005年四庫全書研討會文選》，敦煌文藝出版社，2006年，第209～214頁。

〔註20〕司馬朝軍：《近十年四庫學研究綜述》，《圖書館學研究進展》，武漢：武漢大學出版社，2007年，第835～871頁。

〔註21〕陳曉華：《「四庫總目學」史》，北京：商務印書館，2008年。

2008 年 6 月由武漢大學出版社公開出版，而有人在 2010 年提交的博士學位論文《清代文獻辨偽學研究》居然大言不慚地宣稱這是他的「原創」！該篇論文自始至終沒有提到《文獻辨偽學研究》，彷彿根本不存在一樣。如此閉門造車，真不知學問是怎麼做成的？如果他真的沒有看到，說明他孤陋寡聞到了怎樣的程度。這在信息時代是不能容忍的！只要在網上搜索「文獻辨偽學」，自然會搜到我的書！筆者的《四庫全書總目研究》於 2001 年通過博士論文答辯，經修改後又於 2004 年公開出版。在出版後，其中的很多章節，居然被一些博士或碩士學位論文巧取豪奪、瓜分豆剖！筆者的另外一部書《四庫全書總目編纂考》的部分內容也為某些「博士生」「卷我屋上三重茅」，「公然抱茅入林去」！筆者前些年發現的張羲年的提要稿，早已刊佈在《圖書與情報》雜誌上，幾年之後竟然又被人當作他們的「新發現」刊登在另外一家圖書館學的雜誌上。《〈翁方綱纂四庫提要稿〉「不應存目」書籍之標準淺論》《從〈翁方綱纂四庫提要稿〉看「不應存目」書籍之標準》等文與筆者的相關文章也沒有釐清界線。這種奇怪的現象值得警惕啊！

為此，我以為，對於四庫學的學術史的清理，我們應該予以高度重視。如果無法組織專門力量，也應委託某個機構，進行這項工作。一方面對以往研究成果進行系統總結，編纂完備的「研究目錄索引」和「研究概覽」；另外一方面，對未來的成果也要定期總結，待條件成熟時最好辦一份《四庫學研究年鑒》。只有對四庫學的學術史進行全面系統的清理，才能保證四庫學朝著健康穩定的方向發展。

五、《四庫全書》宜轉換編纂模式

眾所周知，《四庫全書》並非全書，而是一部「殘書」。《四庫全書存目叢書》正續編的出版，《續修四庫全書》的推出，使「殘書」變「全書」邁出了一大步。北京出版社出版的《四庫禁燬書叢刊》《四庫未收書輯刊》也可以視為《四庫全書》的擴展與延伸。

以上各種出版策劃都是「借殼上市」「借船出海」，都是借助「四庫」這一會下金蛋的鵝謀取暴利。毋庸諱言，他們在傳播四庫文化方面起到了一定的作用，但主要還是盈利為主，因為他們沒有絲毫改變《四庫全書》原來的編纂模式，只是簡單地影印出版而已。

《四庫全書》原來的編纂模式就是「欽定模式」，具體而言，就是在乾隆

皇帝的親自監督下，對於 18 世紀以前的傳世文獻進行了一次系統清理，企圖
將所有不利於滿族的歷史文獻一網打盡，清而除之，禁而毀之，不動聲色地將
負面信息格式化。「欽定模式」的拍板權最終掌握在乾隆帝自己手中，紀昀、
陸錫熊以下所有參編人員不過是跑龍套的。

　　《四庫全書》被乾隆帝帶到溝裏去了，加上原來的那套官修圖書的「欽定
模式」效率低下，質量低劣，錯誤無數，被證明是死路一條。若採用現行企業
招標的項目模式也難以完成，一是項目在時間方面有限制，二是限制超大規模
的項目，三是資金方面力度不夠，四是在體制內難以組建團隊，五是要花費大
量時間去應付各種無聊的檢查。

　　今後的編纂模式應該改為「民營模式」，由一個強大的編修團隊引導數以
千計的志願者共同參與，採取比較靈活務實的原則，傳統治學方式與現代技術
手段相結合，並行不悖，相得益彰。

六、《四庫全書》宜轉換理論模式

　　四庫學研究比較盛行的一直是考據模式，它對於四庫學的推進功不可沒，
但畢竟缺少理論色彩。郭伯恭、楊家駱的模式各有利弊，效法前者較多，亦步
亦趨，依樣畫瓢，似乎積薪，未必是後來居上；效法後者較少，楊家駱的模式
可謂曲高和寡，暗而不彰。文化模式一度令人耳目一新，以周積明教授的《文
化視野下的四庫全書總目》為代表，但此模式後勁不足，沒有持續跟進。

　　四庫學研究如何轉換理論模式？這是一個大問題，且關係到四庫學的生
死存亡。

　　下面我們以「四庫＋X」的方式擴展一下論域：

　　（一）四庫＋學科

　　四庫＋文獻學＝四庫文獻學

　　四庫＋文藝學＝四庫文藝學

　　四庫＋設計學＝四庫設計學

　　四庫＋傳播學＝四庫傳播學

　　四庫＋文化學＝四庫文化學

　　四庫＋知識學＝四庫知識學

　　四庫＋社會學＝四庫社會學

　　…………

現代學科制度下知識的生產方式發生了很大的改觀。新舊知識體系的碰撞會產生無數的思想火花，形成新的思想結晶，進而形成新的學科分支。

（二）四庫＋理論

四庫＋系統論＝四庫系統論

四庫＋控制論＝四庫控制論

四庫＋信息論＝四庫信息論

四庫＋結構論＝四庫結構論

四庫＋協同論＝四庫協同論

四庫＋突變論＝四庫突變論（？）

…………

新的理論如同強大的光柱，可以照亮舊知識體系的深邃之徑。曾幾何時，老三論、新三論曾經捲起千堆雪，引無數英雄竟折腰，可惜當時《四庫全書》還沒有影印出版，學術界還無法把這些理論搬進到四庫學的領域。現在老三論也好，新三論也罷，似乎不再時髦，誠所謂理論是灰色的，而生命之樹常青。我斗膽地說，這些理論仍然可以引進到四庫學的領域之中。理論聯繫實際，各種西學理論都可以聯繫四庫之實際，我們要大膽嘗試，打開一道道的門，放出一道道的光。

（三）四庫＋方法

四庫＋詮釋＝四庫詮釋學

四庫＋考據＝四庫考據學

四庫＋辨偽＝四庫辨偽學

四庫＋關鍵詞＝四庫關鍵詞研究

…………

考據、辨偽是國學固有之方法，詮釋學是化理論為方法，關鍵詞研究是文化史研究方法。無論舊方法，還是新方法，都可以運用於四庫學研究。黃侃曾經反對使用新方法，這是抱殘守缺，難以融會貫通。惟有會通中西，才能打通四庫。

（四）四庫＋視角

四庫＋文化遺產

四庫＋文化原典

四庫＋文化品牌

四庫＋文化記憶

…………

新的視角往往會得出新的結論。例如，何宗美教授的《〈四庫全書〉申遺芻想與研究前瞻》就是以文化遺產的視角切入，得出如下結論：「作為文化遺產的《四庫全書》在文物一項至少包括纂修文物和書籍文物兩類。這兩類又由數量龐大、內容豐富的書籍及相關文物構成，堪稱多姿多彩。現存文淵閣等，作為清代皇家藏書樓即中國古代國家藏書樓的標誌性建築，具有重要的文化遺產價值。歷盡滄桑而幸存下來的《四庫全書》及其藏書樓，其重大意義不僅在於見證了一部偉大書籍的命運史，而且見證了一個偉大民族的命運史，同時還說明中華民族不僅是一個能夠創造輝煌文化的偉大民族，而且是一個不惜一切代價保護文化遺產的偉大民族。把《四庫全書》當作文物、當作文化遺產嘗試對它的重新定位，則將帶來《四庫全書》及其研究的一個新時代。」（詳見《河北大學學報》2020 年第 1 期）

假如我們繼續從文化品牌、文化記憶等視角切入，打開新的思路，我們完全可以嘗試出許多的新路子。未來的四庫學家，請你們大膽思考，勇於突破，不妨嘗試用各種各樣的理論鑰匙，八仙過海，各顯神通，摸索出新的路徑。

七、《四庫全書》宜先修復核心區

《四庫全書》核心區是什麼？就是「永樂大典本」。《四庫全書》的編纂當初就與利用《永樂大典》密切相關。

宜先修復這一核心區。我們正在進行這個工作，具體情況請參考拙文《〈永樂大典「聚珍」〉出版前言》。

八、《四庫學大辭典》宜重新編纂

如何重新裝修好《四庫全書》這棟「爛尾樓」？這是乾隆大帝遺留的歷史難題——一個無法繞開的天坑，姑且稱之為「乾隆陷阱」。我們不妨另闢蹊徑，以「大辭典」的形式編纂一部別樣的「四庫全書」。

楊家駱先生、李學勤先生都編纂過四庫學方面的辭典——《四庫全書學典》《四庫大辭典》，各領風騷數十年，至今已覺不新鮮，需要另起爐灶，重新編輯。

　　如何重新編纂《四庫學大辭典》？這個問題我們擬專題討論，茲不贅述。

九、《四庫全書》宜在洛陽建第八閣——文正閣

　　洛陽處於「天下之中」，是河洛文化的發祥地，也是中國文化的發源地。自中國的第一個王朝夏朝開始，先後有商、西周、東周、東漢、曹魏、西晉、北魏、隋、唐、後梁、後唐、後晉等十三個朝代在此建都，近代的學者認為通過對史書記載和考古發現的研究，洛陽應該是十五朝古都，在十三朝的基礎之上，再加上西漢和武周兩個朝代。

　　中華文化的原典多與洛陽密切攸關，已經有不少專家論及此題。

　　中華古代風流人物多與洛陽密切攸關，或生於斯長於斯，或客居於斯，多多少少留下了寶貴的精神財富。

　　先祖溫公《過故洛陽城》詩云：「四合連山繚繞青，三川蕩漾白浪明。春風不識興亡事，草色年年滿老城。煙悉雨嘯黍華生，宮闕簪裳舊帝京。若問古今興廢事，請君只看洛陽城。」洛陽親友如相問，一片冰心在玉壺。獨樂之樂究何如，千年古城早無語。

　　「若問古今興廢事，請君只看洛陽城。」洛陽不僅要保護好前人留下的文化遺址（如獨樂園之類），更應該建設具有象徵中華文化的地標式官方藏書樓。乾隆皇帝當年建立四庫七閣，「北四閣」皆為皇家宮闕或者行宮，「南三閣」亦為皇家行宮，而忘記了文化古都洛陽，未免遺珠之憾。因此，現在應該在洛陽建立四庫之第八閣，最好是以「文正閣」命名，一則紀念偉大的歷史文化巨人——北宋文正公、歷史學家司馬光，二來彰顯中華文脈之正宗。從河圖洛書到河洛文化再到《河洛文庫》，這才是中華文脈之正宗！

　　河圖洛書，文化肇興。天下之中，文化復興。鑒古通今，守正出新。任重道遠，絕學傳薪。

在《文澄閣四庫全書》
洛陽論壇的視頻發言

尊敬的何香久主席，各位領導，各位先生：

大家上午好！今天是一個特殊的日子，是入伏的第一天，真是一個紅紅火火的好日子。首先，我對《文澄閣四庫全書》洛陽論壇的召開表示熱烈的祝賀！何香久先生早就一再邀請我參加此次論壇，我也做好了準備，但是上海這邊的疫情還沒有解除警報，我不得不退了車票，對此表示遺憾！

我自 1998 年開始研究四庫學，至今已經二十多年。近年非常有幸與何香久先生結成同盟，共同推進《文澄閣四庫全書》的編纂。何先生是一位優秀的抒情詩人、卓越的小說家，他最著名的作品就是長篇小說《焦裕祿》，一部震撼人心的傳世之作。同時他還是一位卓有建樹的大學者，他的著作量十分驚人，最為令人驚歎的是，他數十年如一日，全身心投入到《四庫全書》的整理與研究之中。他個人曾經購買了幾套《四庫全書》，海量閱讀使得他的視野遠遠超過那些以四庫學著名的專家教授。他比我大十歲，但我們都是 1990 屆的本科畢業生，只不過他畢業於北京大學中文系，我畢業於武漢大學中文系。他在滄州創辦了四庫全書新館。毫無疑問，何先生也是《文澄閣四庫全書》編纂的領頭羊。我們今後應當盡力支持這項宏大的事業，共襄偉業。

洛陽處於「天下之中」，是河洛文化的發祥地，也是中國文化的發源地。先祖溫公《過故洛陽城》詩云：「若問古今興廢事，請君只看洛陽城。」洛陽不僅要保護好前人留下的文化遺址，更應該建設具有象徵中華文化的地標式官方藏書樓。乾隆皇帝當年建立四庫七閣，「北四閣」皆為皇家宮闕或者行宮，「南

三閣」亦為皇家行宮，而忘記了文化古都洛陽，未免遺珠之憾。因此，現在應該在洛陽建立四庫之第八閣，最好是以「文正閣」命名，一則紀念偉大的歷史文化巨人——北宋文正公、歷史學家司馬光，二來彰顯中華文脈之正宗。從河圖洛書到河洛文化再到《河洛文庫》，這才是中華文脈之正宗！

最後，預祝大會圓滿成功！祝大家身體健康！

謝謝大家！

2022 年 7 月 16 日上午

嶽麓書院明倫堂講會第 205 期演講辭

主題：《四庫全書》的分類問題

主講人：司馬朝軍（武漢大學珞珈特聘教授，武漢大學四庫學研究中心主任）

主持人：鄧洪波（湖南大學嶽麓書院教授，湖南大學中國四庫學研究中心主任）

時間：2016 年 12 月 30 日 09：00～11：00

地點：嶽麓書院明倫堂

參加者：吳仰湘（嶽麓書院教授、副院長）、湖南大學校內外師生

整理者：張洪志

內容提要：1. 重論《四庫全書》的編纂與分類問題

　　　　　2. 提出「兩門十部」太極圖書分類法

編者按：

　　《四庫全書》是中國文化的一個偉大工程，站在這樣一部浩瀚的典籍面前，我們不禁要問：誰是這工程背後的功臣？以往學界有諸多討論，並且形成了某些共識，但事實真的是這樣嗎？

　　《四庫全書》的四庫分類法不僅僅是一個圖書分類法，更是中國傳統文化的知識結構和知識體系，但自近代以來，受到西方學術的衝擊，四庫體系被任意肢解，那麼在文化復興的今日，我們能否提出一個新的分類體系？

　　針對這些問題，湖南大學中國四庫學研究中心特邀武漢大學四庫學研究中心主任司馬朝軍教授做客千年學府嶽麓書院，主講明倫堂講會 205 期，分享其二十年來的研究心得。

鄧洪波：各位老師，各位同學，早上好！我們今天迎來了明倫堂 205 期講座，也是嶽麓書院 2016 年最後一期學術講座。我們今天有幸請到了武漢大學的司馬朝軍老師，給我們做一個有關《四庫全書》分類問題的講座。司馬朝軍先生是武漢大學珞珈特聘教授，現任武漢大學中國傳統文化研究中心專職研究員、武漢大學四庫學研究中心主任，兼任武漢大學國學院、歷史學院教授，擔任經學、專門史、文獻學方向的博士生導師。在四庫學方面已經出版《四庫全書總目研究》、《四庫全書總目編纂考》、《四庫全書總目精華錄》、《四庫全書與中國文化》、《續修四庫全書雜家類提要》等書。在國學、文獻學等方面也出版了《經解入門整理與研究》、《漢志諸子略通考》、《文獻學概論》等多種論著，主編的「文獻辨偽書系」也將於近期問世。今天我們特邀司馬教授為我們帶來他的最新研究成果。

司馬朝軍：各位先生，各位同學，大家上午好！非常高興又一次來到嶽麓書院。這個題目雖然考慮了很久，但是到現在為止，還不太成熟。《四庫全書》的分類問題，不僅僅是一個四庫學的問題，也是一個中國文化的大問題。

我今天要講四個方面，第一是對已有的《四庫全書》的分類體系做一個簡單的概述；第二就是談它的主要缺陷，第三談我的調整方案，最後是提出一個新的分類方法。

首先，我們簡要的回顧一下《四庫全書》的分類體系問題。在談分類體系之前，我先簡要的介紹一下《四庫全書》的概況。

第一，關於《四庫全書》的簡況。它是中國古代最大的一部叢書，也是中國文化史上的一個浩大的工程，它的內容很豐富，分類也很複雜。

《四庫全書》是一個綜合性的叢書。眾所周知，中國的圖書按照類型大致可以分為類書型和叢書型。從先秦到漢代是中國文化典籍的一個原創期；到了漢代以後，從中古魏晉開始就出現了類書，歷經隋、唐、宋、元，一直到明代，類書就達到巔峰狀態。到清代初期，類書已經由盛轉衰。類書的最初出現，從功能上來講的話，它是為了便於寫文章。叢書起源晚一些，大概是宋代開始興起，到了明代中後期就比較發達了，到了清代中期，特別是到編纂《四庫全書》的時期達到了鼎盛。

從總體上來講，《四庫全書》是一部綜合性的叢書，它的內容很豐富，分成經、史、子、集四大塊。《四庫全書》抄寫了七部，每一部的數量不一樣，在編纂的過程中間，情況比較複雜，每一部書都是在不同時間由不同的人員編

纂抄寫的，結果出現了「一娘生九子，九子各不同」的情形。現在存世的三部半基本上是不相同的，它們的總數也不同，內容也有不少出入，但是總體上來講，它是囊括了我國 18 世紀以前的主要著作。

任繼愈先生認為，清代乾隆時期編纂的《四庫全書》，是一項史無前例的文化工程，是傳統文化之總匯、古代典籍的淵藪，和長城、京杭大運河並列為中國古代三大工程之一。過去，在很長一段時間裏，我們對《四庫全書》持否定態度，這主要是因為晚清以來因為要革滿清的命，所以《四庫全書》也在批判、否定之列。像章太炎以及他的學生魯迅那一派，對清朝和《四庫全書》批評得非常厲害，認為乾隆編纂《四庫全書》是和文字獄聯繫在一起的。

第二，關於《四庫全書》的編纂。為了編修《四庫全書》，動員了 360 多位編纂官。我們正在量化統計文淵閣、文津閣、文溯閣等閣本的分纂、抄寫、校對的人員，從目前我們已有的資料來看，恐怕要重新認識《四庫全書》的編纂過程。關於《四庫全書》的編纂問題，原來郭伯恭有《四庫全書纂修考》，黃愛平在郭伯恭的基礎上面，根據檔案材料，做了部分補充，但是她在寫博士論文的時候，還看不到任何一部《四庫全書》，所以她的工作還沒有深入到《四庫全書》裏面來，還無法解決到底有多少人，做了多少工作。從我們目前做的工作來看，以往的那些研究恐怕都要重新審視。比如說一般認為總纂等（皇子）都是掛名而已，其實不然。從清高宗到正副總裁都參與了編纂的過程。清高宗是通讀了《四庫全書》的，他說除了他之外，沒有人通讀過《四庫全書》。其中相當一部分單本書，他還題了詩或御批，並且把詩放到最前面，《永樂大典》本是《四庫全書》裏面的精華，他差不多每一種都題了一首詩。正副總裁的審閱、整理、把關等工作都可以進行量化統計，可以確定到底哪些書是他們最後看過的。以前的學者沒有和《四庫全書》結合起來，信口雌黃，以為《四庫全書》的編纂就像現在的省志，省長或書記掛個名，但是根本不會看。清代不像現在有高校、科研院所和專職研究人員，那時候的官員基本上是通過科舉考試出來的清一色的學者，類能讀書，基本上是官僚型學者。

在《四庫全書》編纂的過程中間，從正副總裁一直到抄寫人員，都對《四庫全書》的編纂作出了巨大貢獻。像以前的研究者認為正副總裁都是掛名的，這種觀點是根本站不住腳的，與《四庫全書》編纂的實際情況相去甚遠。

有些四庫館臣的作用則被誇大了，這個裏面傳得最多的大概是「五徵君」。其中最有名的是戴震，他在四庫館裏的作用是被誇大的。戴震在同時代其實沒

有那麼大的影響。戴學的形成有一個過程。他在科考的路上，不能算是一個成功者。他的古學功底比較好，古文寫得比較好，但是八股文、策論被認為是空洞無物，無法成為進士，最後是因為編纂四庫有功，賜了一個同進士出生。但是他對科舉看得很重，所以這始終成為他的一個心病，就連紀曉嵐都說他是一個癡人。原來認為戴震主經部，現在看來這個說法是有問題的，我們現在能夠找到的與戴震有關的東西都很少，大概只有幾條材料能證明。包括邵晉涵主持史部，周永年主持子部，現在我們經過詳細的考察之後，發現這些情況都很難落實。

五徵君裏面，邵晉涵既是一位史學家，也是一個經學家，他是錢大昕的學生，他又是浙東人，對浙東學派的文獻很熟悉，他和同時代的章學誠因為都是那邊的老鄉，關係很密切，他的功績主要是靠章學誠表揚。現在發現章學誠的表彰也有一些過頭的地方，章學誠當年沒有進到四庫館這個主流文化圈，只是一個邊緣人物。現在關于邵晉涵的材料保留了一部分，他在輯佚《永樂大典》和編纂正式的提要稿方面是有貢獻的，但是至於對史部的其他貢獻，現在也沒有材料證明。于敏中在當時也是一個有影響的人物，材料倒不少。

周永年和「儒藏說」有關係，他明確提出了要編纂《儒藏》。陳垣先生有一個推測，認為釋家類的提要很可能是周永年負責的，但我們現在也沒辦法證實。周永年可能是讀書很多，自己藏書也有很多，但是沒有什麼著作流傳。關於他的說法也是靠章學誠的著作來講的，但是我們從現在已掌握的材料來看，章學誠的這些說法也很難證實。五徵君裏面名氣最小的就是楊昌齡，有關楊昌齡的材料很少，他也基本上沒什麼東西流傳下來，現在僅僅只是從編纂檔案裏面找到了兩條材料。

通常講的總纂官有三位，就是紀昀、陸錫熊、孫士毅，紀昀、陸錫熊是最早進去的，從開館開始，他們就在裏面。孫士毅是一位詩人，也是一位將軍，文武雙全，他進去得比較晚一些。其實另外還有一位，就是王太嶽，我們現在只是看到《四庫全書考證》是署了他的名。從我們掌握的材料來看，他也當過總纂官。

陸錫熊與《四庫全書》的關係是很密切的，我們曾經做過這方面的研究，但是現在又發現了一些新的材料。根據我個人的看法，陸錫熊和紀曉嵐應該是並駕齊驅的。現在很多人只是突出紀曉嵐一個人的貢獻，這是很不公平的。陸錫熊是上海人，王昶也是他同時代的一個上海人，是乾嘉時期的一個學者、詩

人，他對陸錫熊的評價很高。

前面是對《四庫全書》一個簡要的回顧。下面我們來講講《四庫全書》的分類體系。

《四庫全書》的分類體系根據清高宗的聖諭採取四分法。中國圖書的分類，最初是從劉向、劉歆父子開始採取六分法，所謂的《七略》，實際上前面是個總論部分，後面分成六藝略、諸子略等六分。到了中古以後採用四分法，先是按照甲、乙、丙、丁，後來分為經、史、子、集，到《隋書‧藝文志》基本上定型。從漢迄今，圖書分類一直都處於調整之中。在《四庫全書》編纂的時候，清高宗下令要按照經、史、子、集為綱目，採用部、類、屬三級分類的體系，經部下面分成易類、書類，一直到小學類，剛好是十類。史部是從正史、編年到目錄、史評等，共十五類。子部是分成儒家類、兵家、法家，一直到道家、釋家，共十四類；集部分類是分成楚辭類、別集類、總集類、詩文評類和詞曲類；共四部四十四類。有的類下面還有屬，像小學類下面分成訓詁、字書、韻書等，像詔令奏議類下面分詔令、奏議二屬。但不是所有的類下面都分屬，像正史類下面都沒有屬。

這大致就是四庫已有的分類體系，從《漢志》到《隋書》，《總目》以前，基本上是在理論上分類探討。而到編纂《四庫全書》的時候就不一樣了，是理論和實際相結合，把所有的書都編入四庫之中，這一萬多種書的很大一部分，收攝到四庫裏相應的類別下面，問題都不大。但是也有相當一部分書出現問題，因為從分類史的角度看，有的類、有的書，在不同的時代，歸到不同類別下面，到了《四庫全書》編纂的時候，就要花很大的工夫來解決這些看起來瑣碎的疑難問題。

從分類史的角度來看，四庫分類是從漢代到清代中期的一個總結，把傳統的四分法推向了一個頂峰的狀態。但它也還是存在一些問題，自它問世以後，不少人提出了很多不同的看法，特別是近代西學傳入以後，分類搞得更加複雜。有人受到西學的影響，對傳統分類採取了否定態度。採用西學的框架，然後把四庫的四部進行肢解，往西學的框架裏面套，搞出了很多分類，最有名就是所謂的「中圖法」。很多專家也都提出了自己的分類法，比如我們武漢大學以前的一位著名教授皮高品先生就提出過「皮氏分類法」。

「中圖法」採用的是一個西學的框架。雖然，從傳統的圖書分類來看，「中圖法」是有問題的。但是，現在回過頭來看，我個人對四庫的框架也是有

異議的，它有一些致命的弱點。一個是叢書的問題，整個《四庫全書》就是一部大叢書，叢書是可以把《四庫全書》包起來的，所謂的經、史、子、集，要歸到叢書類，也就是說叢書的概念是更高一位的。但在四庫的體系裏面，它卻被攝到子部的雜家類雜編之屬。把一個比經、史、子、集更大的東西，設到下面的屬去了，這明顯是不合適的。另一個是沒有解決類書的問題，類書是分類史上的一個難題，屬於哪一部歷來沒有解決好。

我現在提出的分類法在解決這些問題上做了一個嘗試，我首先把圖書分為兩門，一個叢書門，一個類書門。按照現在的標準來看，叢書是比較原創的；類書不是原創的，它是按照「天—地—人—事—物」的框架體系，把已有的一些內容重新切好之後，再往裏面填，重新編纂出一個東西，是經過編纂方式的改變，提供一種新的類型。這個新的類型又分成兩大類，一個是綜合性的，無所不包；還有一個是專門性的，有經書類的類書，也有史書的類書，也有子書和集部類的類書。

還有一個問題，經、史、子、集沒有解決易類的問題。《周易》可以說是中國文化的根。如果把中國文化比作是一棵大樹的話，那麼《周易》就是這棵大樹的根部；如果比作是一支軍隊的話，那麼《周易》應該是一個司令部。在四庫裏它只是作為經部的一類。易類經過幾千年的積累以後，數量特別大（據不完全統計，已經有3000多種了，從數量上來講，它的規模已經和《四庫全書》接近）。它的數量特別大，它的地位特別重要，所以應該獨立出來。

關於「易」的含義，最初是有三層意思。現代學者對《周易》的解讀很多，我們歸納了一下，大概有十多種。我最近準備提出一個新的觀點——「易者，化也。」為什麼易類要獨立？首先它與經部的關係，《易》和《詩》、《書》、《禮》、《春秋》是相通的，可以說是「《易》為經之源」；《易》和諸子的關係，可以說是「《易》衍諸子」，它和儒、道、兵、法、農、天文、藝術、小說、雜家等類都相通。和史的關係也是相通的，司馬遷寫《史記》和《周易》也有很大的關聯，司馬光既是一位史學大家，也是一位易學家。《易》和文的關係就更多了，和詩歌、寓言、散文、戲劇都存在密切的關係。它可以說是最古老的二言詩。中國社科院外國文學研究所研究員趙一凡先生曾經寫過一篇文章，認為錢鍾書的著名小說《圍城》一書的結構是按照《漸卦》來安排的。我認為趙一凡對《圍城》的解讀是比較有道理的。

我把這個易類小結一下，大概有這麼幾句話。《周易》是中國文化的第一

原典。馮天瑜先生最早提出這個「原典」，就是用這兩個字，用的這個原點，後來他有一個學生，建議他改成元首的元，改成那個「元典」，表示是一個元首的意思。實際上《周易》應該是那個「元典」，中國文化的「元典」假如只有一本書的話，就是《周易》。《周易》是六經之源，我認為《周易》是中國最早的原始宗教的源典。從文化的發生來看，「《易》歷三古」，是從遠古文化發展到殷周之際的一個產物。從結構來看，它分為《易經》、《易傳》。從學術劃分來看，它通四部。《易》統三才、通萬象、攝群經、衍諸子、通文史。我主張將它獨立為部，從原來的「群經之首」上升到「群書之首」，和經部並駕齊驅。

所以我們的調整，首先第一個是調整叢書和類書，第二個大的調整就是將易類升為易部。然後經部還要有小的調整：其一是將樂類取消掉，六經裏面原來有樂，但是後來消亡了，所以它實際上應該放到藝術類裏面去。其二，把孝經類、四書類這些東西撤出，放到宗教部的儒教類經典之屬。其三，將小學類放到工具部裏面去，原來認為小學是經學的附庸，後來小學類在章太炎之後把它發展出來，成為語言文字之學，實際上現代的語言文字之學與小學類已經不是一回事了。

關於史部的調整。第一條就是將正史類與別史類合併為紀傳類，別史類實際上也是紀傳類，將傳記類、職官類、政書類、目錄類這些原來放在史部的類別移到工具部；四庫裏面的時令類是很少很少的，實際上它和子部的農家關係很密切，所以主張把它放到農家類裏面去；剩下的地理類，我原來是想把它放到工具部裏面去，後來一想，它和歷史的關係還是很密切，還是保留在史部，作為歷史的附庸。經過調整之後，史部就剩下這麼八類——紀傳類、編年類、紀事本末類、雜史類、詔令奏議類、載記類、史評類和地理類。

第三個調整的就是子部，只保留下儒家類、道家類、釋家類、兵家類、法家類、雜家類、雜學類和小說家類，其他的要麼調到技藝部，要麼調到工具部，或者宗教部。

第四是集部的調整，除了把總集類分出去之外，楚辭類、別集類、詩歌評類和詩文詞曲類還保留。總集在我們現在看來，也是作為工具加以利用的。

此外，我們增加了宗教部。原來宗教在四庫裏面是放在子部。關於儒教是不是宗教的問題，前些年在學術界爭論得很厲害，贊成者有之，反對者亦不乏其人。贊成的代表性人物就是任繼愈先生，任公「儒家是教」的這個觀點，我們是很贊同的。借用了中圖法的合理部分，我們將儒教細分為經典、戒諫、家

訓、婦女、蒙學、勸學和俗訓等小類。另外增加了技藝部。這一塊原來放在子部。前面的調整中，子部保留了學說、思想上的東西，關於技術性、技藝類的著作則獨立出來，像農家類、醫家類、天文曆法類、藝術類、工藝類、數術類和格致類這些東西。當然不能說它們完全沒有思想，但是總體來講，它們的思想性、論辯性色彩還是比較少、比較淡的，它們主要表現出來的還是技藝性的東西。我們把形而上的東西保留在子部，把形而下的區分出來。我們前面講了農家，保留農家以後，把農家類擴大，原來四庫裏面的農家類比較少，現在農家類的東西還是比較多的，並且將草木、鳥獸、蟲魚也放到農家類來。

醫家類的調整也比較大，在四庫裏面的醫家類是按時代為序，顯然這種混編形式就不符合現在分類的原理，我們現在參考了中醫圖書的兩個目錄，分為12 類。醫家類的四庫裏面雖然收得很多，就現在中醫文獻的數據庫來看，四庫裏面的中醫圖書還是比較少的。近現代對中醫的反對之聲也很多，甚至有人主張廢除中醫。醫易同源，中醫的哲學基礎就是《周易》，它也是有思想的，不僅僅是個技術性問題，否定中醫，在某種意義上就是否定植根於《周易》的中國傳統文化。

藝術類在四庫分成了書畫、琴譜、篆刻和雜技，我們是主張保留原有的書畫，增加遊藝、觀賞、雜品，改造琴譜，把它與經部的樂類合併；將篆刻之屬撤銷，劃在工具部譜錄類下面的印譜之屬。通過調整之後，藝術類分為書畫、音樂、遊藝、觀賞、雜品等小類。我們還主張增設工藝類。工藝類和藝術類不一樣，它原來分為文房器物、食品製造、格致，我們是主張將格致之屬升格為格致類。工藝類保留日用器物、文房器物、食品製造這三點，日用器物又分為陶瓷、飲具、家具、錦繡、衣服、香、遊具、船、琉璃、鬃飾、雕刻等小類；文房器物分為筆、墨、紙、硯、裝璜等小類；食品製造分為鹽、糖、酒三個小類。這是參考了現代分類的成果。

數術類有爭議，按照現代的標準來講，它是一個玄學的大本營。方術在以前是大傳統，後來一落千丈，從大傳統淪為小傳統，甚至淪落到民間。數術類比較複雜，不能簡單地全盤否定，從研究的角度來講，也可以發掘出一些有用的東西來。

另外，我們主張增設工具部。原來工具是分散在四部，比如經部的小學類，史部的目錄類、政書類、職官這些類別，我們現在主張將這一塊獨立出來。它們有一個共同的屬性——工具性，這些書對於一般的人都只是作為工具來加

以使用的。像傳統小學長期以來是作為解經的工具來存在的，當然隨著現代的學術演進，傳統小學演變成了語言文字學，脫離了經學的大本營，但是語言文字的工具性質到現在為止還是沒辦法改變。其他的像目錄、職官，也是工具性的東西。

中國傳統的目錄學，從《漢志》到《四庫提要》之前最重要的兩部書，一個是《漢志》，一個是《隋書》，《漢志》是一個目錄學的源，在它之前，劉向、劉歆父子的《別錄》、《七略》亡佚了，輯佚下來的只是一些片斷，不是完整的東西。班固將劉氏父子的東西經過改正加工之後，收到《漢書》裏面去了。歷來傳統的讀書人對《漢志》是非常重視的，也很熟悉，因為它是瞭解漢代以前中國文化典籍的入門工具書，歷來對《漢志》的研究也比較充分，出的成果比較多。我們最近把《漢志》做了一個《通考》性質的東西，先從《諸子略》開始，目前我們關於諸子，已經做了一個七八十萬字的東西了，其他的幾略現在也正在做，但是我們現在先做出來一個《漢志通考》，然後在《漢志通考》的基礎上，做一個《通詮》。這是中國古典目錄學的源頭；《四庫提要》是後面一個殿後的，我們把一頭一尾抓住以後，就可以把古典目錄學貫通。

古典目錄學和現代目錄學是不同性質的東西。對現代目錄學，我從整體上是持否定態度的。在我看來，它就是簡單比附西學的框架，不符合中國古代文獻的實際，那套東西不管它是什麼法，在我們看來，現在都不得其法。傳統的古學是講究法和理的，你的法都有問題，那是不得其門而入的，所以，古人把這個入門的目錄看得很重。

綜上所述，叢書和類書升格為兩門，易類獨立為部，調整經、史、子、集四部，增加工具部、藝術部、宗教部三部，以及綜合類書部、專科類書部，最後形成一個兩門十部的太極圖書分類體系。歸結起來，和原來最大的不同就是，首先叢書從原來一個雜家類下面的雜編之屬升格為叢書門。其次是類書獨立出來，類書原來是子部的類書類，在四庫內它非經、非史、非子、非集，無類可歸，既然無類可歸，正好把它獨立出來。

與這個相關的，附帶的講一下關於新的中國學術史的分期。我們最近有一個新的想法，將中國學術史分為四個時代，一個是三易時代，一個是五經時代，第三個是諸子時代，第四個是雜家時代，雜家時代又分為一期、二期、三期。所以我有一個總的觀點，就是在後軸心時代，中國文化發展的一個總體方向就是雜家化。

鄧洪波：我們的四庫學專家在充分研究四庫學的基礎之上，用太極相生的理論提出了一個兩門十部的圖書分類法。四部分類法確實從《七略》開始一直都有很多變化，最後到乾隆時期，《四庫總目》出來，傳統目錄學或者說四庫分類法走向一個巔峰，中國學術的所有東西，都按照這個部類放進去。西學進來之後有了七科分類法，但無論是四部還是七科，總還是有些書或學問不知道該放哪個位置，以致現在中西之間還在糾結、碰撞。針對這些問題，剛才司馬教授提出了一個全新的觀點，算是一個融匯中西的嘗試。下面請大家提問題。

吳仰湘：謝謝司馬老師，我有一個問題，就是為什麼要把《孝經》四書類調到新目錄的宗教裏面去，有何特殊的考慮？

司馬朝軍：原來孝經類、四書類在經部裏面都是獨立的。其實孝經類也好，四書類也好，它和儒教的關係很密切，都是被作為儒教的經典看待的，現在不是降低它的地位，而是凸顯了它在儒教中的經典地位。四書，主要是因為朱子而在文化史上產生重要影響，「五四」打倒孔家店實際上是打倒朱子店。可以說是從宋末到清代，甚至可以說一直到五四前，它都是處於主流地位，是被定為官方哲學的，到明代或者是到明清，科舉考試的命題都是依據朱子的四書來的，因此把它放到儒教類的經典來講。

鄧洪波：其實我也有一些疑問。中國一兩千年，漢代到清代，形成了四庫44類66屬這樣一個實踐和理論相結合的分類體系，把一萬多種書放進去。你現在提出把叢書和類書這兩個本來很低的類抬到很高地位，連升幾級，我覺得這是一個難度變大的動作，它能不能升得這麼高？我們以前的目錄學也處理這樣的問題，但都是在比較窄的範圍、比較低的規格內變化，而你這樣突然變得變化這麼大，這個能否成立。第二，經史是中國文化的根基，但是根據你剛才對經部的調整，實際上是動了六經、五經、九經、十三經以來一兩千年形成整個的學問根基和系統。其實無論是兩門十部，還是我們講的四部 44 類 66 屬，都有一個辨章學術的功能。四庫不僅是一個工具的目錄學，更重要的是一個學術的目錄學，辨章學術、考鏡源流是它最經典的一個部分，也就是說它是我們傳統文化的一個知識體系，一個知識結構。這一個傳統，因為有各種不適應，我們要給它做調整，歷史上我們也一直在變化，但是這個變化和調整是否能那麼大？

司馬朝軍：非常感謝，我是基於這麼兩點來調整的，首先，這個模型是基

於《周易》的太極思維，我認為中國文化有一個太極思維存在，所以從中國傳統來追根，追到《周易》的太極思維。其次，之所以敢這麼做，分為叢書和類書，也受馬克思《資本論》的啟發，《資本論》重點就是講再生產理論，再生產的東西，它不是原始的。叢書和類書其實就相當於一個是原創，一個是再生產。我們的圖書從這個角度來講，叢書是生產性的，是原創性的；而像類書則是根據已有的東西進行重新組織、編纂的，可以被看成是一種再生產的東西。另外，就是分類要按照分類邏輯，從大概念一級一級往下走，我認為傳統的分類是在層次方面出了錯。叢書的類別出現得比較晚，宋代以後才出現叢書，到清代張之洞，他主張把叢書變成一部，變成經、史、子、集之外的第五部，和經、史、子、集並列。實際上從概念來講，叢書的概念更大。四庫的編寫的時候，對原來的叢書進行了肢解，它只保留了叢書的名。按理說，大叢書下面不能套小叢書，但是在《總目》裏面，它保留了一個雜編之屬，將宋、明時期的叢書，保留了名目，說這個書在歷史上有功勞，實際上將那些叢書裏面收錄的東西進行肢解，分到《四庫全書》裏面去，當然在雜家裏面，也可以保留一個小的、狹義的叢書。但是，最廣義的叢書概念確實比經、史、子、集的概念更大一些。

鄧洪波：在你來看，圖書先分成叢書和類書，在叢書和類書上再分，這裡就產生了這樣的問題，比如像《吳仰湘文集》只有一本書，那就可能既進不了叢書，也進不了類書，看這個怎麼辦？再比如說《司馬朝軍叢集》究竟是進叢書還是進類書？我覺得叢書也包括不了，類書也包括不了。你開始講的，把易部從總攝群經上升到總攝群書，我覺得有道理，包括一些局部的調整我也贊同。現在實際上是八部、兩個類書（綜合類書和專科類書），但是這個叢書和類書能不能包括所有的書，我覺得還是有一點問題的。我覺得我們的大部分書，既不能進叢書，也不能進類書。比如很多單本的書難以進叢書和類書。

司馬朝軍：分類的問題確實很複雜，我這個還只是個草案。原來長期是把分類看成是目錄學的一部分，我們是主張將分類獨立出來。我在寫博士論文的時候，就已經考慮到這個問題，現在準備寫一個圖書分類史。我曾經跟馮天瑜先生簡要地談過，他說很好，剛好搞了個《專門史文庫》，命我也搞一本《中國圖籍分類史》。我們要寫《圖書分類史》，也可以寫《圖書分類學》，當然西學的圖書分類學有很多，但是針對中國古籍的分類學現在仍然滯後，應該說從老一代裏面，搞史學的裏面白壽彝先生生前比較強調歷史文獻的分類，其他很

少有歷史學家把歷史文獻的分類提到很高的地位。

我原來長期在圖書館學界求學、任教，圖書館學界的分類是以西學為主導，現在的門派也很多，基本上都是在西學的基礎上再加以調整。他們首先從態度上來講，就很輕視中國傳統文化。中國近代以來，被西方打趴之後，一度失掉了民族自信心。而我們現在要談文化，要恢覆文化自信，就要從我們自身的文獻出發，從我們的傳統出發來構建自己的分類體系。

我在博士論文《四庫全書總目研究》裏面談到這個問題，後來在寫《文獻學概論》的時候已經突破四庫分類法的體系了，但當時的動作沒有今天這麼大，當時準備分成七部，基本上是對四庫的微調，後來總感覺到沒有完全說通類書和叢書的問題。我也同時回應一下鄧老師的問題，實際上我的分類體系在具體的分類基本上還是要參考四庫分類，四庫只是不合理，我們是把四庫裏面的書打包進去的，不存在說許多書既進不到類書、也進不到叢書的情況。

我剛才也講到了，這個分類還只是一個粗淺探索。說實在的，每一次改變，每一次動這個「奶酪」，都是一次極其痛苦的過程，表面上看上去好像很簡單，但是它的動作確實比較大。四庫到現在為止，形成了「四庫法」，現在「四庫法」在我們各大圖書館的歷史文獻部還是居於統治地位，所以現在要搞大的動作還很難。

「四庫法」受到皇家的影響，在皇家的倡導下一統江山。但它出來以後，後來學界又出現了各種不同形式的分類，實際上這都可以看著是一種挑戰。對那些探索者、那些前輩，我們都應該表示極大的敬意。因為我做了這些工作之後，發現那些調整都不能簡單地被看成是對前人的挑戰。這個分類的過程，是對中國文化體系的調整過程，是對中國的知識版圖不斷重塑的過程，有的調整幅度大一些，有的調整幅度小一些。要做出大的格局調整，就我個人來講，那絕對是一個非常痛苦的過程，我從開始弄分類到現在已經將近 20 個年頭了。當年我在武漢大學與吳仰湘老師初次見面的時候，你還看到我的頭髮是很茂密的，現在開始脫髮了，可以說其中有相當大一塊都是在為文獻分類的問題傷腦筋。具體問題，後面會要以一本書的形式表達，書裏面沒辦法交代的，還要以一些專題論文的形式來做系統的闡述。

鄧洪波：好的，謝謝！剛才司馬老師講了，他實際上 20 年來進入到一個大體系中，孜孜以求，做了很多痛苦並快樂著的工作。他面對的是有皇家的支持、而且也比較精緻的中國傳統學術體系，確實是不太容易的。但這個體

系確實有不太協調、不太和諧的地方，總覺得應該要動一動，這就是我們做學問的一個動力所在，所以剛才司馬老師講，這麼多年來一直都在考慮這樣一個問題，只要有這種精神，學術就能夠前進，至於說這個學說現階段能不能很精緻，那是另外的問題。究竟哪個是最好，需要我們一代一代人去探索，司馬老師就給我們做了一個很好的典範，「兩門十部」是他這些年來在痛苦中形成一個思想，而且還在成型之中。最後，再次感謝司馬教授與我們分享他的最新成果。

「文獻」：從傳統到現代的轉換

一、文獻舊義

（一）文獻溯源

中華自古號稱「禮儀之邦」，禮學是關於處理天、地、人關係的大學問。而「文獻」一詞，最早就是和「禮」緊密聯繫在一起的：

> 子曰：「夏禮，吾能言之，杞不足徵也；殷禮，吾能言之，宋不
> 足徵也。文獻不足故也。足，則吾能征之也。」〔註1〕

孔子如是說：「夏代的禮，我能講，但它的後代杞國卻不能找到足以印證的史料。殷代的禮，我能講，但它的後代宋國卻不能找到足以印證的史料。這是由於書證與人證不夠充足的緣故。如果證據充足，證據鏈完整，我就能夠證明了。」由於文獻出現了缺環，無法構成完整的證據鏈，孔子既無成籍可據，又沒有老於典故者質疑問難，無徵不信，所以他難以理清夏、商二代完整之禮，只剩下無可奈何的唶歎而已。宋趙順孫《論語纂疏》卷二引胡氏曰：「所謂文獻不足，非典籍與賢者全不可考也，特有闕耳。」又引輔氏曰：「典籍所以載是禮，而賢者又禮之所從出。典籍不足，則無以考驗其事實；賢者不足，則無以質問其得失也。」

《禮記·中庸》亦云：

> 子曰：「吾說夏禮，杞不足徵也。吾學殷禮，有宋存焉。吾學周
> 禮，今用之，吾從周。」

────────────────

〔註1〕《論語·八佾》。

宋真德秀《中庸集編》卷下解釋說：「此又引孔子之言。杞，夏之後。徵，證也。宋，殷之後。三代之禮，孔子皆嘗學之，而能言其意。但夏禮既不可考證，殷禮雖存，又非當世之法，惟周禮乃時王之制，今日所用，孔子既不得位，則從周而已。」元胡炳文《論語通》卷二曰：「夫子既能言之，豈不可筆之於書，猶曰無徵不信，其謹重如此。此凡三見。《禮運》以為之杞得《夏時》，之宋得《坤乾》。《中庸》則以為杞不足徵，有宋存焉。合而觀之，蓋雖得《夏時》、《坤乾》之文，雖於宋略有存焉者，然其為文獻要皆缺略而不完也，故夫子謹之。」孔子生當春秋末年，禮崩樂壞，夏禮、殷禮已經不可詳考，只能說個大概；周禮也開始由衰變走向崩潰。「禮失而求諸野」，孔子迫不得已，只好求夏禮於杞，求殷禮於宋。文獻不足徵，只好採用類似後世文化人類學的方法。當代禮制史研究大家陳戍國先生〔註2〕說：

> 孔子明說他懂夏禮，「能言之」。可惜他沒有把夏禮寫進書裏傳下來，他的後學也只做過零星的記載。但是，自從王靜安先生運用他的二重證據法有力地證明《史記‧商本紀》的世系基本正確之後，人們對《夏本紀》也有理由抱有信心，對夏的存在不再懷疑；現在可以說：夏禮作為夏代文明的代表，其存在也是毋庸置疑的。居今日而言夏禮，同樣由於書闕有間，困難頗多。好在有考古發掘的文物可作有關文獻的有力佐證，彌補文獻的不足，夏禮還是可以說個大概的。〔註3〕

陳先生的《中國禮制史‧先秦卷》對於三代禮制做了力所能及的鉤勒。孔子的這段話談論的中國文化史上的重大問題——禮制的因革損益，它需要與《論語‧為政》中的另外一段話聯繫起來：

> 子張問：「十世可知也？」子曰：「殷因於夏禮，所損益可知也。周因於殷禮，所損益可知也。其或繼周者，雖百世亦可知也。」

當代思想家李澤厚先生由此窺見中國歷史的特徵：

> 中國新石器時期漫長發達，戰爭巨大頻繁，氏族體制結構完整，極具韌性，難以瓦解，乃重大特點，因之社會——政治發展雖歷經父家長制、早期宗法制、體系宗法制、地域國家、專制大一統國家、

〔註2〕為行文簡便，引述他人觀點時，一般直呼其名，敬請諒解。但對親炙過的老師或特別景仰的前輩則稱先生，以明學術繼承關係。
〔註3〕陳戍國：《中國禮制史‧先秦卷》，湖南教育出版社2002年版，第102頁。

門閥貴族制、世俗地主皇權制以及近代趨向的出現等等階級，包括
秦漢、魏晉、中唐、明清、近代各種重要歷史轉折，血緣家庭——
家族作為社會細胞或支柱，卻始終未變，主宰、影響了各個方面，
雖「十世可知」。這才是中國歷史特徵或關鍵所在。如何瞭解這一特
點而展望未來，實待深入研討。因今日中國社會之最大發展即此支
柱的瓦解崩潰而進入現代。〔註4〕

百世可知，告往知來，這也需要建築在深入細緻的文獻研究之上。研究任何學
問都需要文獻足徵。如果文獻不足，又該如何處理呢？孔子強調闕疑。子曰：
「多聞闕疑，慎言其餘，則寡尤。」此為孔子教子張乾祿之術，亦為問學之道、
治學之法。文獻不足徵，可謂「文獻學上的無奈」，孔子對此亦無可奈何。現
代學者往往不知闕疑之理，不明慎言之道，穿鑿附會，強作解人，動輒「原
創」，此乃現代學術之通病，早已病入膏肓，無可救藥。

（二）文獻解詁

什麼是文獻？前人有種種解釋，代表性的觀點有：

1. 文獻即書與人。東漢鄭玄將「文獻」解釋為文章、賢才，南宋朱熹分疏
「文獻」之義：「文，典籍也；獻，賢也。」〔註5〕文章典籍即通常所說的書，
賢才指博學多聞、熟諳歷史掌故之人。現代學者進而大膽推闡孔子的「文獻」
含義：

> 一是指歷史資料，包括古代典籍、檔案等；二是指熟悉歷史、
> 掌故的人。亦即是一指被固化了的「死資料」，二是指尚未被記錄下
> 來的存貯在人腦中的「活資料」。從深層意義上來分析，孔子所說的
> 「文獻」著重指的是兩個方面：一方面著重指的是「書面信息」，另
> 一方面著重指的是「非書面信息」。所謂「賢」者，是我國古代對人
> 的敬稱，多指有才華的人。這時的「獻」，可以理解為：人的學識以
> 及對歷史、典章制度等的記憶。「獻」是「文」之魂，「獻」是「文」
> 之體。「獻」，猶重於「文」。「獻」的真諦，是指人類思維信息，包括
> 知識、經驗、情趣等。〔註6〕

2. 文獻即書與言。元代馬端臨《文獻通考・自序》將文獻解釋為：

〔註4〕李澤厚：《論語今讀》，生活・讀書・新知三聯書店2004年版，第75頁。
〔註5〕朱熹：《四書章句集注》，中華書局1983年版，第63頁。
〔註6〕倪波等：《文獻學導論》，貴州科技出版社2000年版，第9頁。

　　　　凡敘事，則本之經史，而參之以歷代會要，以及百家傳記之書，
　　　信而有證者從之，乖異傳疑者不錄，所謂文也。凡論事，則先取當
　　　時臣僚之奏疏，次及近代諸儒之評論，以至名流之燕談、稗官之紀
　　　錄，凡一話一言可以訂典故之得失、證史傳之是非者，則採而錄之，
　　　所謂獻也。

馬端臨將文與獻作為敘事與論事的依據：「文」是經、史、歷代會要及百家傳記
之書；「獻」是臣僚之奏疏、諸儒之評論、名流之燕談、稗官之記錄。在他的影
響之下，關於文獻的認識，便只限於一般的文字記載，不能表達為文字記載的
東西，則不能稱之為文獻。顯然他已經將「文」、「獻」的差別縮小了〔註7〕。

　　3. 文獻即文學。章太炎先生以「文獻」釋「文學」。劉永濟先生云：「近人
章氏太炎，務恢弘文域，考其論列，一切皆文。頗亦遠師舍人，可謂問家至大
之域矣。」〔註8〕謝无量據章太炎論文編為《文學各科表》〔註9〕，表內經史
子集無所不包，三教九流洗牌重組，有韻無韻皆在其中，圖書、表譜、簿錄、
算草等無句讀之文亦榜上有名，章太炎心目中的「文學」已經與「文獻」混同
為一。換言之，他完全將「文獻」與「文學」畫上等號。這可能與他博大的學
風有關。

　　4. 文獻即書與口述。啟功認為：

　　　　我們由目錄來看古代都有些什麼書，這是文。但獻呢？沒法子，
　　　我有個朋友，他做錄音口述的歷史，這就是獻。用這辦法趕緊搶救
　　　這些老輩曾經經歷的事蹟，敘說了，用錄音把它錄下來，編成書，
　　　這個純粹屬於「獻」的部分。對「獻」有兩個方面的誤解，認為「獻」
　　　定在「文」裏頭。比如故宮，有個單位現在叫檔案館，在成立之初
　　　稱文獻館，其實「獻」是沒有了，都不過是清代的許多檔案，現在
　　　把它都叫文獻，這是一個方面。清朝湖南人李桓編《耆獻類徵》，耆
　　　是老人，獻是賢人，意即老年的賢人分類的傳記，一沓沓，多得很。
　　　這是清人傳記的集，沒個完。後來清中期錢儀吉編《碑傳集》、《碑
　　　傳集補》、《碑傳續集》，現在還有人編碑銘集、墓誌傳，又出現了名
　　　人詞典，等等，都是獻。說是獻，事實還是文。真正口述才是獻的

〔註7〕周文駿：《文獻交流引論》，書目文獻出版社1986年版，第6頁。
〔註8〕劉永濟：《十四朝文學要略》，黑龍江人民出版社1984年版，第9頁。
〔註9〕劉永濟：《十四朝文學要略》，黑龍江人民出版社1984年版，第9～10頁。

實際材料。現在人多不瞭解「獻」的含義。這樣的東西外國有，如
《胡適口述自傳》，胡適在美國用口述自傳，他是用英文說的，唐德
剛把它變成漢語寫下來。當時這樣的名人口述很多很多。古代的文
獻，文是文字記載，獻是賢人，是活著的人記憶裏的古代的事情或
他當時經過的事情。所以文和獻並稱，它的含義就寬得厲害，我們
要研究，姑且把它合起來並稱。〔註10〕

按：李桓編《國朝耆獻類徵》720 卷，輯錄清太祖努爾哈赤天命元年至清宣宗
道光三十年 230 年間一萬多人的傳記資料，分 19 類。「真正口述才是獻的實
際材料」，這種解釋較前人更為準確。口述史學在國外比較盛行。史家汪榮祖
先生說：

近世錄音之具普及，在位者更可畢錄公言私語，鉅細靡遺矣。
如尼克松「水門案」〔註11〕。

近代史家則絕不容杜撰人言，而尚「文證之考信」（Critical
examination of documentary evidence）。確實可據之文證，貴有「當時
之紀錄」（Contemporary documentary），故無傳聞之失；復加考證，
辨其真偽，衡其高低，據之作史，乃信而可徵。

文獻考證既為史學重鎮，風尚所趨，蔚成「檔案之熱」，發最原
始之資料，以求其真。所謂「文獻無可取代，無文獻即無史之可言」
（There is no substitute of documents; no documents, no history）。然文
獻考證既求史之全，之真，或如蘭克所謂「記事須如其所發生」，
而文證有限，史事難全，米什萊之撰《法國革命史》也，即感文獻
難徵，惟有力搜言證，有云：「吾所謂史證者，乃採自眾人之口，無
論農、商、老、幼、婦女，可聞之於鄉間酒肆、旅途驛站，始談晴雨
節候，繼談物價飛漲，卒談及帝政與革命矣。」

雖然，米氏之言證，就文獻考證派視之，乃口耳相傳，難為信
史之據，蓋口說無憑也。但近世錄音之具發達，則可存口言之真矣。
英國廣播公司（BBC）於三十年代之始，即有「聲庫」之設，迄今
早已汗牛充棟矣。至於「口述歷史」（oral history）亦日見通行，大
可實聲庫之富藏。實錄之「言證……不啻可令史益為豐碩生動，亦

〔註10〕啟功：《啟功講學錄》，北京師範大學出版社 2005 年版，第 111～112 頁。
〔註11〕汪榮祖：《史傳通說》，中華書局 2003 年版，第 8 頁。

更為可讀可信」。〔註12〕

近年來，口述史學被輸入到國內，也流行開來了。口述資料可以作為文獻資料的補充。當代西方口述史學家大都強調指出，口述資料和文獻資料在歷史研究中各有利弊。文獻資料的優點是排除了心理因素，從時間上看，事件發生當時的文件和書信比後來記載下來的口述資料更可靠一些。但如果文獻資料遭到有意無意的曲解，任何人都毫無辦法，因為一些文獻當事人已經死亡，而口述資料的當事人卻是活的，歷史學家可以根據當事人的立場對口述資料作必要的修正。因此，在一定條件下，口述資料反而比文獻資料更加真實。

5. 文獻即文字材料與活材料。李澤厚《論語今讀》將「文獻不足故也」解釋為「因為他們的文字材料和活材料太不充分了」，並加以引申發揮：「孔子講的古禮，都無法印證。自我作古，原意難尋，中國早有此解釋學傳統。君不見，中國傳統正是通過不斷的注、疏、解、說而一再更新麼？董仲舒、朱熹、王陽明以及其他許多大儒小儒，不都是這樣做的麼？他們不必另張旗號，別作他說，『不破不立』，而完全可以拭舊如新，推陳出新，這也就是『創造性的轉換』；至今似仍可以作為中國式的某種前進道路。」〔註13〕強調文字材料與活材料的相互印證，可謂妙解。董仲舒、朱熹、王陽明以及其他許多大儒小儒，在解釋原典時同樣會面對「文獻不足徵」的困境。漢儒規規焉，我注六經，不敢越雷池半步；宋儒往往六經注我，師心自用，偷樑換柱，販運私貨，美其名曰：「學苟知道，六經皆我注腳。」

總之，「文」的本義為文身，「獻」的本義為祭品，它們的引申如下：

　　文：文身→文字→典籍……書證─書面材料─文字材料

　　獻：祭品→奉獻→賢人……人證─口述歷史─活材料

自魏晉至隋、唐五代，史籍中除了封諡之號屢用「文獻」字樣外，少有關於「文獻」的語彙遺存。《宋史》中多有「文獻」與「文獻之家」的記載，元明時代也有類似記載。通過清代史籍已經可以看到，當時「文獻」已經成為通用語彙。〔註14〕《漢語大詞典》立了「文獻」與「文獻之家」兩個詞目：

　　文獻：有關典章制度的文字資料和多聞熟悉掌故的人。後專指

　　有歷史價值或參考價值的圖書資料。

〔註12〕汪榮祖：《史傳通說》，中華書局 2003 年版，第 9～11 頁。

〔註13〕李澤厚：《論語今讀》，生活·讀書·新知三聯書店 2004 年版，第 86 頁。

〔註14〕王子今：《20 世紀中國歷史文獻研究》，清華大學出版社 2002 年版，第 2～4頁。

　　文獻之家：指博學多聞、熟悉典章掌故的人。〔註15〕

　　從歷史的角度來看，最初的「文獻」一詞大致相當於現在的「文獻」與「文獻之家」兩個詞，大約從金元之際開始裂變為「文獻」與「文獻之家」兩個詞，「文獻之家」的古義逐漸淡化，甚至消逝。此際，對於博學多聞、熟悉典章掌故的人往往贈以「文獻」的諡號，其實可以看作是「文獻之家」的縮稱。有人輕率對此舊注提出質疑：「竊以為『文獻』這個詞組，當解著上獻的書籍文章，不包含有賢人的意思。」〔註16〕有人竟然否定「獻」有「賢」之古訓，斷定孔子的文獻就是泛指一切圖書檔案資料〔註17〕。不明訓詁，不足為訓。

二、文獻新義

　　文獻新義較多，主要有以下幾種：

　　1. 指有歷史價值的圖書和文物資料。《辭海》、《辭源》皆持此說。有人對此持反對意見：「文物屬於考古學的研究範圍，不應該把它包括在文獻的範圍之內。」〔註18〕

　　2. 為了把人類知識傳播開來和繼承下去，人們用文字、圖形、符號、聲頻和視頻等手段將其記錄下來：或寫在紙上，或曬在藍圖上，或攝製在感光片上，或錄製在唱片上，或存儲在磁盤上。這種附著在各種載體上的記錄，統稱為文獻。〔註19〕

　　3. 文獻：記錄有知識的一切載體。〔註20〕

　　4. 文獻是記錄信息與知識的一切人工附載物。〔註21〕

　　5. 文獻是記錄有信息、可作為存貯、利用或傳遞過程中一個單元處理的人工固態附載物。〔註22〕

　　6. 文獻（document, literature）：記錄有知識和信息的一切載體。由4個要素組成：（1）所記錄的知識和信息，即文獻的內容。（2）記錄有知識和信息的

〔註15〕羅竹風主編：《漢語大詞典》，漢語大詞典出版社 1997 年版，第 6 冊第 1546 頁。

〔註16〕邵勝定：《說文獻》，《文獻》1985 年第 4 期。

〔註17〕朱建亮：《文獻信息學引論》，書目文獻出版社 1992 年版，第 34～36 頁。

〔註18〕張玉勤、趙玉鍾：《實用文獻學》，山西古籍出版社 1998 年版，第 3～4 頁。

〔註19〕李紀有等：《圖書館專業基本科目名詞解釋》，書目文獻出版社 1984 年版，第 2～3 頁。

〔註20〕《文獻著錄總則》GB3792.1～83。

〔註21〕倪波等：《理論圖書館學教程》，南開大學出版社 1986 年版，第 26 頁。

〔註22〕倪波等：《文獻學導論》，貴州科技出版社 2000 年版，第 2 頁。

符號，文獻中的知識和信息是借助於文字、圖表、聲音、圖像等記錄下來並為人們所感知的。（3）用於記錄有知識和信息的物質載體，如竹簡、紙張、膠卷、膠片等，它是文獻的外在形式。（4）記錄的方式和手段，如鑄刻、書寫、印刷、複製、錄音、錄像等，它們是知識、信息與載體的聯繫方式。〔註 23〕

綜上所述，前一種說法否定「獻」有「賢」之古訓，在揚棄古義的基礎上開始與西文對接，涵化西學；後五種站在西學的立場上，突出了文獻的要素，大致可以歸納為「文獻三要素」：

1. 物質載體。這是文獻的外在形式。在世界是不同區域和時代，人們使用過不同的文獻載體。如古埃及的紙草文獻、古代兩河流域的泥板文獻、歐洲的洋皮文獻，我國古代的甲骨文獻、金文文獻、石刻文獻、簡帛文獻等。印刷術發明以後，紙質文獻在全世界廣泛使用。人類進入電子信息時代之後，電子文獻迅速席捲全球，「無紙化」的呼聲日益高漲。

2. 知識信息。這是文獻的內容。

3. 相應符號。它是連接文獻的內容與形式的橋樑。

至於記錄的方式和手段，如鑄刻、書寫、印刷、複製、錄音、錄像等，並不是文獻的要素，它們與其說是「知識、信息與載體的聯繫方式」，不如說是人類通過如此方式烙上文化的印記。

三、「文獻」釐定

「文獻」是如何完成從傳統到現代的轉換的？這只有從歷史文化語義學才能說明。「文獻」既是一個古老的舊詞，也是近代西學輸入後傳進來的一個新詞。漢語「文獻」在英語中大致對應的就有多種表述方式〔註 24〕：

literature，來源於拉丁文 literture，多指科技文獻，後來泛指「文獻」，此外還有文學（作品）、文藝、著作等義。此詞大約出現在 1375 年。

document，來源於拉丁文 documentum。至遲出現於 1450 年，最早作為「教育」名詞使用，後來作為「文獻」使用，現在除了「文獻」外，還有公文、文件、文檔、檔案等義。

bibliography，可作為書目、書目提要、文獻來理解，亦可作目錄學、文獻學理解。源於希臘文「bibΛlovpaΦia」，最初意即「書（bibΛlov）的抄寫

〔註 23〕周文駿主編：《中國大百科全書‧圖書館學情報學檔案學》，中國大百科全書出版社 1993 年版，第 465 頁。

〔註 24〕倪波等：《文獻學導論》，貴州科技出版社 2000 年版，第 11 頁。

（tyΦau）。印刷術發明以後，bibliography 又逐漸被解釋為「書的記錄」。1761年以後，又被解釋為「目錄學」。

　　我們推測，可能是日本人借用此一來自的漢字古詞「文獻」，沿襲並引申其固有含義，以對應西洋詞 document、literature、bibliography，成為現代通用的「文獻」一詞。當然，這一具體過程還有待進一步證實。但有一點可以肯定，「文獻」關鍵詞的確立，可以說是在古今演繹、中外對接的語用過程中實現的。〔註25〕

〔註25〕關於歷史文化語義學，可參考馮天瑜先生主編的《語義的文化變遷》（武漢大學出版社 2007 年版）。

地方文獻學的基本問題

摘要：

對文獻、地方、地方性、地方文獻、地方文獻工作、地方文獻學等概念予以界定。地方文獻是內容上具有地方性的文獻，地方文獻工作包括收集、管理和利用三方面，地方文獻學是對地方文獻與地方文獻工作進行系統研究的一門綜合性交叉學科。

關鍵詞：地方文獻；地方文獻工作；地方文獻學；文獻學理論；地方文化

對於「地方文獻」的概念，學界迄今尚未形成一致的看法，這勢必影響和制約了地方文獻工作的開展和地方文獻學學科的建設。我們通過對「文獻」、「地方」、「地方性地方文獻」、「地方文獻工作」、「地方文獻學」等概念的釐定，旨在為地方文獻學的學科建設若干提供鋪路石子；並希望通過對地方文獻與地方文化二者之間關係的分析，能夠明確地方文獻工作在地方文化研究中的作用與地位，進而推進地方文化的建設。不當之處，敬請方家教正。

一、地方文獻的相關概念

（一）文獻

地方文獻是文獻的一個分支。如要瞭解地方文獻，首先就要對文獻的概念有清晰的認識，這是界定地方文獻的基本條件。如果某一對象不屬於文獻的範疇，那它就自然不屬於地方文獻。

學界對「文獻」的定義有很多，眾說紛紜，迄無定論。我們認為，文獻就是通過一定的手段將文字、圖表、聲音、圖像、視頻、代碼等有記錄性的符號

記錄在一定的物質載體上，以傳遞某種知識信息的一切載體。文獻的三要素應該是物質載體、知識信息和相應符號，其中物質載體是文獻的外在形式，知識信息是文獻的內容，而符號則是連接文獻的內容與形式的橋樑，「至於記錄的方式和手段，如鑄刻、書寫、印刷、複製、錄音、錄像等，並不是文獻的要素，他們與其說是『知識、信息與載體的聯繫方式』，不如說是人類通過如此方式烙上文化的印記」〔註1〕「相應符號」包括文字、圖表、聲音、圖像、視頻、代碼等，是傳遞知識信息的手段，沒有符號的載體無法傳遞知識信息，自然不能稱為「文獻」。趙大志《地方文獻建設研究》就認為：「文獻的內容最為重要，是文獻的內涵和實質所在，是判定文獻價值的主要依據。」「文獻信息是文獻的本質屬性，沒有信息性，也就不會有文獻。任何文獻都傳遞或記錄一定的信息知識，傳遞信息和記錄知識是文獻的基本功能。」〔註2〕可以說，「知識信息」是文獻最重要的因素，知識信息價值的大小，直接決定著文獻價值的大小。

（二）地方

地方是相對於國家、中央的一個概念，它們是局部與整體的關係。而對「地方」區域大小的劃分則要根據具體的情況而定，不能囿於當今的國家行政區劃，而應該充分考慮歷史上的行政區劃沿革狀況。即使在新中國以來，既有廢棄不用的大行政區，又有現在的省、市、縣的行政區劃，而在行政區劃之外，還有一些特殊的經濟區域和文化區域等。可見，「地方」是一個歷史的概念，其區域大小也只是一個層級問題，只要是相對於整體上的國家、中央的一個局部區域，都可以認為是地方。但在具體的劃分過程中，則應該根據具體的情況而定，正如有人在描述「地方文獻資源布局」時所說：「從 18 個圖書館的收藏範圍看，由於歷史原因，甘肅省圖書館是以西北的陝西、甘肅、寧夏、青海、新疆五省（區）為界；廣東中山圖書館是以廣東、海南、港澳地區作為自己的地方文獻收藏範圍。其餘 16 個館都是以本省、本地區為收藏範圍。」〔註3〕這種劃分考慮到了歷史的因素和現在的行政區劃。此外，個別歷史上屬於我國領土範圍的地區，在具體情況下也可以包含在「地方」這一概念之中。如有人提出「歷史上曾隸屬我國東北，現在不在東北區域內，被東北周邊相鄰國家視

〔註1〕司馬朝軍：《「文獻」：從傳統到現代的轉換》，《中國文化史探究集》，北京：中國社會科學出版社，2011 年，第 534 頁。
〔註2〕趙大志：《地方文獻建設研究》，西南交通大學出版社，2012 年，第 3 頁。
〔註3〕易雪梅：《地方文獻工作中值得思考的幾個問題》，《國家圖書館學刊》，2005 年第 1 期，第 30～31 頁。

為已有的我國東北歷史文獻，仍應歸入我國東北歷史文獻的範疇」〔註4〕。可見，「地方」是一個古今交錯的概念。我們現在處理「地方」這一概念時，既要立足於當今的國家行政區劃，也要充分考慮古代的歷史沿革，視具體情況而作出適當劃分。

（三）地方文獻

關於地方文獻的概念，學界主要有廣義說、狹義說、實用說三種。

廣義說以杜定友為代表，認為「地方文獻是指有關本地方的一切資料，表現於各種記載形式的，如：圖書、雜誌、報紙、圖片、影片、畫片、唱片、拓本、表格、傳單、票據、文告、手稿、印模、簿籍等等。凡有歷史價值的，即『斷簡另篇』，『片紙隻字』，也在收集之列」〔註5〕，並進而將地方文獻分為地方史料、地方人物著述、地方出版物三種。

狹義說以鄒華享為代表，認為地方文獻是文獻的種概念，在文獻這一屬概念下，地方文獻與其他類型文獻的本質區別在於「內容上具有地方特徵」。地方文獻僅指內容上具有地方特徵的區域性文獻。〔註6〕

實用說以徐貴軍為代表，他在《談特色文獻與地方文獻》一文中認為廣義、狹義二說均有擴大概念之嫌，進而提出了「實用說」的地方文獻概念：「圖書館的地方文獻，是一個圖書館所在地方的載有這個地方的人和事物的信息，或這個地方的人著述的文獻。通俗地說，其中包含兩個方面的內容：一是『寫地方的書』，二是『地方人寫的書』。」〔註7〕

以上三種爭論的焦點主要集中在「地方出版物和地方人士著作」是否是屬於地方文獻。他們對地方文獻內容的認識可簡要概括為：杜定友認為地方文獻包括「寫地方的文獻」、「地方人寫的文獻」、「地方出版的文獻」，鄒華享認為地方文獻只包括「寫地方的文獻」，而徐貴軍則認為地方文獻包括「寫地方的文獻」和「地方人寫的文獻」。

〔註4〕孟祥榮、金恩輝：《東北地方古文獻的跨國性問題》，《圖書館工作與研究》，2005 年第 2 期，第 44 頁。

〔註5〕杜定友：《地方文獻的搜集整理與使用》，《杜定友圖書館學論文選集》，北京：書目文獻出版社，1988 年，第 364 頁。

〔註6〕鄒華享：《地方文獻工作若干問題的再認識》，《圖書館論壇》，2004 年第 6 期，第 150 頁。

〔註7〕徐貴軍：《談特色文獻和地方文獻》，《大學圖書館學報》，2004 年第 3 期，第 34 頁。

　　我們認為，地方文獻的「狹義說」可以簡化為：地方文獻就是在內容上具有地方性的文獻。它只關注文獻三要素中的「知識信息」，即內容，而不考慮其他外在因素，如出版地、作者等因素。而地方文獻的「廣義說」則在通過文獻的內容進行判定的基礎上，進一步考慮了出版地、作者這些外在因素，認為出版地和作者具有地方性的文獻也屬於地方文獻。我們認為，一味地從文獻的外在因素來判定地方文獻，只能給學者們地方文獻的概念帶來混亂，也會給地方文獻工作帶來諸多不便。因此，地方文獻只能從內容上，即文獻的「知識信息」上進行判定。

　　徐貴軍認為「狹義說」有「擴大概念」之嫌，只是因為他認為「狹義說」將應該屬於特色文獻的文獻歸入了地方文獻而已，而他的觀點則是以「實用性」為標準，將某些具有地方特色的地方文獻從地方文獻中獨立出來，作為特色文獻收藏，以提高該類文獻的利用率，而不致於使特色文獻湮沒於地方文獻之中。我們認為，徐貴軍對於特色文獻的重視是應該的，但不應該將具有地方特色的某些特色文獻排除在地方文獻之外。為了提高地方文獻中特色文獻的利用率，在地方文獻工作中可以對這類內容上具有地方性的特色文獻作出特殊說明，並集中存放，作為地方文獻中的特色部分。因為特色文獻與地方文獻雖然不是同等的概念，但二者也有交叉重合的部分，不應該將二者絕對分開，對於具有地方性的特色文獻，還是作為地方文獻處理更為合理。特色文獻的判定標準，可以從多個角度考慮，只要某一文獻群體具有異於其他文獻的特色，就可以視為特色文獻，因此不同類別的特色文獻之間大多是相對獨立的。而地方文獻則不同，它是一個比較系統的整體，涉及到某一地區的政治、經濟、文化、社會等各個方面，將內容上具有地方特色的特色文獻獨立出地方文獻，將有害於地方文獻的系統性、完整性。因此，還是將這類特色文獻保存在地方文獻中較為合理。我們認為，徐貴軍將地方文獻的內容界定為「寫地方的書」和「地方人寫的書」兩個方面，不過是在廣義說的基礎上將「地方出版物」排除在外，其相對「狹義說」來說，仍然是一個更大的範圍，仍是從內容和外在因素兩個方面來判定地方文獻。

　　那麼，「寫地方的文獻」這一說法是否與「地方人寫的文獻」、「地方出版的文獻」兩種類型文獻絕對排斥呢？換言之，是否認為「寫地方的文獻」絕對不可能是「地方人寫的文獻」、「地方出版的文獻」呢？我們以為並非如此。鄒華享關於「地方出版物、地方人士著述」與「地方文獻」關係的觀點是：「地

方出版物、地方人士著述不能籠統地視為地方文獻。」〔註8〕這一觀點只是對「地方出版物、地方人士著述」的部分否定,並非完全否定。

　　其實,「地方文獻」與「地方出版物和地方人士著作」只是不同的概念範疇,二者有重合也有區別,要對它們進行區分。我們認為,地方文獻的本質特徵是文獻的內容上具有地方性,這是從文獻本身的內容上說的;而「地方出版物」的判定標準是出版物的出版地,「地方人士著作」的判定標準是作者的籍貫或客居情況等,二者都是文獻的外在屬性。也就是說,地方文獻與「地方出版物和地方人士著作」是兩類不同判定標準的文獻群體。如易雪梅、吳喜峰《地方文獻芻議》一文指出:「地方出版物和地方人士著作,都是以文獻的外部形式來劃分文獻,地方出版物是以文獻出版地為文獻劃分標準,地方人士著作是以著者的出身地為文獻劃分標準,與文獻的內容沒有聯繫。地方出版物和地方人士著作在某種意義上是可以反映一地區經濟文化、科學事業發展的整個面貌,但這不是由於它們內容上的地方特點,而是由於對這些文獻的統計、分析可以有助於瞭解某地區的科學文化發展水平。但這不能作為這部分文獻屬於某地區地方文獻範圍的理由和依據,因為它們的內容並不都帶有地方性質。」〔註9〕

　　所以,我們認為,「地方文獻」這一概念,並不是「地方」與「文獻」概念的簡單疊加,「地方文獻」並非與某一地方有關的全部文獻,而是指在文獻內容上具有地方性的文獻。文獻與地方有關,既可能是文獻的載體、記錄符號、出版地、作者等外在屬性與某一地方有關,也可能是文獻的內容與某一地方有關,而「地方文獻」則專指文獻本身所傳遞的知識信息與某一地方有關,而不論其文獻載體、記錄符號、出版地、作者等外在屬性。「地方出版物和地方人士著作」與地方文獻雖然不是完全相同的概念,但它們之間也並沒有嚴格意義上的絕對排斥性。我們要區別地方文獻與「地方出版物和地方人士著作」,並不是認為「地方出版物和地方人士著作」絕對不屬於地方文獻,而只是表明僅僅屬於「地方出版物和地方人士著作」,並不能籠統地歸入地方文獻,而是要考察具體的某一「地方出版物或地方人士著作」在內容上是否具有地方性,即看這一文獻在內容上是否傳遞出關於地方的信息,這種信息是否對研究某一地方有文獻價值。

〔註 8〕鄒華享:《地方文獻工作若干問題的再認識》,《圖書館論壇》,2004 年第 6 期,第 151 頁。
〔註 9〕易雪梅、吳喜峰:《地方文獻芻議》,《圖書與情報》,1993 年第 2 期,第 62 頁。

（四）地域性

地方文獻最大的特點，就在於文獻內容所體現出的鮮明的地域性。論者以為，只要具備這一特點，文獻就具備了被確認為地方文獻的基本條件。至於文獻形式、文獻載體、出版地、出版者、出版期乃至文種等等，都不是鑒別地方文獻的重要標準。〔註10〕鄒華享亦認為，地方文獻是內容上具有地方特徵的區域性文獻，其特徵有兩個，一個是地方區域性，一個是歷史資料性。地方區域性，這是地方文獻本質特徵。……史資料性，這是地方文獻非本質的主要特徵。〔註11〕此說是以文獻內容上的地方區域性為地方文獻區別於其他類型的文獻的本質特徵，而歷史資料性則是一般文獻都具有的特徵，並非地方文獻的本質特徵。我們認為，地方文獻的本質特徵是文獻「內容上的地方性」，也就是指文獻三要素「物質載體、知識信息、相應符號」中知識信息的地方性，而非物質載體和相應符號的地方性。「內容上的地方性」是判斷一種文獻是否是地方文獻的唯一標準。

其他學者對文獻特徵的歸納雖多有不同，如黃俊貴認為地方文獻的特點是鮮明的地方性、較強的歷史資料性、文獻載體的廣泛性、內容的時代性；〔註12〕金霑林認為地方文獻的特徵有地域性、史料性、綜合性、系統性；〔註13〕又如趙大志將地方文獻的特徵歸納為鮮明的地域性、史料的真實性、內容的廣泛性、載體的多樣性。〔註14〕但在這些特徵之中，除了「地方性」之外，其他特徵多是文獻的一般特徵，或者並非地方文獻區別於其他類型文獻的本質特徵。

那麼，如何判斷一種文獻是否具有「內容上的地方性」呢？即「內容上的地方性」的標準是什麼？

前蘇聯目錄學家 H. A. 茲多勃洛夫在《地方文獻目錄基礎》中對「地方性」給出了幾條標準：「（a）在某一地方範圍內所觀察到的現象；（b）在某一地方範圍以外所觀察到的，但由於這個地方的力量的活動所產生的現象；（c）在某一地方範圍以外所產生的、但為了影響或研究某一地方而由與這一地方

〔註10〕金霑林：《圖書館地方文獻工作》，北京圖書館出版社，2000年，第3頁。

〔註11〕鄒華享：《地方文獻工作若干問題的再認識》，《圖書館論壇》，2004年第6期，第150～151頁。

〔註12〕黃俊貴：《地方文獻工作芻論》，《中國圖書館學報》，1999年第1期，第54頁。

〔註13〕金霑林：《圖書館地方文獻工作》，北京圖書館出版社，2000年，第3～5頁。

〔註14〕趙大志：《地方文獻建設研究》，西南交通大學出版社，2012年，第19～21頁。

無關的力量的活動所造成的現象。」〔註15〕金霑林認為「地方性」有一條主要標準、兩條次要標準：主要標準是「從各種不同的角度去記錄、研究和探討特定區域內的歷史、現狀以及未來的文獻」，次要標準「一條是文獻所記錄的內容不是發生在本地區之內，但卻與本地方有著直接的聯繫，如本地與外地、外國的交往，本地人士和各類團體在外地、外國的活動等。第二條是指文獻所反映的內容發生在本地方之外，但其能對本地方產生直接的或潛在的影響，如黨和國家的方針政策中直接涉及到地方的內容，發生在本地方之外卻對本地方產生重大影響的政治、經濟事件等等」。〔註16〕

我們認為，這兩種觀點都是從地域上說，它們之間是相通的，其標準在內容上可簡化為兩大類：一類是發生在本地區內並與本地區有關的文獻，一類是發生在本地區外但與本地區有關的文獻。後一類又分兩種情況：一種是本地區對外部地區產生影響的文獻，一種是外部地區對本地區產生影響的文獻。這就是地方性的判定標準。

二、地方文獻的主要工作

金霑林《圖書館地方文獻工作》一書主要從地方文獻的採訪、分編、典藏、開發利用以及特種地方文獻的處理介紹了地方文獻工作的內容，趙大志《地方文獻建設研究》則從地方文獻的收集、整理和開發三個方面概述了地方文獻工作的內容。我們認為，地方文獻工作的內容主要是對地方文獻進行收集、管理和利用。

（一）地方文獻的收集

地方文獻的收集工作是地方文獻工作中最基礎的工作，主要是對地方文獻的採購和訪求，是一個由外而內的輸入過程，這與圖書館日常的採訪工作是一致的，但相比日常的採訪工作，地方文獻的收集工作更具目的性，因為其採訪對象只是在內容上具有地方性的地方文獻，與此無關的文獻則不在收集之列。某一具體的採訪對象中的地方文獻情況無外乎三種：一是其全部內容都與某一地區相關，二是其中部分內容與某一地區相關，三是其中沒有與某一地區相關的內容。對於第一種情況，地方文獻的收集工作並不難，因為這類文獻大多可以從書名上作出判斷；而對於第二、三種情況，則需要工作人員通過自己

〔註15〕駱偉：《論地方文獻》，《廣東圖書館學刊》，1988 年第 3 期，第 13 頁。
〔註16〕金霑林：《圖書館地方文獻工作》，北京圖書館出版社，2000 年，第 3 頁。

深入文獻內部，才能作出判斷。

　　鄒華享認為：「如果在地方文獻收集中，拘泥於『地方文獻』是內容上具有某一地域特色的文獻，那麼徵集工作勢必難以進行下去，更不利於館藏的增加。至於收藏，就必須下一番『去粗取精，去偽存真』的篩選整序、加工處理的工夫，使『地方文獻』名副其實。」〔註17〕這是部分學者主張的「從廣義上收集，從狹義上收藏」的觀點。

　　首先，對於地方文獻的採購，工作人員應該依託於圖書館的採購工作，在此基礎上選擇那些內容上具有地方性的地方文獻加以收藏，而不必另搞一套。也就是說，圖書館地方文獻的採購應該與圖書館的採購相一致，而在收藏時有所區分；因為採購工作的對象一般是公開的文獻資料，這樣的做法有利於節約收集成本。但由於地方文獻的訪求工作對象多為非公開的文獻信息，在訪求工作中就應該儘量按照地方文獻的內容來訪求，避免採訪到過多的非地方文獻資料，給此後的管理和利用工作帶來麻煩。

　　其次，地方文獻的收集工作的對象並非所有地方文獻。因為即便將內容上不具有地方性的地方出版物和地方人士著作排除在地方文獻的概念之外，地方文獻的內容還是異常豐富。特別是近現代以來，由於印刷業的高度發達，特別是互聯網的出現及迅猛發展，文獻的載體與生產方式發生了重大改變，這也在根本上改變了文獻在整體上的數量。當今社會，每天都有大量的文獻產生，而在這裡面，在內容上具有某一地方特點的文獻也是非常豐富的，僅從新聞報紙一項，每天就有大量的現實材料出現。地方文獻雖然是在內容上具有地方性的一切文獻資料，但並非所有的地方文獻都具有同等的文獻價值，如果不對地方文獻的價值有所區分，勢必使地方文獻的工作陷入茫然的境地，僅僅工作人員對這些地方文獻材料的分辨就是一項巨大的工作。

　　在地方文獻工作中，工作人員應根據圖書館自身的實際情況，劃定一定的地方文獻收集範圍，以最低的成本收集到盡可能多、文獻價值盡可能高的地方文獻。地方文獻工作的重點還應該是地方志、家譜、族譜、地方檔案、地方史等具有較高地方文獻價值的類型；決不能不分輕重緩急，盲目地收集，使收集到的地方文獻總體失衡、文獻價值高低不一。以傳單為例，對於某些具有政治性或學術性的傳單，應該加以收集，而對於某些廣告性質的傳單的收藏則應該

─────────────

〔註17〕鄒華享：《地方文獻工作若干問題的再認識》，《圖書館論壇》，2004 年第 6 期，第 153 頁。

嚴格控制，否則將有大量的低層次地方文獻充斥其中。如果某地圖書館對此類地方文獻需要收集的話，也可以採用電子文本的收集方式，以方便存儲。

對於地方文獻的收集工作應該遵循「古代材料全面收集，現實材料重點收集」的原則。由於出版印刷技術的限制，古代的文獻資料相對於現代文獻資料，在數量是有限的，而且由於戰亂和各種自然災害，能夠流傳下來的歷史文獻資料就更少了，對於這部分文獻中的地方文獻，在收集工作中要做到盡可能的全面，即使是「殘篇斷簡」，也應該在收集範圍之內，這樣才能更加全面地通過文獻材料瞭解地方各方面的文化等。而對於現實材料，就應該有所揀擇，而不應該事無鉅細、不分輕重緩急地全部收集。歷史材料與現實材料的區別並非簡單的時間點上的區別，而更在於科學技術的發展使文獻材料的生產和保存發生的巨大改變。這種改變並非只是簡單的時間上的改進，而是有著本質的變革。

對地方文獻應該進行全面收集，但文獻的全面收集應該是指從整體內容的各個方面做到全面，以防在某些方面出現地方文獻的缺失，而不是指對關於某一方面的文獻應該在數量上做到一網打盡，也就是說，全面不等於全部。地方文獻收集工作人員在收集過程中，要有自己的判斷能力，對遇到的地方文獻要有所取捨，這就與從業人員的專業素質和業務能力有關，未必能夠做到完全準確，但對於重點收集的原則還是應該重視的，否則就有可能收集到許多在質量和文獻價值上參差不齊的地方文獻，這將會影響到對地方文獻的利用工作。

地方文獻的收集工作既與圖書館的地方文獻收集採訪制度有關，又與地方文獻的收集工作人員的專業素質和業務能力有關。只有具有較為完善的地方文獻收集條例以及系統的地方文獻的分類表，地方文獻的收集工作人員在收集過程中才能有的放矢，有目的地對地方文獻進行系統的收集，而不至於出現收集到的地方文獻中，某一方面內容的地方文獻過於集中而文獻價值不高，其他方面的地方文獻卻種類較少、甚至欠缺的情況。從業人員的專業素質和業務能力提高，就能夠分辨地方文獻的價值高低，以及哪些是館藏急需的文獻，而哪些則是相對豐富而不需要過多收集的，這樣就可以在收集的過程中，提高收集到的地方文獻的質量，為此後的地方文獻管理工作的有效進行提供保障。收集的工作性質雖然與收藏並不完全相同，但卻存在著很大的共通性。只有在收集的過程中儘量提高對收集的地方文獻的質量要求，在收藏的過程中才能更加快捷有效。

在地方文獻的收集上，如果採用地方文獻「廣義說」作為指導的話，將

「地方出版物和地方人士著作」歸為地方文獻，就會大幅度增加地方文獻的收集成本。有人認為：「當然地方出版物和地方籍人士著作一樣，也是地方的寶貴財富，要專門收集，專室陳列，專門服務，但不要歸到地方文獻中去。」〔註18〕如果地方出版物完全屬於地方文獻：第一，在這個「信息大爆炸」的時代，隨著現代印刷條件的改進，各地的出版社每年都有大量書籍出版，地方文獻工作如果要將這些著作全部收藏，勢必增加收集成本。第二，對於古舊書籍，尤其是古籍的收集，如果按照出版地原則收藏的話，那就需要將某地刊印過的古籍進行系統收集，這也必將增加收集成本。如果地方人士的著作屬於地方文獻，在採訪過程中，必然會收集到大量作者與地方有關，而文獻內容卻與地方地方無關的文獻著作，這就增加了收集工作在人力、物力、財力方面的成本。此外，需要注意的是，雖然地方出版物和地方人士著作不完全屬於地方文獻的範疇，但在地方文獻收集工作當中，對於它們應該給予應有的重視，因為與非地方出版物、非地方人士著作相比，這類著作中的地方文獻相對比較集中，尤其是某些地方人士的某些著作可能在書名上並不能直接反映出其內容，需要地方文獻的工作人員進一步瞭解其文獻內容是否具有地方性，進而作出判斷。

（二）地方文獻的管理

地方文獻的管理工作則包括對地方文獻的編目、整理以及典藏工作，是一個對收集到的地方文獻進行內部消化處理的過程。

地方文獻的編目工作，主要是對收集到的文獻從整體上分門別類，使之井然有序，方便對地方文獻的管理和利用。對地方文獻的分類應該以內容為主，兼顧文獻的載體形式。各地的地方文獻工作應該在參照某些地區的地方文獻分類的基礎上，根據自身的實際情況，做出適當調整。在以內容分類為大框架的前提下，也應該適當照顧到文獻的載體形式，以方便地方文獻的典藏工作。而編寫地方文獻提要、編制地方文獻索引等工作的順利開展，對於地方文獻的工作人員以及讀者、研究人員全面瞭解地方文獻的館藏、集中查找所需文獻都有很大的幫助，尤其是隨著現代科技的發展，今後應該特別重視對地方文獻數據庫的建設，編制各種地方文獻書目、索引和數據庫。

在這裡，需要區分一下地方文獻目錄與地方人士著述目錄、地方出版物目

〔註18〕葛丁海：《明確「地方文獻」的概念》，《圖書館雜誌》，1994 年第 1 期，第 25 頁。

錄。近代學者繆荃孫纂輯的《光緒順天府志》，便將「記述順天事之書」列為
藝文志一，而將「順天人著述」列為藝文志二至五。〔註19〕這種區分就是對
地方文獻目錄於地方人士著述目錄的區分。金霑林將古今關於地方的各種書
目分為三類，即地方文獻書目、地方人士著述書目（郡邑書目）、地方出版物
目錄，認為後兩類書目的內容裏都包含著一部分地方文獻，有時甚至會包含很
多的地方文獻，但畢竟不完全是地方文獻，因而他們與地方文獻書目有著本質
的區別〔註20〕。本地的地方著述書目和地方出版目錄雖然不能在學術概念上
歸入地方文獻書目的範疇，但由於他們都從不同的角度涉及了地方事物，所以
這種書目本身仍然屬於本地地方文獻的範疇，可以而且也應該納入本地的地
方文獻專藏。〔註21〕

　　地方文獻的整理工作主要是對一些散見的較為原始的地方文獻的整理，
使之更加系統化，以方便研究利用。這一工作有些類似於古代類書的編纂，需
要將收集到的地方文獻分門別類地編排。類書具體的某一門類之中，既可能
包含某著作的全部內容，也可能包括部分內容，這就像某一地方的地方文獻，
可能包括某部著作的全部，也可能僅是其中的部分章節。當然，這裡的整理工
作，主要是對於過於分散的材料，以「地方文獻資料集」的形式加以整理，以
節約收藏成本，方便利用。比如涉及全國或多地域的地理總志、專志、山水
志、遊記等，雖不屬於具體某一地區地方文獻的收集範圍，但對其中涉及本地
區的內容，應通過摘抄、複製等方法收集。〔註22〕

　　地方文獻的典藏工作主要是對收集到的地方文獻進行科學系統的收藏保
護，以供讀者使用。地方文獻藏書的保護、管理和清點，與普通圖書無大區
別，但由於地方文獻載體類型的多樣化，造成了多種排架方式集於一庫的特殊
局面。〔註23〕典藏管理的實質就是科學地處理藏書保存與利用的關係，盡可能
地調節入藏與利用的矛盾。〔註24〕典藏工作的難點主要在對於某些特殊文獻
的收藏，如某些早期的照片、拓片、視聽文獻、善本古籍等，由於這類文獻相
較普通書籍更容易受到損害，在典藏工作中，對它們要進行特殊處理，以保障

〔註19〕金霑林：《圖書館地方文獻工作》，北京圖書館出版社，2000年，第86頁。
〔註20〕金霑林：《圖書館地方文獻工作》，北京圖書館出版社，2000年，第87頁。
〔註21〕金霑林：《圖書館地方文獻工作》，北京圖書館出版社，2000年，第87頁。
〔註22〕趙大志：《地方文獻建設研究》，西南交通大學出版社，2012年，第38～39頁。
〔註23〕金霑林：《圖書館地方文獻工作》，北京圖書館出版社，2000年，第63頁。
〔註24〕趙大志：《地方文獻建設研究》，西南交通大學出版社，2012年，第89頁。

它們能夠長時間地保存。此外，典藏工作還要解決隨著時間的推移，文獻的大量增加與存放空間不足之間的矛盾，這既需要在條件允許的情況下，改善存放條件，增加存放空間，也應該對文獻進行數字化處理，以減小存放空間。當然，在地方文獻的收集過程中，以地方文獻價值大小為標準，提高典藏質量，也是解決這一矛盾的重要途徑。

在地方文獻的管理工作中，如果採用地方文獻「廣義說」作為指導的話，將會增加編目、整理、典藏的工作量。對於地方出版物，我們也認為它們同樣有收藏的必要，但卻不應籠統地作為地方文獻處理，應該由地方出版機構成立專門收藏地方出版物的特藏部門，並定期編制地方出版志，以便對地方出版事業的研究以及修纂地方志的需要。我們認為，地方人士的著述，當地圖書館當然有收藏的必要，但同樣不能籠統地作為地方文獻來收藏，對於這些著作可以作為特藏處理，沒有必要讓地方文獻承擔本不應該屬於它的內容；比如由地方方志編纂機構成立專門收藏地方人士著作的特藏部門，以備修纂地方藝文志的需要。如果籠統地將地方出版物和地方人士著作作為地方文獻來收藏，必然會給地方文獻的收藏、編目、整理工作增加工作量。而且按照地方文獻廣義說也勢必給分類工作帶來混亂。如果按內容對地方文獻進行分類，這些著作將無類可歸；如果不按內容分類，又沒有更好的辦法，而且不利於地方文獻的利用。如果按地方出版物、地方人士著作單獨做一類處理，那麼某一步地方人士寫作並由當地出版社出版的關於地方的著作，就需要分別在三部分中體現，使分類陷入混亂。

（三）地方文獻的利用

地方文獻的利用工作主要包括諮詢和研究兩方面，是一個由內而外的輸出過程；前者是面向讀者對地方文獻的查詢、閱覽，後者主要是地方文獻的工作人員對所收藏的地方文獻的研究，這裡的研究工作又與對地方文獻的整理工作密切相關，並且這種研究工作既包括對地方文獻內容本身的微觀研究，也包括對地方文獻發展歷史、規律的宏觀研究。

地方文獻的諮詢工作主要是為了幫助讀者和研究人員更方便快捷地查詢到需要的地方文獻。金霈林將諮詢工作分為數據型諮詢和引導型諮詢兩類〔註25〕，前者是諮詢工作人員對讀者的信息需求做出直接解答，後者則是工作人

〔註25〕金霈林：《圖書館地方文獻工作》，北京圖書館出版社，2000年，第113頁。

員根據讀者的需求提供建議性的方案，引導讀者自己完成文獻的檢索過程。

　　地方文獻的研究工作主要是館員學者對地方文獻的直接研究，既包括對本地區地方文獻的局部研究，也包括對該地區地方文獻發展歷史的研究。如王英認為對地方文獻發展史的研究主要是「研究地方文獻自身形成和發展的歷史與規律，研究各個歷史時期的地方文獻的編纂思想及著作，研究歷代地方文獻收藏的思想和流派，確立本學科的研究方向、思維方法、研究手段」〔註26〕。館員學者的地方文獻研究是學術界對地方文獻研究中的重要力量。

　　在地方文獻的利用工作中，如果採用地方文獻「廣義說」作為指導的話，將會給讀者查詢和學者研究帶來困擾。開展地方文獻工作的目的，就是為了對地方文獻更好地利用，這種對地方文獻的利用既包括非專業的讀者對地方文獻的查詢、閱覽，也包括專業學者對通過對地方文獻的利用而從事的學術研究，如對某一地方政治、經濟、文化進行系統的研究。如果將地方出版物和地方人士著作籠統地歸為地方文獻，勢必使地方文獻中充斥著大量在內容上與本地無關的文獻，導致讀者和學者在翻檢所需的地方文獻時，予人以「披沙揀金」之感，這必將給研究工作帶來諸多困擾。

（四）地方文獻工作與地方文博工作、檔案工作的關係

　　第一，地方文獻工作與地方文物收藏工作。於乃義提出：「地方文獻範疇應包括文物、圖書、資料三項。」〔註27〕我們認為，地方出土的文物並不能籠統地歸為地方文獻。某一文物是否是地方文獻，首先要看它是否具備文獻的三要素，若一件文物雖有物質載體，但卻沒有相應的符號，或有相應的符號，卻無法傳遞任何知識信息，則此文物即使再名貴，也不能算地方文獻，因為它首先連文獻都不是。確定一件文物屬於文獻的範疇之後，還需要對它所傳遞的知識信息進行考察，以確定此信息是否具有內容上的地方性。只有當一件文物同時具有這兩個條件時，才能確定這一文物屬於地方文獻。同時，我們認為，在對文物類地方文獻進行收集時，應該注重地方文獻的文獻內容，而不應該過於注重地方文獻的載體。因此，圖書館在收藏文物類地方文獻時，應以拓片、影印件等為主，不必過於注重對實物的收集，收藏實物屬於博物館文物收藏的工作。

〔註26〕王英：《地方文獻學的理論構架》，《河南圖書館學刊》，1998 年第 4 期，第 52 頁。
〔註27〕於乃義：《地方文獻簡論》，《文獻》，1979 年第 1 期，第 52 頁。

第二，地方文獻工作與地方檔案工作。地方檔案工作是檔案工作人員對當地的機關、團體、企事業單位及個人在日常活動中形成的，具有查考利用價值的文件資料，進行集中歸檔保存的工作，主要由當地的檔案部門來完成。從理論上講，地方檔案部門保存的檔案在內容上都是關於當地的政治、經濟、社會、文化、自然情況的，屬於地方文獻的範疇。但從實際的工作上來說，由於各地檔案工作的收繳和管理制度都較為完善，專業性強，地方文獻工作對於這部分文獻應該與檔案部門建立聯繫，進行溝通，分工協作，做到對檔案部門的地方檔案文獻有清晰全面的瞭解，編制地方檔案文獻的檢索目錄，以方便讀者、學者的查詢。當然，在條件和制度允許的範圍內，地方文獻工作人員可以對部分重要的地方檔案文獻進行複製或整理保存，使讀者、學者能夠更好地利用。由於「地方檔案部門的工作重心主要側重於來源於政府機構的正式檔案，對於全部地方檔案，尤其是產生於民間的大批檔案材料的收集，很難做到面面俱到，鉅細無遺。因此，地方檔案館和地方圖書館從各自的角度去收集地方檔案，尤其是收集分散在社會各個方面的民間檔案，還是大有必要的」〔註28〕。所以，對民間檔案的收集也應該成為地方文獻工作中的一個重要部分。

三、作為學科的地方文獻學

1979 年，於乃義首次提出「地方文獻學」的概念：「通過實踐認識……鑽研有關地方文獻的理論、方法，從歷史學、地理學、目錄版本校勘學以及科技情報學等多種學科脫胎出一門邊緣科學，姑且名為『地方文獻學』。」〔註29〕

此後，許多學者都對「地方文獻學」的概念提出了自己的看法。如駱偉提出：「地方文獻學是文獻學的一個分支，它是研究區域文獻的形成發展及開發利用的一般規律的科學。」〔註30〕他在《地方文獻學概論》中又進一步對其進行細化：「地方文獻學是一門以文獻學原理為基礎，廣泛運用目錄學、版本學、校讎學、編纂學、史學、方志學、計算機科學等學科的知識，對特定區域文獻的產生、分布、集聚、整序與開發利用進行研究，並探索其發展規律的一門學科。」〔註31〕雷樹德認為：「地方文獻學是研究地方文獻產生和發展、徵集、

〔註28〕 金霈林：《圖書館地方文獻工作》，北京：北京圖書館出版社，2000 年，第 18 頁。

〔註29〕 於乃義：《地方文獻簡論》，《文獻》，1979 年第 1 期，第 48 頁。

〔註30〕 駱偉：《論地方文獻》，《廣東圖書館學刊》，1988 年第 3 期，第 20 頁。

〔註31〕 駱偉：《地方文獻學概論》，澳門：澳門文獻信息學會，2008 年，第 32 頁。

整序和開發利用的一門科學。」〔註32〕王英認為：「地方文獻學是研究區域文獻的形成及開發利用的一般規律的科學，它以區域文獻和區域文獻工作為研究對象，以文獻學、目錄學和現代情報學的原理為基礎，探討區域文獻如何系統開發、科學管理、有效利用的一門新興學科。」並提出「地方文獻學應該成為圖書館學研究領域內一門獨立的學科」〔註33〕。朱立文認為：「地方文獻學則是以特定地方文獻整理的各方面（包括對象、內容和方法）及其歷史為研究對象的一門綜合邊緣學科。」〔註34〕王淑芬、馬小紅認為：「地方文獻學是文獻學的一個分支，是研究地方文獻的形成發展及開發利用的一般規律的科學。以地區文獻與文獻工作作為研究對象，以文獻學、目錄學與情報學的原理為基礎，探討地區文獻如何系統開發、科學整理、有效利用的一門新興學科，即地方文獻學。」〔註35〕

此外，在「地方文獻學」學科建設方面，張利從地方文獻學研究對象的知識內涵、地方文獻學的社會實踐基礎、地方文獻學的專業研究隊伍、地方文獻學的實踐與理論研究成果等方面闡述了建立中國「地方文獻學」專門學科的可行性，認為：「一門科學學科的能否建立，其先決條件關鍵在於兩個方面：一是被研究對象的內涵是否豐富，二是研究隊伍的數量和質量。」「『地方文獻學』是一門植根於地方文獻工作實踐的學問，既然作為一門科學，其學科體系的形成就應該而且必須符合科學形成的客觀規律。從歷史和現實角度考察，我國的『地方文獻學』已具備了建立專門學科的基礎和條件。」〔註36〕

但也有學者認為當前並不存在「地方文獻學」：

當前還不存在「地方文獻學」，因為建立任何學科都必須具備四個條件：一是特定的研究對象。「地方文獻學」是研究地方文獻，還是研究地方文獻工作，或者既研究地方文獻，也研究地方文獻工作

〔註32〕雷樹德：《地方文獻學論要》，《湖湘論壇》，1998 年第 5 期，第 59 頁。
〔註33〕王英：《地方文獻學的理論構架》，《河南圖書館學刊》，1998 年第 4 期，第 52 頁。
〔註34〕朱立文：《地方文獻探究的若干思考》，《文獻‧信息‧網絡——福建省社科信息學會十週年紀念論文集》，福建省社會科學信息學會，2000 年，第 129 頁。
〔註35〕王淑芬、馬小紅：《關於地方文獻研究的幾個問題》，《圖書館學刊》，2001 年第 2 期，第 5 頁。
〔註36〕張利：《試論我國「地方文獻學」專門學科建立的可行性》，《華北地區高校圖協第二十四屆學術年會論文（文章）彙編》，河北省高等學校圖書情報工作委員會，2010 年。

尚不明確，學科的性質是文獻學的分支，還是圖書館學分支，它與圖書館學、目錄學、情報學的關係如何，同樣沒有回答。二是要有準確的學科概念。目前我們且不談建立一個學科的各種概念不清楚，就是最基本的「地方文獻」概念也還沒有完全取得共識。三是要有系統的理論。而理論的基本要素是概念，既然概念不完整，不明確，怎能去構架理論體系？四是建立起來的理論要足以能具體說明研究對象的規律，並指導和解決實際問題。可以說，目前對地方文獻工作的研究仍停留於一般工作現象的描述，缺乏科學的抽象，諸多概念、原理正在探討之中。事實證明，任何研究課題匆忙稱「學」都不能提高自身的學術地位，且往往適得其反，導致忽視對實際工作經驗的總結、研究，對事業發展無所裨益。〔註37〕

　　黃氏從研究對象、學科概念、學科理論、研究規律四個方面對地方文獻學進行了全盤否定，未免言之過甚。毋庸諱言，十餘年前，「地方文獻學」的理論建設確實嚴重滯後，誠如論者所言——「對地方文獻工作的研究仍停留於一般工作現象的描述，缺乏科學的抽象，諸多概念、原理正在探討之中」。我們也應該看到，「地方文獻學」是一門新興學科，其研究對象的多學科交叉和應用性特點一方面說明了研究者對其他研究範式的寬容，另一方面也說明他們關注的對象不一致，其價值觀、思維方式存在一定的差異和分歧。如文獻學者關注地方文獻的特殊史料價值，歷史學者重視歷史文化方面的問題（如經濟史學者關注經濟史料，社會史學者關注社會史料，歷史地理學者關注地理變遷，科技史學者關注天文及氣象變化），圖書館學者關注地方文獻的收藏、利用與保護，如此一來，研究者們的學術標準判斷不同，學術概念、規範在短期內很難實現統一。所以，地方文獻學與其他學科的界限目前還不十分明晰，趨同度較低、分野度較高。無論如何，以成熟學科的標準來衡量一門新興學科，這決不是科學研究的態度。何況經過十多年的發展，地方文獻學無論是實踐還是理論研究都取得了不少進展，我們再也不能「老夫聊發少年狂」，劍走偏鋒，怪論迭出，而應該平心靜氣地看待新興學科在成長過程中所面臨的各種問題。

　　下面我們擬從「地方文獻學」的研究對象、學科概念、學科理論、研究規律四個方面討論「地方文獻學」的學科是否成立。

〔註37〕黃俊貴：《地方文獻工作芻論》，《中國圖書館學報》，1999 年第 1 期，第 55 頁。

　　對於「地方文獻學」的研究對象，駱偉、雷樹德、王英、王淑芬等學者的
表述雖有不同，但基本上都是從「地方文獻」和「地方文獻工作」兩個方面進
行界定的，可以說，地方文獻學的研究對象就是「地方文獻」和「地方文獻工
作」。而對地方文獻學的學科性質，王英認為地方文獻學是圖書館學的分支，
王淑芬、馬小紅則認為地方文獻學是文獻學的分支。我們認為，在地方文獻學
的兩個研究對象中，對地方文獻的研究主要是研究者對地方文獻的內容本身
直接進行的微觀研究和對地方文獻發展歷史、發展規律所作的宏觀研究，這部
分工作屬於文獻學與歷史學（尤其是專門史）的內容；而對地方文獻工作的研
究則主要是對地方文獻工作中存在的問題，如何建立起更為完善的地方文獻
工作體系而作的研究，這部分工作屬於圖書館學的內容。也就是說，地方文獻
學是一門兼具文獻學、圖書館學、歷史學等諸多學科交叉的新興學科。

　　對於地方文獻和地方文獻工作的基本概念，我們認為，地方文獻就是內容
上具有地方性的文獻；地方文獻工作就是對地方文獻進行收集、管理和利用的
工作。我們進一步對文獻、地方、地方性等概念以及地方文獻工作中的收集、
管理、利用進行了討論。可以說，對地方文獻學中重要的概念已經有了比較清
晰的認識。

　　至於地方文獻學的系統理論問題，由於地方文獻學是一門同時具有文獻
學和圖書館學的雙重性質的交叉學科，那麼文獻學和圖書館學的一般性理論
也同樣適用於對地方文獻學的研究，地方文獻學的理論基礎就是文獻學和圖
書館學的一般性理論。

　　學術界若能進一步加強對地方文獻學的研究工作，對於地方文獻的發展
規律等也必將能夠有更清晰的認識，並進一步完善這一學科體系，使之能夠更
好地指導和解決實際問題。王英從地方文獻學作為圖書館學分支學科的角度，
描述了地方文獻學學科研究體系，包括普通地方文獻學、專科地方文獻學、應
用地方文獻學、比較地方文獻學四大分支。〔註 38〕

　　眾所周知，任何一門新興學科都有一個發生、發展過程。地方文獻學作為
一門學科，不僅是必要的，而且是可能的，是完全可以成立的。地方文獻學就
是對地方文獻與地方文獻工作進行系統研究的一門綜合性交叉學科。地方文
獻學的綜合性主要是由地方文獻內容上的綜合性決定的。由於地方文獻是對

〔註 38〕王英：《地方文獻學的理論構架》，《河南圖書館學刊》，1998 年第 4 期，第 53
頁。

與某一地區相關的自然、社會、人文等眾多事物相關的歷史與現狀的全面記錄，涉及的內容非常廣泛，則地方文獻學對地方文獻的研究就必須綜合自然科學、社會科學、人文科學中的諸多學科進行綜合研究，這樣才能對地方文獻進行全面的開發利用，系統地反映該地區天文現象、地理生態、科學技術、政治經濟、文化教育、風俗宗教等各個方面的情況。地方文獻學的交叉性主要是由地方文獻工作中文獻學、歷史學、圖書館學等多個學科知識的交叉運用來體現的。地方文獻工作雖然主要是圖書館學的範疇，但在具體工作中對文獻學理論的運用卻是隨處可見的，如地方文獻管理工作中的編目和撰寫提要就與文獻學中的目錄學緊密相關，對地方文獻工作的研究就必然要涉及到文獻學的內容。而為了做好地方文獻的研究工作，除了對文獻學基本知識和理論的運用之外，還需要借助圖書館學、情報學的現代理論，如對文獻進行定量分析，對地方文獻數據庫的開發利用等。我們還應該看到，地方文獻資源的分布範圍非常廣泛，目前從事地方文獻工作的單位亦並非圖書館界所獨有，而是幾乎遍及檔案系統、方志系統、文博系統、教育系統等大量的社會文化工作部門。因此，為達到在最大範圍內充分挖掘和利用地方文獻資源的目的，作為地方文獻資源開發利用的系統性研究，宜採取廣視角、跨系統、多載體、多類型、多文種的全方位研究模式。〔註39〕

四、地方文獻與地方文化

（一）文化

「文化」一詞雖廣泛運用於學術研究、日常生活等各種場合，但要給它下一個嚴格而精確的定義卻是非常困難的。「文化的本質內蘊是自然的人化，是人的價值觀念在社會實踐中對象化的過程與結果，包括外在文化產品的創製和內在心智、德性的塑造。因此，文化分為技術系統和價值系統兩大部類，前者表現為器用層面，是人類物質生產方式和產品的總和，構成文化大廈的物質基石；後者表現為觀念層面，即人類在社會實踐和意識活動中形成的價值取向、審美情趣、思維方式，凝聚為文化的精神內核。」〔註40〕

「文化」的概念有廣義和狹義之分。廣義的文化就是「人文化成」，是人

〔註39〕張利主編：《中國西部地區地方文獻資源論稿》，呼和浩特：內蒙古大學出版社，2007年，第5頁。
〔註40〕馮天瑜：《文化守望》，武漢：武漢大學出版社，2006年，第28頁。

區別於動物的一種屬性，這裡的「人文」是相對於「天文」、「地文」等自然現
象與規律而言的，它是人與自然界、人與人以及人與自身的一種關係。「凡是
超越本能的、人類有意識地作用於自然界和社會的一切活動及其產品，都屬於
廣義的文化；或者說，『自然的人化』即是文化。」〔註41〕而狹義的文化則是
相對於政治、經濟、社會等概念而言的，它更多地體現在人的思想精神層面，
廣義文化和狹義文化可作這樣簡要的區分：「包括物質、精神、制度、行為四
層面的文化，是廣義文化；作為不停運行的廣義文化在觀念領域摹本的精神文
化，是狹義文化。」〔註42〕

（二）地方文化

　　對於中國整體文化史的研究，學界一般側重於使用狹義的概念，因為在
中華幾千年的歷史中，在中國近千萬平方公里的地域上，從廣義層面來敘述
中國文化，勢必會造成研究內容極其駁雜、研究對象主次不分等混亂狀況。
譚其驤先生說過：「任何時期都不存在一種全國共同的文化。」「中國文化有
地區性，不能不問地區籠統地談中國文化。」〔註43〕換言之，文化研究必須
以區域為依託，尋找區域之間的文化差異性。有了這個差異性，文化研究就
有了無窮無盡的源泉，相應的學科即有可能應運而生。近30年來，「文化熱」
在華夏大地一度蔚然成風，地域文化研究的成果也不絕如縷。如 1998 年遼
寧教育出版社出版的《中國地域文化叢書》，全國文化被劃分為 24 種地域文
化：八桂文化、八閩文化、巴蜀文化、草原文化、陳楚文化、滇雲文化、關
東文化、徽州文化、江西文化、荊楚文化、兩淮文化、嶺南文化、隴右文化、
齊魯文化、黔貴文化、青藏文化、瓊州文化、三晉文化、三秦文化、臺灣文
化、吳越文化、西域文化、燕趙文化、中州文化。此套書出版之後，產生了
比較強烈的反響，推動了地域文化繼續向縱深方向發展。近年由中央文史研
究館組織各地文史研究館和館外專家用 6 年時間撰寫了《中國地域文化通覽》
叢書，共 34 卷，各省、自治區、直轄市，以及港、澳、臺均有一卷。各卷上
編縱向地描述當地文化的發展史，下編重點描述當地文化的特點和亮點。上
起遠古，下迄清末，可視為各地的「文化地圖」。值得注意的是，還出現了北

〔註41〕馮天瑜：《文化守望》，武漢：武漢大學出版社，2006 年，第 24 頁。
〔註42〕馮天瑜：《文化守望》，武漢：武漢大學出版社，2006 年，第 28 頁。
〔註43〕譚其驤：《中國文化的時代差異和地區差異》，《復旦學報》（社科版），1986 年
　　　　第 2 期，第 6 頁。

京的「北京學」，上海的「上海學」，香港的「香港學」，浙江的「浙學」，福建的「閩學」，湖南的「湘學」，安徽的「徽學」，廣東的「嶺南學」或「粵學」，廣西的「壯學」，河南的「洛學」，陝西的「關學」，西藏的「藏學」，海南的「海南學」、「南海學」。此外，「泉州學」、「溫州學」、「潮州學」（或「潮學」）、「徽州學」、「長安學」、「敦煌學」、「客家學」、「廣府學」、「江南學」、「草原文化學」、「紅土文化學」、「疍民文化學」、「長江三峽學」、「鄂爾多斯學」、「湖湘文化」、「河洛文化」、「京師文化」的說法在學術界也很流行。只要以某一獨立區域或某個獨立文化要素為對象，都可樹立起「某某學」旗幟。只要「揭竿而起」，就會「雲從響應」。

地方文化，顧名思義，即是某一特定地域的文化狀況。各個地區的文化狀況千差萬別，如《中國地域文化通覽‧吉林卷》上編從歷時的角度全面介紹了吉林的遠古文明、漢魏時期的夫餘文化、漢魏至唐的高句麗文化、唐朝時期的渤海文化、遼文化與遼統治下的吉林、「金源內地」吉林與金文化、元明時期的女真文化、清代吉林的多民族文化，勾勒出一部絢麗多姿的吉林文化史長卷。又如《中國地域文化通覽‧湖北卷》，分為「史前：濫觴與展衍」、「先秦：蓄積與崛起」、「秦漢：沈寂與復蘇」、「魏晉南北朝：衝突與交融」、「隋唐：吸納與輻射」、「宋元：深邃與雅致」、「明清：激盪與開新」、「辛亥首義：革故與鼎新」，對於不同時代的文化特徵做出了恰如其分的概括。

地方文化的研究不應該僅僅著眼於狹義的文化概念，而應該儘量從廣義文化的概念出發，研究該地區物質、精神、制度、行為等各個方面的文化狀況，以便更為全面地呈現某一地區的全部文化形態。這種廣義的地方文化研究同時也是對整體上的狹義文化研究的一種補充，二者交相為用，既使從整體上把握文化史成為可能，也使得對各地區文化細節的全面瞭解成為可能。

地方文化的研究對象應該是極其廣泛的，它既包括物質層面的飲食文化、物產文化、建築石刻、名勝古蹟，精神層面的風俗民情、思想文化、宗教文化，制度層面的政治、經濟、文化、社會制度，行為層面的語言文化、曲藝文化等。所以，對地方文化的研究應該是一種合作性的研究，不同研究領域的學者們可以從不同的層面、不同的角度，分工合作，以呈現地方文化的總體狀況。在地方文化研究中，應該重視三個研究維度：第一，超越地方的文化研究，從文化整體、文化聯繫、歷史過程三個方面考察地方文化；第二，微觀與綜合的地方文化研究，重視地方社會歷史文化資料的搜集整理，然後進行綜合研究；

第三，地方之間的平行研究，重視地方風土類型的考察比較與地方文化互動關係的研究。〔註44〕

地方文化既有深厚的歷史性，它是某一地區歷史傳統積澱的結果，反映了生活在該地區的人所共同分享的文化成果；地方文化又同時具有極強的現實性，深厚的地方文化傳統必定仍舊深刻地影響著當下生活在該地區的人。所以，學者們對於地方文化的研究，從時間的分段上，應從地方的傳統文化和當代地方的文化現象兩個方面展開。

（三）地方文獻與地方文化的關係

地方文獻工作的一項重要任務就是對地方文獻的研究，而地方文化的研究是其中極為重要的一個組成部分。地方文獻與地方文化也就有著非常密切的關係。

第一，地方文化是地方文獻產生的重要基礎。文化是先於文獻而產生的，最初的文獻大多只是文化的符號化，在沒有產生這種承載文化的符號之前，文化已經長久地存在著。只有出現了具有記錄功能的符號之後，文化才能以文獻的形式進行流傳，文獻產生這本身就是一種極為重要的文化。而具有地方性的地方文化則是產生具有地域性特徵的地方文獻的重要基礎。沒有地方文化滋養，很難產生具有地方特色的文獻，因為地方文獻大多是地方文化的文字化，是記錄當地風俗人情、物產飲食等地方文化內容的載體，沒有被記錄的對象存在，記錄也就變得毫無意義。例如楊東甫、楊驥《筆記野史中的廣西》（廣西師範大學出版社 2012 年版）一書，收錄了古代筆記野史中關於廣西土著民族風俗民情、物產氣候、旅桂名人等方面的記載，如果沒有廣西地區獨特的文化存在，古代的筆記野史中也就不會有大量的關於廣西各方面的記載。

第二，地方文獻是地方文化狀況的集中反映。由於地方文獻大多是依賴於地方文化而產生的，那麼在對地方文化的研究過程中，地方文獻就起著非常重要的作用。但是，地方文化又並非全部都由地方文獻來呈現。地方文化的內涵極其豐富，地方文化的表現形式也多種多樣，除了用文字符號記錄下來的文獻之外，各種地方的特色建築、宗教儀式、風俗習慣、飲食娛樂等形式，也是地方文化研究的重要內容。地方文獻僅是從文獻記載的角度對地方文化的呈現，而對文獻記載之外的地方文化研究，就需要從實物、儀式以及

〔註44〕蕭放：《地方文化研究的三個維度》，《地方學與地方文化──理論建設與人才培養學術研討會論文集》，北京：知識產權出版社，2012 年，第 41 頁。

非物質文化等方面加以展開，僅僅依靠地方文獻，是無法完全滿足地方文化研究工作的需求的。雖然地方文化並非全部通過地方文獻來展現，地方文獻呈現的也並非都是地方文化，但地方文獻是是地方文化狀況的集中反映，研究地方文化的重要途徑。

（四）地方文獻工作在地方文化建設中的作用

地方文獻是地方文化研究的重要基礎，只有做好地方文獻工作，才能為地方文化研究提供良好的學術環境。對於地方文化的研究者而言，只有在充分掌握地方文獻的基礎上，才能作出更加優秀的研究成果，而這就需要地方文獻工作提供文獻支撐。

地方文獻的整理、影印，應該成為地方文獻工作的一個重要內容。在這方面，近年來各地開展了編纂或重印大型地方文獻叢書的工作，不少地區的地方文獻工作已經作出了不錯的成績，例如雲南省文史研究館整理影印的《雲南叢書》（中華書局 2009 年版），該叢書編於 1914～1940 年間，初、續編共收錄漢代至民國初年的雲南文獻共 205 種，按四部分類法編排，其中作者達 168 人，除漢族外，還有彝族、白族、納西族、回族、滿族等少數民族作者，這次重印，就為雲南地方文化的研究提供了堅實的基礎性文獻支撐。此外，正在編纂或已經完成的其他大型地方文獻叢書，如《廣州大典》、《中原文化大典》、《中州文庫》、《荊楚文庫》、《荊楚全書》、《湖湘文庫》、《巴蜀全書》、《山東文獻集成》、《金陵全書》、《海南地方志叢刊》、《重修金華叢書》、《新疆文庫》，以及《中國方志叢書》和《中國地方志集成》中各地方的方志等，也都將在各地地方文化的研究中發揮重要的作用。

地方文獻的數字化，應該成為今後地方文獻工作的工作重心。由於近年來信息化、數字化技術在社會生活各個方面的廣泛運用，傳統的圖書館工作也在逐步向現代化的圖書館工作轉變，而文獻的數字化就是其中一項重要的內容。地方文獻工作中，也應該加大地方文獻數字化的進程，使地方文獻能夠更好地保存和利用，這是未來地方文獻工作的重要內容。在地方文獻的數字化之後，還應該建立地方文獻數據庫，以方便地方文獻研究者的利用。

因此，地方文獻工作就是要為地方文化的研究提供便利，使得地方文化的研究者在研究工作中能夠把沈寂在地方文獻中的文化因素加以激活，使當下的人仍能從中受益，為地方的文化建設作出貢獻。

參考文獻

1. 金霑林：圖書館地方文獻工作〔M〕，北京：北京圖書館出版社，2000。

2. 馮天瑜：文化守望〔M〕，武漢：漢大學出版社，2006。

3. 張利主編：中國西部地區地方文獻資源論稿〔M〕，呼和浩特：內蒙古大學出版社，2007。

4. 駱偉：地方文獻學概論〔M〕，澳門：澳門文獻信息學會，2008。

5. 趙大志：地方文獻建設研究〔M〕，成都：西南交通大學出版社，2012。

6. 楊東甫、楊驥：筆記野史中的廣西〔M〕，桂林：廣西師範大學出版社，2012。

7. 劉玉堂、趙毓清：中國地域文化通覽·湖北卷〔M〕，北京：中華書局，2013。

8. 谷長春：中國地域文化通覽·吉林卷〔M〕，北京：中華書局，2013。

9. 朱立文：地方文獻探究的若干思考〔C〕//福建省社會科學信息學會：文獻·信息·網絡——福建省社科信息學會十週年紀念論文集，福建省社會科學信息學會，2000。

10. 張利：試論我國「地方文獻學」專門學科建立的可行性〔C〕//河北省高等學校圖書情報工作委員會，華北地區高校圖協第二十四屆學術年會論文（文章）彙編，河北省高等學校圖書情報工作委員會，2010。

11. 司馬朝軍：文獻：從傳統到現代的轉換〔C〕//傅才武：中國文化史探究集，北京：中國社會科學出版社，2011。

12. 蕭放：地方文化研究的三個維度〔C〕//張妙弟：地方學與地方文化——理論建設與人才培養學術研討會論文集，北京：知識產權出版社，2012。

13. 於乃義：地方文獻簡論〔J〕，文獻，1979（1）。

14. 譚其驤：中國文化的時代差異和地區差異〔J〕，復旦學報：社科版，1986（2）。

15. 駱偉：論地方文獻〔J〕，廣東圖書館學刊，1988（3）。

16. 易雪梅、吳喜峰：地方文獻芻議〔J〕，圖書與情報，1993（2）。

17. 葛丁海：明確「地方文獻」的概念〔J〕，圖書館雜誌，1994（1）。

18. 王英：地方文獻學的理論構架〔J〕，河南圖書館學刊，1998（4）。

19. 雷樹德：地方文獻學論要〔J〕，湖湘論壇，1998（5）。

20. 黃俊貴：地方文獻工作芻論〔J〕，中國圖書館學報，1999（1）。

21. 王淑芬、馬小紅：關於地方文獻研究的幾個問題〔J〕，圖書館學刊，2001（2）。

22. 徐貴軍：談特色文獻和地方文獻〔J〕，大學圖書館學報，2004（3）。

23. 鄒華享：地方文獻工作若干問題的再認識〔J〕，圖書館論壇，2004（6）。

24. 易雪梅：地方文獻工作中值得思考的幾個問題〔J〕，國家圖書館學刊，2005（1）。

25. 孟祥榮、金恩輝：東北地方古文獻的跨國性問題〔J〕，圖書館工作與研究，2005（2）。

第二輯　專　論

擬卦考略

摘要：

擬經是經學研究史上一種特殊的文化現象，朱彝尊《經義考》著錄「擬經」達十三卷之多。擬卦亦為擬經之屬，元末陶宗儀《南村輟耕錄》首先注意到擬卦現象。自宋迄清，擬卦者不乏其人。擬卦或諷世，或自警，至今仍然具有一定的歷史價值與現實意義。然而學界還沒有人就此現象進行專題研究。此稿考證出 21 種擬卦（其中《壽卦》有二種），還有 5 卦待考。

關鍵詞：擬卦；擬經；《周易》；文化現象

擬經是經學研究史上一種特殊的文化現象。始作俑者，其為漢代模擬大王楊雄乎？他擬《周易》而作《太玄》，擬《論語》而作《法言》。自漢至清，模擬經書者代有其人。清初朱彝尊編撰《經義考》三百卷，其中「擬經」就達十三卷之多。除了擬經，還有擬卦。元末陶宗儀《南村輟耕錄》首先注意此類文化現象，並著錄了輥、吝、謅三卦的卦爻辭。《經義考》卷二七二作了比較系統的著錄，又加案語云：「邵德芳忍、默、恕、退四卦，何廷秀忠、勤、廉、慎四卦，皆擬《周易》體制以教人，正無不可。若宇文材之《筆卦》，猶不失《毛穎傳》之遺。至於淮南潘純子素作《輥卦》，平江蔡衛宗魯作《吝卦》，扶風馬琬文璧作《謅卦》，以及屠本畯田叔作搶、謔、饞、諂四卦，難乎免於侮聖人之言矣，故置不錄。」清代王棠《燕在閣知新錄》卷二十二亦有「九人七卦」專條。然而，學界似乎對此特殊之文化現象早已遺忘。本人以數年之力，隨見隨錄，積久成帙。現應張濤教授之邀，特撰此稿。因索稿甚急，來不及展開論述，僅提供擬卦內容，略加考釋而已。至於此專題全面深入之探討，則俟諸異日。

一、輥卦

元陶宗儀《輟耕錄》卷十：

淮南潘子素純嘗作《輥卦》，譏世之仕宦，人以突梯滑稽〔註1〕，而得顯爵者，雖曰資一時之謔浪調笑，不為無補於名教。卦辭曰：

輥〔註2〕：亨，可小事，亦可大事。

彖曰：輥亨，天地輥而四時行，日月輥而晝夜明，上下輥而萬事成，輥之時義大矣哉！

象曰：地上有木，輥。君子以容身固位〔註3〕。

初六，輥出門，无咎。象曰：出門便輥，又何咎也。

六二，傅於鐵轄〔註4〕。象曰：傅於鐵轄，天下可行也。

六三，君子終日輥輥，厲无咎。象曰：終日輥輥，雖危无咎也。

九四，模棱〔註5〕，吉。象曰：摸棱之吉，以隨時也。

六五，神輥。象曰：六五神輥，老幹事也。

上六，或錫之高爵，天下揶揄之。象曰：以輥受爵，亦不足敬也。

今按：此卦大旨在譏諷俗人之混世哲學。其卦象與豫卦相同，然內容不同。

陶宗儀《輟耕錄·輥咎編三卦》：「此篇或者又謂自宋末即有，非潘所造，未審是否。」明馮夢龍輯《古今譚概》文戲部卷二十七《輥卦》條亦稱宋末淮南潘純戲作《輥卦》，又稱其詞「切中挽近膏肓，可發諧笑」。

潘純，字子素，元廬州人。少有俊才，風度高遠。壯遊京師，一時文學貴介爭延致之。每宴集，輒云：「潘君不在，令人無歡。」嘗著《輥卦》，以諷當世。元文宗欲捕治之，乃亡走江湖間。後為行臺御史納璘子安安所殺。著有《子素集》。其《題宋高宗劉妃圖》云：「秋風落盡故宮槐，江上芙蓉並蒂開。留得君王不歸去，鳳凰山下起樓臺。」又《題趙子固蕙花蛺蝶圖》云：「江上青山日欲晡，幽蒼小紙墨模糊。華清宮殿生秋草，零落滕王蛺蝶圖。」生平事蹟見《堯山堂外紀》、《元詩選》、《（嘉慶）合肥縣志·藝文志》等。

〔註1〕滑稽突梯：突梯，圓滑貌。委婉從順；圓滑隨俗。錢鍾書指出：「突梯滑稽」，「注家未有能解『突梯』者」，突，破也，梯，階也，去級泯等猶「滑稽」之「亂得」除障，均化異為同，所謂「諧合」也。（《錢鍾書論學文選》第2卷第210頁）

〔註2〕輥〔gǔn〕，義為「運行」、「運轉」；又猶「混」，形容苟且地生活。

〔註3〕容身固位：容身，保全自身，喻指苟且偷安；固位，鞏固保持權位。

〔註4〕轄，車軸頭。

〔註5〕模棱，亦作「摸棱」，比喻遇事不置可否，態度含糊。

二、吝卦

元陶宗儀《輟耕錄》卷十：後平江蔡宗魯（衛）作《吝卦》以配之，曰：

吝：亨，利居閒，不利有所為。

象曰：吝，鄙嗇也，利居閒，無所求也。不利有所為，恐致禍也。

初六，居富，吝於周急，悔亡，無攸利。象曰：吝於周急，莫恤其貧也。悔亡，無攸利，己終有望也。

六二，聽婦言，至吝，不養其親，不恤其弟，貞凶。象曰：聽婦言，昵於私也。不養其親，忘大恩也。不恤其弟，失大義也。雖養弗時，亦致災也，故貞凶。

九三，極吝，吝其財，不吝其身，於行非宜。象曰：吝其財，斯致富也。不吝其身，乃輕生也。

六四，太吝，君子言，小人凶。象曰：吝於君子，雖有言，無尤也。吝於小人，雖不有言，終有悔也。

六五，不吝於色，務所欲，終以死亡，凶。朋來，吝於酒食，弗克歡，无咎。象曰：不吝於色，惑於淫也。務所欲，樂其順從也。終以死亡，凶可知也。朋來，從其類也。吝於酒食，誠大謬也。雖弗克歡，可无咎也。

上九，居其家，不吝於內，吝於教子，弗葉，吉。象曰：居其家，妄自尊也。不吝於內，畏寡妻也。吝於教子，終無所成也。

今按：此卦大旨在譏諷形形色色之吝嗇鬼形象。其卦象與艮卦相同，然內容不同。

三、諞卦

元陶宗儀《輟耕錄》卷十：近扶風馬文璧琬又作《諞卦》曰：

諞〔註6〕：貞亨，初吉終凶，利見小人，不利於君子。

象曰：貞，正也。亨，通也。通乎正言，諞或庶幾也。終凶，諞不由初也。利見小人，猶同類也。不利於君子，入於邪也。

象曰：麗口掉舌〔註7〕，諞。君子以求名於祿。

〔註6〕諞：欺騙；詐騙。

〔註7〕掉舌：猶鼓舌。指游說、談說。語本《史記·淮陰侯列傳》：「且酈生一士，伏軾掉三寸之舌，下齊七十餘城。」

初九，諞於同朋，无咎。象曰：同朋於諞，又誰咎也。

九二，略施於民，吉。象曰：九二之吉，以新眾聽也。

六三，來其諞，酒食用享。象曰：來其諞，民取則也。享其酒食，以崇功也。

九四，飾言如簧，以娛彼心，乃獲南金〔註8〕。象曰：娛人獲金，不足道也。

九五，君子終日高諞，王用徵，安車以迎，終歲弗寧，後有凶。象曰：以諞受徵，不羞也。終歲弗寧，只足煩勞也。後有凶，不副實也。

上六，莽諞〔註9〕不已，四方欲殺之。象曰：莽諞，眾怒，殺之何過也。

今按：此卦大旨在譏諷形形色色之騙子形象。其卦象與兌卦相同，然內容不同。

元陶宗儀《輟耕錄》卷十：「右三卦，切中時病，真得風刺之正，因並錄之。」

馬琬（？～1378？）字文璧，號魯鈍生、灌園人，江蘇南京人，長期寓居松江。元末明初畫家。有志節，工詩善畫，詩工古歌行，畫長山水，官至撫州郡守。善畫山水人物，工詩能書。元末隱居，洪武三年（1370）出知撫州。著有《灌園集》。生平事蹟見《西湖竹枝集》、貝瓊《灌園集序》（《清江集》卷七）、《跋馬文璧雲林隱居圖後》（《清江集》卷一三）。

四、諂卦

清褚人獲《堅瓠續集》卷六《諂卦》曰：

王丹麓戲為《諂卦》，描摹諂字義，如燃犀照水〔註10〕，情狀畢現。

〔註8〕南金：南方出產的銅。後亦借指貴重之物。《詩·魯頌·泮水》：「元龜象齒，大賂南金。」毛傳：「南謂荊揚也。」鄭玄箋：「荊揚之州，貢金三品。」孔穎達疏：「金即銅也。」

〔註9〕莽諞：大騙特騙。

〔註10〕燃犀：南朝宋劉敬叔《異苑》卷七：「晉溫嶠至牛渚磯，聞水底有音樂之聲，水深不可測。傳言下多怪物。乃燃犀角而照之。須臾，水族覆火，奇形異狀。」後以「燃犀」為燭照水下鱗介之怪的典實。亦用為洞察姦邪、明燭幽微之典。

卦曰：諂，亨，利有攸往，不利君子貞。

彖曰：諂，天下大而其情同也，故亨。利有攸往，其義不困窮也。不利君子貞，直無所容也。

象曰：位高多金，諂。君子以違俗秉禮。

初六，執其隨，利貞。象曰：志在隨人，以順為正也。

六二，巧言令色足恭。吝。象曰：巧言令色，不足敬也；足恭，亦何侫也。

六三，脅肩諂笑，病於夏畦〔註11〕。凶。象曰：笑乃脅肩，不自知其病也。

六四，見金不有躬，或承之羞。象曰：羞載承之，眾難定也。

六五，有盛饌〔註12〕，富與貴。無悔。象曰：盛饌無悔，中心稱也。

上六，諂以賄，利見大人。象曰：利見大人，上下應也。

今按：此卦大旨在譏諷諂媚之小人形象。其卦象與坤卦相同，然內容不同。

五、蟹卦

清褚人獲〔註13〕《堅瓠二集·蟹卦》：

予性嗜蟹，擬隸蟹事，以補傅肱《蟹譜》〔註14〕之遺，因作《蟹卦》，曰：

蟹：亨，利涉大川，不利有攸往。至於八月，有凶。

彖曰：蟹，解也，順以兌剝而烹，故解也。利涉大川，終無尤也。至於八月有凶，其道窮也。

象曰：蟹，澤上於地，君子以飲食宴樂。

〔註11〕夏畦：原指夏天在田地裏勞動的人。《孟子·滕文公下》：「脅肩諂笑，病於夏畦。」朱熹集注：「夏畦，夏月治畦之人也。」此處指卑躬屈膝，對人諂媚。黃庭堅《題魏鄭公〈砥柱銘〉後》：「吾友楊明叔……持身潔清，不以夏畦之面事上官，不以得上官之面陵其下。」

〔註12〕盛饌：豐盛的飯食。《論語·鄉黨》：「有盛饌，必變色而作。」

〔註13〕褚人獲（1625～1682），字稼軒，又字學稼，號石農，江蘇長洲（今江蘇蘇州）人。一生未曾中試，也未曾做官。著有《堅瓠集》、《讀史隨筆》、《退佳瑣錄》、《續蟹集》、《宋賢群輔錄》等。

〔註14〕《蟹譜》二卷，宋傅肱撰。肱字自翼，其自署曰怪山。陳振孫謂怪山乃越州之飛來山，則會稽人也。其書分上、下兩篇，前有嘉祐四年自序。

初六，用憑河，需於沙，出自穴，盈缶。象曰：需於沙，宜乎
地也。盈缶，乃大得也。

九二，蟹用牡大壯，朋至斯孚，一握為笑，勿恤，永吉。象曰：
朋至斯孚，道大光也。

六三，外剛內柔，包荒不遐遺，剝之，无咎。象曰：剝之无咎，
應乎天也。

九四，備物致用，君子有蟹，不速之客三人來，食之終吉。象
曰：君子有蟹，誌喜也。食之終吉，不素飽也。

六五，月幾望，利西南，不利東北。象曰：幾望，有損，乘天
時也。不利東北，察地脈也。

上六，觀我朵頤，齊諮涕洟。君子吉，小人否。象曰：觀我朵
頤，亦不足貴也。君子吉，尚賓也。小人否，尚口乃窮也。

今按：此卦亦見於明周八龍《挑燈集異》。清孫之騄輯《晴川蟹錄·後蟹
錄》卷二將《蟹卦》歸於褚人獲，似不足為據。

六、忍卦

四庫本《輟耕錄》卷十四「四卦」條云：

睦人邵玄同先生桂子嘗作忍、默、恕、退四卦，揭之坐隅，真
得保身、慎言、絜矩、知止之道者矣。

忍：亨，初難終吉，利君子貞，不利小丈夫。

彖曰：忍剛發乎內，柔制乎外，故亨。初若甚難，乃終有吉。
惟君子為能動心忍性。不利小丈夫，其中淺也。

象曰：刃在心上，忍。君子以含容成德〔註15〕。

初一，小不忍則亂大謀〔註16〕。象曰：小不克忍，成大亂也。

次二，必有忍，其乃有濟。象曰：能忍於中，事克濟也。

次三，一朝之忿，亡其身，以及其親。象曰：一朝之忿，至易
忍也。亡身及親，禍孰大焉。

次四，出於胯下，以成漢功，韓信以之。象曰：胯下之辱，小
辱也。成漢之功，大功也。

〔註15〕明高濂《遵生八箋》卷一：「心上有刃，君子以含容成德；川下有火，小人以
忿怒殞身。」

〔註16〕子曰：「巧言亂德。小不忍則亂大謀。」（《論語·衛靈公》）

次五，張公藝九世同居，書一忍字，以對於天子。象曰：同居之義，忍克致也，積而九世，有容德也。

上六，血氣方剛，戒之在鬥〔註17〕。象曰：方剛之氣，忍則滅也。形而為鬥，自求禍也。

今按：朱彝尊《經義考》卷二七二「擬經五」載：

邵氏桂子《忍》、《默》、《恕》、《退》四卦辭四篇。

存。《姓譜》：邵桂子，字德芳，淳安人。咸淳七年進士第，任處州教授，棄官歸隱，鑿池，構軒其上，名曰雪舟。作忍、默、恕、退四卦以自警。

元邵桂子，字德芳，太學上舍，登咸淳七年（1271）進士，任處州府教授，宋亡，避地雲間，贅曹氏，居泖湖之蒸溪，嘗瀨湖構亭名雪舟，著述其間。有《脞稿》十卷、《脞談》二十卷，皆以雪舟名之。預為生壙，號曰元宅。著《元宅七銘》、《後七銘》、《續七銘》、《別七銘》，凡二十八事。撆《周易》作忍、默、恕、退四卦。

檢元吳澄（1249～1333）《吳文正集》卷一〇〇亦有《忍卦》：

忍，刃上心下，元亨，初吝終吉，悔亡，利君子貞，不利小丈夫。

彖曰：忍剛發乎內，柔制乎外，小有所抑，大有所益也。

象曰：心上有利刃，忍，君子以含容成德。

初一，必有忍，其乃有濟。象曰：能忍其性，事克濟也。

次二，小不忍則亂大謀。象曰：小不克忍，成大亂也。

次三，一朝之忿，忘其身，以及其親。象曰：一朝之忿，至易忍也。忘身及親，禍孰大也。

次四，出於胯下，以成漢功，韓信以之。象曰：胯下之辱，小辱也。成漢之功，大功也。

次五，張公藝九世同居，書一忍字，以對天子。象曰：同居之義，忍克致也。積而九世，有容德也。

上六，血氣方剛，戒之在鬥。象曰：方剛之氣，忍則滅也。形而為鬥，自求禍也。

〔註17〕孔子曰：「君子有三戒：少之時，血氣未定，戒之在色；及其壯也，血氣方剛，戒之在鬥；及其老也，血氣既衰，戒之在得。」（《論語・季氏》）

與邵桂子文大同小異，而明徐𤊴《徐氏筆精》卷六稱：「右吳草廬先生作。」文淵閣本卷首提要稱是集為其孫吳當所編，據此，此卦或為吳當編輯吳澄文集時誤收其中。當然，亦不排除吳澄將邵桂子文稍加點竄，據為己有。

七、默卦

默：无咎，可貞，不利有所言。象曰：默不言也，亂之所生也，則言語以為階。是以君子慎密而不出〔註18〕，故无咎。默以自守，其道可貞也。不利有所言，尚口乃窮也。

象曰：口尚玄曰默，君子以去辨養靜。

初一，守口如瓶〔註19〕，終吉。象曰：守口如瓶，謹所出也。其初能默，終則吉也。

次二，多言不如守中。象曰：言不如默，得中道也。

次三，駟不及舌〔註20〕，有悔。象曰：駟不及舌，滕口說也。一言之失，悔何追也。

次四，無以利口亂厥官，卿士戒之。象曰：位高而言輕，亦可戒也。

次五，聖人之教，不言而信。象曰：不言而信，淵默之化也。

上六，君子之道，或默或語。象曰：時然後言，默不可長也。

八、恕卦

恕：有孚，終吉。

象曰：恕之為道，善推其所為而已。以己之心，合人之心。己所不欲，勿施於人，故有孚。能以一言終身而行之，其吉可知矣。

象曰：如心恕，君子以明好惡、同物我。

初一：強恕而行，求仁莫近焉。象曰：強而行之，恕之始也。行而不已達，道不遠也。

〔註18〕慎密：謹慎保密。《易·繫辭上》：「幾事不密則害成，是以君子慎密而不出也。」
〔註19〕守口如瓶：形容說話謹慎，不輕易出言。後多形容嚴守秘密。唐道世《諸經要集·擇交部·懲過》引《維摩經》：「防意如城，守口如瓶。」
〔註20〕駟不及舌：言已出口，駟馬亦難追回。謂說話當慎重。《論語·顏淵》：「子貢曰：『惜乎！夫子之說君子也，駟不及舌。』」何晏集解引鄭玄曰：「過言一出，駟馬追之不及舌。」清和邦額《夜譚隨錄·貓怪三則》：「貓曰：『無有不能言者，但犯忌，故不敢耳。今偶脫於口，駟不及舌，悔亦何及。』」

次二：君子有絜矩之道。象曰：絜矩之道，恕也。

次三：好人之所惡，惡人之所好，是謂拂人之性，菑必逮夫身。

象曰：拂人從欲，身之菑也。

次四：己欲立而立人，己欲達而達人。象曰：立而達，恕以從人也。

次五：聖人與眾同欲。象曰：與眾同欲，聖人之恕也。

上六：責己重以周，待人輕以約。象曰：待人之法可用恕也，責己之道不可自恕也。

九、退卦

退：勿用，有攸往。

象曰：退，止也。勿用有攸往，知止也。日中則退而昃，月盈則退而虧。四時之運，成功者退，而況於人乎？退之時義大矣哉！

象曰：艮止其所退，君子以晦藏於密。

初一，退，无咎。象曰：其進未銳，義无咎也

次二，難進易退〔註21〕。象曰：難進易退，可事君也。

次三，兼人〔註22〕，凶。象曰：兼人之凶，勇不知退也。

次四，見可而進，知難而退〔註23〕。象曰：知難而退，終無尤也。

次五，終日如愚〔註24〕，以退為進。顏子以之。象曰：顏子之退，進不可禦也。

〔註21〕難進易退：謂慎於進取，勇於退讓。《禮記・儒行》：「儒有衣冠中，動作慎；其大讓如慢，小讓如偽；大則如威，小則如愧；其難進而易退也，粥粥若無能也。」孫希旦《禮記集解》引呂大臨曰：「非義不就，所以難進；色斯舉矣，所以易退。」

〔註22〕兼人：勝過他人；能力倍於他人。《論語・先進》：「求也退，故進之；由也兼人，故退之。」朱熹集注：「兼人，謂勝人也。」《漢書・韓信傳》：「受辱於跨下，無兼人之勇，不足畏也。」《荀子・議兵》：「凡兼人者有三術：有以德兼人者，有以力兼人者，有以富兼人者……以德兼人者王，以力兼人者弱，以富兼人者貧。」

〔註23〕知難而退：謂作戰時應見機而動，如果力不能克則應退卻，以免受損失。《左傳・僖公二十八年》：「軍志曰：『允當則歸。』又曰：『知難而退。』」《吳子・料敵》：「凡此不如敵人，避之勿疑。所謂見可而進，知難而退也。」《晉書・蔡豹傳》：「詔曰：『知難而退，誠合兵家之言。』」泛指因遇困難而退縮。

〔註24〕明郝敬《論語詳解》卷八：顏子承聖教，則終日如愚，無所不悅。夫子欲得其一言之問而不可得。及遇眾人，孜孜好問，此所謂以能問不能也。

上六，蝜蝂〔註25〕升高，躓〔註26〕而不悔。象曰：蝜蝂升高，
其道窮也。躓而不悔，亦可戒也。

十、筆卦

筆：元亨，利用書，貞吉。

彖曰：筆，聿也，剛柔合而成，內虛而外健，柔得中而順行，
應乎剛而文明，是以元亨利用書，貞吉。書契筆而天下治也，春秋
筆而亂臣懼也，筆之時用大矣哉！

象曰：天下文明，筆。先王以作書契，代結繩。

初一，田於林臬，獲兔，拔毛以其匯。征吉。象曰：獲兔拔毛，
大有得也。

次二，淇園伐竹，用資簡牘。象曰：淇園之竹，虛而直也。用
資簡牘，言有實也。

次三，秉筆濡其墨，王亨於三畫，大吉。象曰：三畫之吉，其
文立也。

次四，隕筆，不利入於場屋，有悔。象曰：隕筆有悔，其行塞
也。

次五，利見大人，天下同文。象曰：利見大人，居君側也。天
下同文，小人黜也。

次上，筆顛剝，不資錄，其形禿，終凶。象曰：筆顛形禿，任
之極也。

今按：明徐伯齡《蟫精雋》卷十二「筆卦」條曰：元末京兆宇文材作《筆
卦》，其自敘曰：筆之行事，昌黎伯《毛穎傳》可考已，予復何言哉！然予嘗
讀孔子《易》，至十三卦之製器尚象，若罔罟、耒耜、弧矢、杵臼、舟楫之利，
與夫宮室、衣裳、棺槨、書契之制，皆古聖人取諸卦而作也，何獨於筆而遺之
邪？況筆之為器，上而帝王之典謨訓誥，下而官府之簿書期會，四海之同文殊
譯，莫不賴以纂錄，其功不下於罔罟、耒耜、弧矢、杵臼、舟楫、宮室、衣裳、

〔註25〕蝜蝂：小蟲名。柳宗元《蝜蝂傳》：「蝜蝂者，善負小蟲也。行遇物，輒持取，
卬其首負之。背愈重，雖困劇不止也。」集注引孫汝聽曰：「蝜蝂，《爾雅》作
『負版』。」
〔註26〕躓：跌倒。《左傳・宣公十五年》：「杜回躓而顛，故獲之。」楊伯峻注：「躓，
謂行時足遇阻礙而觸之也。」

棺槨、書契也，何獨於筆而遺之也邪？或曰：「筆之名始於秦氏，其不見稱於孔子《易》也固宜。」予曰：「不然。」筆不始古乎？則包犧氏之八卦、夏后氏之九疇，凡蝌蚪、鳥跡、鍾鼎、籀篆之文，亦將何以施其巧哉？若然，則筆之名雖始於秦氏，其所由來則遠矣，乃不見稱於孔子易者，其在夫缺之書契也與？吳興筆士陸君索予文以衒其技，竊謂包犧畫卦之物，即筆之所由兆也，因著是說，並作《筆卦》以貽之。

明貝瓊《清江詩集》卷十：苕溪陸文寶挾筆過雲間，持卷求余言，而一時縉紳之作不啻百篇，有論筆法，自趙松雪用落墨而始廢者，有為筆卦者，近世膚學小子率意妄作，類如此，可歎也已。因賦五絕：

近代何人下筆精，吳興松雪最知名。欲過大令歸前輩，競學中郎恥後生。

吳興松雪真奇士，書到通神逼二王。謾有兒童誇並駕，更無弟子得升堂。

退之作傳聊為戲，子雲草玄真好奇。更有區區工畫卦，強分奇耦學庖犧。

石鼓鐫功元自缺，秦碑頌德久應訛。一時篆籀今誰解，白髮江南玉雪坡。

謾禿霜毫臨北海，更求雪繭寫蘭亭。也知不改無鹽陋，浪抹青紅鬥尹邢。

朱彝尊《經義考》卷二七二曰：「宇文氏材《筆卦》一篇，存。」又稱：「若宇文材之《筆卦》，猶不失《毛穎傳》之遺。」其評價顯然較貝瓊為平允。

十一、忠卦

朱彝尊《經義考》卷二七二曰：「何氏喬新忠、勤、廉、慎四卦辭一卷，存。」

明何喬新《椒丘文集》卷十九《忠卦》云：

忠：有孚，王三錫命，元亨。

彖曰：忠，盡己之心也。內盡其心，而上行，故有孚。王三錫命，嘉其忠也。元亨，其道不窮也。咎繇謨明弼諧，比干以死殉諫，子文毀家紓國，忠之時義至矣哉！

象曰：中心忠，君子以秉德明恤。

初一，進退以禮，勿比於匪人。象曰：進退以禮，慮枉己也。比於匪人，雖忠可鄙也。

次二，或都或吁，矢我嘉謨。象曰：或都或吁，上下志同也。矢我嘉謨，抒厥忠也。

次三，宣力四方，乃心罔不在王室。象曰：宣力四方，推上之仁也。心存王室，弗敢忘君也。

次四，憸人諾諾，直士諤諤。象曰：憸人諾諾，逢君之惡也。直士諤諤，輔君以德也。

次五，惟大人能格君心之非。象曰：大人之道，先正己也。君心既格，天下可理也。

次六，批龍之鱗，貞厲。象曰：批龍之鱗，志在正君也。雖貞而厲，弗恤厥身也。

今按：何喬新（1427～1502），字廷秀，號椒丘，又號天苗，江西廣昌人。官至刑部尚書。著有《椒丘文集》、《周禮集注》、《策府群玉》等。

十二、勤卦

明何喬新《椒丘文集》卷十九《勤卦》云：

勤：利不息之貞。大人勤德，小人勤力，逸豫，凶。

象曰：勤內殫其精，外力於行，亹亹其誠，所務惟貞，大人逸豫，績用弗成，小人逸豫，百穀用弗登。勤其崇德廣業之本乎？

象曰：心無倦，勤。君子以進修不怠。

初一，規其枕，終夜不寢，厲，无咎。象曰：規其枕，慮荒寧也。雖厲无咎，學有成也。

次二，敏於學，厥德修，罔覺。象曰：學務時，敏志於道也。德修罔覺，克深造也。

次三，無怠無荒，厥德以光，利用賓於王。象曰：無怠無荒，勤厥德也。利〔用〕賓於王，庸於國也。

次四，祗祗兢兢，庶績其迎。象曰：祗祗兢兢，不遑安也。庶績其迎，匪素餐也。

次五，自朝至昃，不遑安息，民用無斁。象曰：不遑安息，勤於民也。民用無斁，懷其仁也。

次六，宏綱之營，瑣瑣疲其精，卒隳厥成，吝。象曰：為治之要，振其綱也。瑣瑣疲精，亦可傷也。

十三、廉卦

明何喬新《椒丘文集》卷十九《廉卦》云：

廉：亨，君子貞吉，小夫狷以吝。

象曰：廉不苟取也，事以義制，不求不怍，自天佑之，吉，无不利，是以亨，君子吉。廉而不狷也，小夫吝，矯以自衒也。廉其可以聲音笑貌為之乎？

象曰：心無欲，廉。君子以端操厲俗。

初一，監於蝪蚍，无咎。象曰：蝪蚍之貪，卒隕其生也。君子監之，不失其名也。

次二，貪泉潚潚〔註27〕，君子酌之，不易其節。象曰：廉貪繇己，匪泉之為也。中心已定，物豈能移也。

次三，拔園葵，出織婦〔註28〕，莫予敢侮。象曰：拔葵黜婦，約己以裕下也。民服其廉，又孰敢侮也。

次四，宋人獻玉，司城辭玉，各全其寶〔註29〕。象曰：以玉為寶，殉於利也。不貪為寶，志於義也。

次五，暮夜之金，惕若有臨。楊震用昭其德音。象曰：暮夜之金，雖隱而章也。君子郤之，德聲用光也。

次六，垢其服，內多欲，或承之辱。象曰：垢其服，矯以求名也。內多欲，終莫掩其情也。

十四、慎卦

明何喬新《椒丘文集》卷十九《慎卦》云：

慎：夙夜兢業。君子慎德，小人慎法。利行師，利用折獄。

〔註27〕潚潚：水疾流貌；湧流貌。

〔註28〕此處指公儀子拔園葵，去織婦，事載《史記》：「魯相公儀休之，其家見織帛，怒而出其婦；食於舍而茹葵，慍而拔其葵，曰：『吾已食祿，又奪園夫女子利乎？』」

〔註29〕庾信《庾開府集箋注》卷八《周上柱國齊王憲神道碑》：「宋人獻玉，不貪為寶。」吳兆宜注引《左傳》曰：「宋人或得玉，獻諸子罕。子罕曰：『爾以玉為寶，我以不貪為寶。』」

象曰:慎,戒懼也。君子慎德,懼離於道。小人慎法,懼陷於咎。利行師,好謀而成也。利折獄,慎則得其情也。慎之時義大矣哉!

象曰:真心,慎。君子以克己畏天。

初一,我室冥冥〔註30〕,我心惺惺〔註31〕,无咎。象曰:幽暗之中,道所存也。心常惺惺,罔敢昏也。

次二,慎爾言,毋易毋煩。象曰:言語之發,榮辱之機也。君子慎之,懼來違也。

次三,慎爾飲食,無有遘厲疾。象曰:飲食不慎,必喪生也。慎而有節,體用寧也。

次四,慎厥職,朝夕祗惕〔註32〕,用熙乃丕績〔註33〕。象曰:朝夕祗惕,敬天工也。熙乃丕績,紹勳庸〔註34〕也。

次五,畏天之命,惟察惟行,式踐其形,元吉。象曰:天有顯道,甚可畏也。察之行之,全所賦也。

次六,慎而無禮,君子攸〔註35〕恥。象曰:君子之慎,貴有禮也。過於恐懼,亦可恥也。

十五、福卦

邵經邦《弘藝錄》卷二十九《福卦》:

余觀《洪範》「五福〔註36〕」,壽為之先;《周詩》「萬年」,福為之主。是知從古以來,人所願欲同此覆載,則同此慶幸也。矧當聖人在上為之,臣子者曷勝仰祝哉?作福、壽二卦。榕江林子曰:時邵弘齋居潛於閩,嘗舉張橫渠「富貴福澤,厚吾之生;貧賤憂戚,玉汝於成」之言,欲廣其義。余未有以復也。一日,過余草堂,示以福、壽二卦之義。余方訝近無此圖,因為校畫,見其象數渾成,天然自合,良有深意存焉。乃知今古人心所同,經綸一致,非有二

〔註30〕冥冥:昏暗貌。
〔註31〕惺惺:清醒貌。劉基《醒齋銘》:「昭昭生於惺惺,而憒憒出於冥冥。」
〔註32〕祗惕:敬慎恐懼。
〔註33〕丕績:大功業。《尚書・大禹謨》:「予懋乃德,嘉乃丕績。」
〔註34〕勳庸:功勳。
〔註35〕攸:所。
〔註36〕五福:五種幸福。《尚書・洪範》:「五福:一曰壽,二曰富,三曰康寧,四曰攸好德,五曰考終命。」桓譚《新論》:「五福:壽、富、貴、安樂、子孫眾多。」

道。俟有力者大書深刻於鼇峰烏石之巔，與稷壇禹畫媲美可也。弘齋又欲廣前八字，通為八卦，余復為訂正，似覺冗複漫，亦止之，並以識復。嘉靖辛卯七月既望，晉安林炫書。福，福者，復也，反復其道，謂陰中有陽，陽中有陰，福中有禍，禍中有福也。字義從示，一畫天也，二畫地也，下為三才，合而為示，故應《易·噬嗑》之爻也。畐，聲也，一陽覆於口上，天包乎地之義，故為畐，又在上，一奇一隅，不動天地，自然之福也。二陰二陽發動交感於下，人之求福者也。求福者上合天，下合地，中合人心，乃為有福，故受之以福也。

福：元亨利貞。

象曰：福上不在天，下不在田，一人元良，萬國乂安。此釋元義。變通之極，內外不虛，含含弘弘，包羅太初。此釋亨義。保合周旋，中正順應，不側不偪，示履有定曰福。此釋利貞之義。

象曰：三才示合，福，君子以和平。語云「和氣致祥」，又云「平為福」，此天人之道、君子之義也。

初九，積福，吉，三為奇乾之策也，故曰九字有小義，故為積福之象。又正應九四，積而至於高大者也。傳曰：勿以善小而不為。又曰：善必積而後成。此積福之所以為吉也。象曰：積福之吉，小以至大也。

六二，有福，吝。二為偶坤之策，故曰六二。合初為示，乃卦之體字義所從由也。又所居柔順中，正上應六五，居中得正之君，故直為有福之象。在人臣為諫行言聽，膏澤下於民之時也。然牽於六三，不中不正，包藏禍心，故戒占者不可恃之，以作威作福，則必害於而家，凶於而國，乃為之吝也。象曰：有福之吝，威不可恃也。

六三，福之哉！福之哉！否有極，泰有來。口為動爻，內包陽體，外虛內實，可以承藉天休者也。其在地為發生之象，在人為發達之象，故極言以讚美之也。又重陰動於一陽之上。九四漸近於六五之君，故又為否極泰來之象。之哉者，疑而未定之詞。夫內外皆動，變通之極，循環無端，或能轉禍為福，移福為禍，故爻義再言「福之哉」，以致丁寧之意焉，其旨深矣。象曰：福之哉，內有所承也。

九四，福履，无咎。又為動爻居重陰之上，離於內體，在人處困而亨之時也。又親近六五之君，自此以往皆坦途順境矣，故為福履之象。又九陽德，四陰位，彼此以和，臣體健，君質柔，上下以平，外示沖虛，內存貞固，腹心一體，固結於中，而不可解，是真能履有福之世，不害其為咸福者也，而何過咎之有乎？求之古人，若皋陶之邁種德、傅說之沃朕心、周公之不驕不吝可以當之。象曰：九四之動，和平中也。

六五，德福，元吉。六之德弘深博厚，五之位崇高極貴，以聖人而在天子之位者也，故為德福之象。德者，福之本；福者，德之應也。又六二在下，既以同心相應，而四上二爻又以剛健相從，有君有臣，建極歸極，斯其時也。夫皇極之世，大經以正，大本以立，達道以行，化育以顯，所謂徧為爾德，比屋可封，五福之敷錫人皆享之矣。大善而吉，何可以限量哉！象曰：六五之德，以建中也。大哉，不可以量也。

上九，兀如其來如，循如，懋如，自如。上九有過無承藉之基者也，然下應六三，尚餘方寸之地，以遺子孫，又體極正靜，天道無言，故為兀如其來如之象。懋，勉也，謂勉於為善也。占者惟當循循勉勉，聽其自然，則多福自至，不然皆妄也。雖然，求福之道大抵如是，故以是終焉。觀者詳之。象曰：兀如其來，天福也。

今按：此卦為邵經邦撰。《千頃堂書目》卷二十二云：「邵經邦《弘藝錄》三十二卷附錄十五卷。字仲德，號弘齋，仁和人，刑部員外郎。嘉靖八年十月日食，陳言，謫戍鎮海衛者三十年。多所著述。附錄為奏疏、雜著、家乘。」《經義考》卷二百七十二：「邵氏經邦《福卦》、《壽卦》二篇，存。」

邵經邦（？～1558），字仲德，仁和人。正德十六年（1521）進士，授工部主事。進員外郎，改刑部。會日食，上疏論劾張孚敬、桂萼，謫戍鎮海衛，後卒於戍所。經邦詩文，以抒寫胸臆為的，著有《弘藝錄》。

十六、壽卦

邵經邦《弘藝錄》卷二十九《壽卦》：

夫壽者，受也，天之所受，不可以幸致，不可以苟得，不可以強求也，故受之以壽。壽者，天地之極致，陰陽之全功。其字義始

於九。九者，乾之策也，終於百二十者，坤之數也。故應《易》乾卦
之爻，一九在下曰初九，加廿，九二也，復加一，九三也，又加十，
九四也，二九通一為二十，益以三十，九五也，上九，九六也。由
一數至六，連用九而合百二十之數焉。天之所造也，地之所設也，
而豈聰明智巧強為之哉？諸爻放此。

壽：元亨，先天弗終，後天弗窮，安貞吉。壽之為義，《易》為
久，《詩》為遐，《洪範》為福，《中庸》為天德。蓋人惟有壽而後能
享諸福，且上可以配天地，大可以成化育，久可以俟先聖，遠可以
建萬古，所謂先天而天弗違，後天而奉天時者，故其占為元亨，而
利亦在其中矣，然人情所願欲而不可必得，惟君子安靜有常，正固
自守，則自然獲壽，此所以為吉也。

彖曰：壽內止而外強，內觀而外忘，內豈樂而外吉昌。曰壽，
以卦德、卦體、卦才釋卦名義。止者，厚重不遷也。強者，天運不
輟也。觀者，精神完固也。忘者，物慾不留也。豈謂得於天者裕於
己也。昌謂光於前者、耀於後也，皆仁者之所有也。天地壽而歲興，
日月壽而運行，聖人壽而天下化成，壽之時義大矣哉，極言以贊其
壽也。

象曰：天所培上，壽。君子以大德受命。乾為天，天之中有土，
土之下有艸，所謂栽者培之也，故為必得其壽之象。余已見《中庸
傳》。

初九，安如山。一爻在下，艮之義也，故有此象。物之鎮靜者
莫過於山，而高大者亦莫如山，積之既久，自有不期然而然者，而
善慶亦山是而鍾也。象曰：安如山，積久如山也。

九二，安如阜，元吉。阜，山之寬平處，草木生之，禽獸居之，
寶藏興焉者也。字義為艸，故有此象。夫人稟至大至剛之象，惟直
養無害，則塞於天地之間。卦體純陽，惟二屬陰，居中得正，漸進
於初。觀其玩索涵養，勿助勿忘，是真能享上壽之福者也。人而至
於上壽，則其子孫之繁衍蔭毓之綿延，而凡眾善之物諸福之祥莫不
畢至，大善而吉，無以加於是矣。象曰：柔進於上也，及其廣大，
亦莫如阜也。

九三，安如磐石，矍鑠哉是翁。三陽位，九陽德，外剛而內固，

物莫有踰焉者也，故為磐石之象。蓋人之徒老非難，而克享諸福為難。故詩歌壽，豈書敘寧康、爻之夔鑠皆是物也。象曰：陽老而固也，夔鑠哉不可以強上聲也。

九四，顏如童，閒有家，貞厲。九老四少，鶴髮而童顏之象也。又卦體純陽，貴乎有所裨益，所謂老夫得其女妻，故又為閒有家之象。蓋古者養老之禮，行役四方，必以婦人本以壯輔其衰，然而血氣多有不稱，則反為危道，故戒占者正固自守，不可放肆，斯為忠愛長老之心也。象曰：九四之厲，微不可長也。

九五，受命於天，既壽永昌。九五壽考康寧，以居尊位，是真能建用皇極，嚮用五福者也，非有得於天，能如是乎？古之人君，舜年百有十歲，而德為聖人，尊為天子，文王九十有七歲，而父作子述，足以當之。象曰：天之所受，不可以已也。

上九，或益之，以華封之，祝晉而三揖之。卦如於初至上九，而壽之義始成。華封之祝，所謂多富多壽多男子，此臣子之至願，頌禱之至情也。方今聖壽日增，前星將耀於此，可以占之矣。愚臣竊處海陬，不勝惓惓，故以是終焉。象曰：或益之，帝作對也。

用九，蛻屍，无咎，終吝。用九者，六爻皆變，物盡則返，陽極陰生之時也，故有蛻屍之象。此聚散之常，理循環之必然，而何過咎之有哉？又仙家以蛻屍為解化，吝如吝嗇之吝，蓋壽卦終於百二十，過此乃天地之所秘，而人不可必得者，故凡導氣引年長生不老之說皆妄也，吾儒之所不講也。象曰：用九，蛻屍，不可以為常也。

今按：此卦與《周易·乾卦》卦象相同，而卦爻辭不同。

又按：清褚人獲《堅瓠二集》引明周八龍《挑燈集異》亦有《壽卦》，但與上述擬卦完全不同：

嘉靖間，維楊富室下菊亭，隱而壽者也，其祝辭連楹布壁，周卜村撰《壽卦》以壽之，卦曰：

壽：元亨，元永貞，君子吉，小人否。

象曰：壽順動以豫，靜而有恆，故壽。壽元亨，天下通也。元永貞，无咎，德相承也。君子吉，慶無窮也。小人否，不克終也。天地壽，故四時行而萬物亨。聖人壽，則王道成而天下平。壽之時義大矣哉！

象曰：引年〔註37〕，壽。君子以積躬累仁，協於上下，以承天什。

初一，壽於躬，酒食，貞吉，无咎，無譽。象曰：酒食無譽，樂以正也。

次二，壽於室，小有慶，其樂衎衎〔註38〕，吉，悔亡。象曰：其樂衎衎，吉，室家慶也。

次三，壽於庭，以其玄纁〔註39〕，吉，朋至斯孚，小人勿用。象曰：玄纁之吉，交以德也。小人勿用，其儀忒也。

次四，壽於宗，不於其門，於其野，有攸往，無不利。象曰：於野之壽，道大光也。利有攸往，民所宗也。

次五，壽於王國，錫汝保極，受茲介福，八荒攸同，元吉。象曰：壽於王國，以尊同也。錫汝保極，乃化中也。介福元吉，其寵隆也。

次上，壽奕世〔註40〕無強，自天佑之，吉無不利〔註41〕。象曰：奕世無強，何永壽也。吉無不利，自天佑之也。

十七、止卦

邵經邦《弘藝錄》卷二十九《止卦》：

荊南光澤殿下厥號止菴，玉府珍選，諸寶備矣，而太古或缺，且美而忘規，豈士君子所望於王公大人者哉？作《止卦》。或曰：亦以文為戲之類耳。坤內乾外，止。序卦止而受之以王。王者，王也，居於一人之下，萬人之上，至極而無以加也，止所以為王也。

止：元亨，利磐石之貞，不利有攸往，以敷錫類於上帝，開國永昌，世世其勿忘。卦爻三畫為陽，中一畫六斷為陰，止而不遷，不利有攸往也。天包乎地，外統乎內，磐石之勢也，故為磐石之象，而其占為以敷錫類也。類，善也。《詩》所謂祚胤〔註42〕，即卦下之

〔註37〕引年：謂古禮對年老而賢者加以尊養。後用以稱年老辭官。《禮記·王制》：「凡三王養老，皆引年。八十者一子不從政，九十者其家不從政。」
〔註38〕衎衎：和樂貌。《易·漸》：「鴻漸於磐，飲食衎衎，吉。」尚秉和注：「衎衎，和樂也。」
〔註39〕玄纁：本指黑色和淺紅色的布帛，後世帝王用作延聘賢士的禮品。
〔註40〕奕世：累世，代代。
〔註41〕《周易·大有·上九》：「自天佑之，吉無不利。象曰：大有，上吉，自天佑也。」
〔註42〕祚胤：福運及於後代子孫。《詩·大雅·既醉》：「君子萬年，永錫祚胤。」

義也。占者有止德，則上能藩屛王家，而為犬牙之宗，下能克昌厥後，而為丞家之祖。大善而利，蔑以加矣，是謂元亨利貞也。

象曰：止哉，一陰止於三陽之中，外文明而內貞順，動而能靜，剛而能柔，上而能下，富不驕，貴不淫，高不抗，卑不諂，曰；止以卦體、卦象、卦德釋卦名義。天地止而化工成，日月止而歲運興，聖人止而大道行，止之時義大矣哉，極言以贊其止也。

象曰：天下有土，止，君子以物有本，而事有終。天謂一，一之下有土，是為王矣。又乾為三連，中六斷為坤，他道也。地即土也，又王者重有土，故為天下有土之象。土者，厚重不遷，萬古如一，止義備矣。《大學傳》曰：物有本末，事有終始，君子之止，孰有大於此哉！

初六，其知止，其無所於止，悔亡。《易》貴通變，生生無窮，故卦爻中分為三，又斷為六，然止義在內，微妙莫測，必先命名以尊稱之。建號以侈大之真，見其止則止，不專於一，而有以見夫精義之極，故能定靜安慮，而悔咎亡矣。象曰：知止，止之，可與幾也，無適無莫，悔道亡也。

六二，安汝止，厲征，小往大來，吉亨。二倍於初，加以從容玩索，是為安汝止之象，而其占為厲征也。厲者，夕惕若厲之厲。征，行也，六以陰體，二以陰位，恐其安於小成，狃於近利，故戒占者如是也。小謂　爻，大謂五爻。六二居中得正，虛心樂道，必能黜其見小欲速之心，而善與人同矣。占者如是，則吉而亨也。象曰：六二厲征，與類行也。小往大來，終有慶也。爻雖有三義，其實一也，故為類行。

六三，時止時行，時邁時征，學有緝熙于光明。三以陽剛，不專於靜，又柔而能進，與上九正應，故能當行則行，當止則止，動靜語默，各得其宜也。邁，行也。征亦行也。重言以贊之也。光明者，道之顯也。道之顯者莫大於文章，有文章斯有德行矣。象曰：時邁時行，柔進而上也，是以其道光明也。

九四，覲止，突如其來如，威如，栗如，跂如。九以陽爻離於內卦，王者挺生，而出乎其類，拔乎其萃者也。然四本陰位以尊大，而居之以謙沖，是好善忘勢，切於見賢，故有覲止之象。突如其來，

正其衣冠也。威，威嚴也。栗，恂栗也。跂，望也，儼然人望而畏之也。皆得止之驗也。象曰：突如其來，尚賓也。

九五，敬止，元吉。剛健中正，以居尊位，其吉可知，而其義則《大學傳》曰：為人君止於仁，為人臣止於敬，為人子止於孝，為人父止於慈，與國人交止於信。其說備矣。象曰：無不敬也，物各止其所，而王道終矣。盛德至善深哉！深謂德之淵微也。

上九，欽厥止，克有終。欽亦敬也。九居最上，崇高富貴，極其至矣，然或有怠玩之心，則聲色貨利紛紛奪之，故戒占者如是能有終也，蓋卦以止言，道成名立之秋也。一篇之終，丁寧反覆，其意深矣乎？象曰：始終一於，敬天德也。

今按：朱彝尊《經義考》卷二百七十二云：「《止卦》一篇，存。」

十八、芝卦

明楊林《（嘉靖）長沙府志》卷五「曠宗舜《芝卦》」條曰：

芝：瑞草也，產必應禎。卦，占決也。道以配福。潘公治潭，未踰年，政通民和，而園桑產芝，凡三焉。夫桑，民所衣也，君子能為民之依，故其瑞麗焉。三，陽數也，君子舒陽以法天，故其數應焉。小子宗舜乃作《芝卦》。

芝：植如文如，元亨，利見大人，利貞。

象曰：芝，知也，陰陽合質，顯道神數曰芝。植如德，以干也。文如道，用煥也。利見大人，下所觀也。利貞，四時員也。知天道之遠而邇也，知鬼神之微而顯也，知□□可近而不可下也。知之義大矣哉！

象□〔曰〕：木應乎□，□，君子以致中和，順□□□□□□□□□□□□□□□□□□所□也。□□其角文之通也。捨章貞吉，美在中也。

芝二，有孚盈年，赤烏以符，戴勝躍躍，子來繼繼，元吉。象曰：有孚赤烏，章乃躬也。躍躍以繼，暢自衷也。元吉，帝念功也。

芝三，月既望，君子慎之，吉；小人縱之，否。象□〔曰〕：月既望，將過中也，慎吉縱否，審所從也。

芝四，絢若舒若，允升，有譽无咎。象曰：芝絢以舒，安而明也。允升之譽，於王廷也。

芝五，金玉其相，君子豹變，吉無不利。象曰：金玉之相，允
矣成也。君子豹變，天下文明也。吉無不利，自天中也。

上芝，執其玉，奉其盈，王三錫命，瑞用蒲穀〔註43〕，雲仍〔註
44〕吉。象曰：執玉奉盈，中以自兢也。錫用蒲穀，天寵殷也。雲仍
之吉，諸福駢也。

今按：朱彝尊《經義考》卷二百七十二云：「曠氏宗舜《芝卦》一篇，存。」

曠宗舜（1528～1557），字芝封，湖南醴陵人。明嘉靖七年（1528）鄉試
第一。性至孝，喜博覽，定省外即閉戶讀書。太守潘鎰常造廬諮焉。性聰慧，
五歲讀書，過目不忘。六歲時提學使過其門，試以對云：「水浸狀元洲，金魚
躍出。」曠隨應對：「花滿岳陽樓，黃鶴歸來。」後攜曠至湘陰試曰：「三十六
灣灣灣流水。」隨對曰：「七十二峰峰峰帶月。」明嘉靖七年（1544），年十六，
鄉試中解元。曠事親至孝，不忍遠離，在家博覽群書，精研二十一史。知府潘
鑒至曠解元家，但見滿屋書卷。因桑園產芝，為建「三芝亭」。曠作《芝卦辭》，
受潘鑒讚賞。曠過鎮江，登金山作賦，一時才人，盡為傾倒。賦見《金山志》。
曠器宇詞章俱雋絕，因過勞致疾未滿三十而卒。葬縣城瓜佘坪。著有《滌江漫
集》、《批評二十一史》。

《（嘉靖）長沙府志》卷五載：「三芝亭，在府治後。嘉靖辛卯，園桑產芝
三本，癸巳復產一本。知府潘鎰建亭其下，故名。」

十九、隱卦

明文德翼《求是堂文集》卷十七《隱卦》云：

隱：亨，利居貞，勿用有攸往。

象曰：隱亨，隱而亨也。勿用有攸往，與時偕止也。隱成乎名，
不易乎世，天地（閒）〔閉〕而賢人隱，隱之時用大矣哉！

象曰：山林，隱，君子以獨行其志，不可榮以祿。

初一，小隱，无咎。象曰：小隱无咎，志未失也。

次二，先行後隱，招之勿來，終吉。象曰：先行後隱，順以正
也。招之勿來，以吉終也。

〔註43〕蒲穀：蒲璧和穀璧，二種璧名。是古代代表爵位等級的一種憑證。《周禮・春
　　　官・大宗伯》：「以玉作六瑞，以等邦國。王執鎮圭，公執桓圭，侯執信圭，伯
　　　執躬圭，子執穀璧，男執蒲璧。」後因以「蒲穀」借指一定的等級和權力。
〔註44〕雲仍：遠孫。《爾雅・釋親》：「晜孫之子為仍孫，仍孫之子為雲孫。」

次三，隱於南山，不可貞。象曰：南山不可貞，以徑捷也。

次四，石隱，貞吝。象曰：石隱之吝，道未光也。

次五，充隱，凶。象曰：充隱之凶，失則也。

上六，安隱，元吉。象曰：安隱元吉，中無怍也。

今按：文德翼《求是堂文集》卷十七《跋隱卦後》云：

余作《隱卦》，或曰：「乾以下皆隱也。」曰：「吾隱乎六十四卦
之中也。」曰：「嚴君平以卦隱，子隱卦乎？」曰：「猶鹿門子之《隱
書》也。余不善卦。」曰：「隱有大小，子捨大而取小，何也？」曰：
「愧余非歲星也。」曰：「三多凶，五多功，子易之，何也？」曰：
「疑於經，余恥乎投閣者之為也。」曰：「安隱見諸《楞嚴》，不累
聖乎？」曰：「猶甘節、安節也，烏乎累？」曰：「王文中不言天隱
〔註45〕、地隱〔註46〕、名隱〔註47〕乎？」曰：「天地，聖人之則也，
余何名？」曰：「齊好隱，毋乃諧乎？」曰：「隱以俟天下之方悟者，
猶語也。」曰：「繆矣，沈休文之論隱也！」曰：「猶胥〔註48〕之言
農，不習故也。」曰：「《招隱》之詩〔註49〕何如？」曰：「不如叢桂
之貞也。」曰：「介子推之將隱何如？」曰：「憨留鄣二侯則善是矣。」
曰：「隱不違親，子何介也？」曰：「余幸聞能如是乎之慈訓也。」

文德翼《求是堂文集》卷十七《隱卦跋後》云：

蓋古人之隱，難易不一論也。其難者，或稱聾，或稱青盲〔註50〕，
或□□之言，輒二三十年至死乃已。其易者，或關牆東〔註51〕，或
□□室，又或臥所乘車上，遂如深山大澤，得遂高真。凡□者，皆

〔註45〕天隱：稱隱而不仕之最高境界。隋王通《中說·周公》：「至人天隱。」清褚人
　　　　獲《堅瓠廣集·隱說》：「天隱者，無往而不適，如嚴子陵之類是也。」
〔註46〕地隱：謂隱居於偏僻之地。王通《中說·周公》：「薛收問隱。子曰：『至人天
　　　　隱，其次地隱，其次名隱。』」阮逸注：「關地山林，高身全節。」
〔註47〕名隱：謂隱於朝市。亦謂不求名而隱居山林。王通《中說·周公》：「其次名
　　　　隱。」阮逸注：「名混朝市，心在世外。」褚人獲《堅瓠廣集·隱說》：「名隱
　　　　者，不求名而隱，如劉遺民之類是也。」
〔註48〕胥：古代官府中的小吏。
〔註49〕《文選》卷二十二有左太沖《招隱詩》二首。
〔註50〕青盲：眼科病症名，俗稱青光眼。症狀為視力逐漸減退，漸至失明，但眼的外
　　　　觀沒有異常，亦無明顯不適感。
〔註51〕牆東：《後漢書·逸民傳·逢萌》：「君公遭亂獨不去，儈牛自隱。時人謂之論
　　　　曰：『避世牆東王君公。』」後因以「牆東」指隱居之地。

士君子之不幸，非欲全令名於後世，特斯心有體乎不安者存耳。余恒怪二蘇，一託於管幼安，一比於陶元亮。嗟乎！二子寧知管幼安、陶元亮者哉！群萃州處，坦氣修通，曰不畏浪濤，似長年三老，一旦浮江漢，達滄溟，鯨宮鼉室、蛟門蜃樓之險幻，呼吸生死，千態萬變，心自奔駭，不暇自惜，豈華屋安居人所能知哉？余竊有幼安、元亮之遇，而深笑二子之方人失之輕也。

又按：文德翼，字用昭，德化（今江西九江）人。崇禎七年（1634）進士，生卒年均不詳，約清順治六年（1649）前後在世。授嘉興推宮，明亡後隱居山中。著有《雅似堂集》、《宋史存》、《傭吹錄》、《讀莊小言》等。《四庫提要》稱德翼人品清逸，而學問未能精邃；所作《傭吹錄》之類，大抵以餖飣為工，故詩文亦未能超詣云云。

二十、負卦

尤侗《艮齋雜說》卷十云：

昔人已作《諞卦》，今予又作《負卦》。斯二者，古之所謂薄行，今之所謂長策也。吾聞其語矣，吾見其人矣。

負：喪心，凶。匪我負人，人負我。有初鮮終，悔之終吉。

象曰：負，賴也，奸賴良也。其人存，其心喪也。我負人，身之殃也。人負我，世之傷也。有初鮮終，賴不可長也。悔之終吉，反災為祥也。

象曰：火與水違行，負。君子以德報德〔註52〕。

初六：負債，吝，小有言，還，无咎。象曰：還債无咎，信可復也。

九二：君子不負恩，一飯必酬之。象曰：一飯必酬，自求福也。

六三：負負〔註53〕，多反覆。貪小利，中有大害，征凶。象曰：見利忘義，害所伏也。

〔註52〕以德報德：用恩惠來報答恩惠。《論語·憲問》：「或曰：『以德報怨，何如？』子曰：『何以報德，以直報怨，以德報德。』」

〔註53〕負負：猶言慚愧、慚愧；對不起、對不起。《後漢書·張步傳》：「茂讓步曰：『以南陽兵精，延岑善戰，而耿弇走之。大王柰何就攻其營，既呼茂，不能待邪？』步曰：『負負，無可言者。』」李賢注：「負，愧也。再言之者，愧之甚。」惠棟《補注》引王幼學曰：「負負，猶言負罪負罪。」

　　九四：賣友，婚媾變為雠，絕交，凶。象曰：賣友絕交，亦可痛也。

　　六五：大人包荒〔註54〕，小人背本〔註55〕，勿較，天佑，無不利。象曰：大人包荒，實有容也。小人背本，不祥也。

　　上九：或錫之，莫益之，反擊之，以怨報德〔註56〕，是為中山狼〔註57〕，終亦必亡。象曰：以怨報德，茴及其躬也。

　　今按：此卦大旨譏諷忘恩負義之小人，其卦象與未濟相同，而卦爻辭不同。

二十一、呆卦

　　朱彝尊《經義考》卷二百七十二：「劉氏定之《呆卦》一篇。存。」

　　《四庫全書總目》卷七：「《易經圖釋》十二卷，明劉定之撰。定之字主敬，號呆齋，永新人。正統丙辰進士，官至禮部侍郎，兼翰林院學士，諡文安。事蹟具《明史》本傳。其書用古本，以上下經及《十翼》，釐為十卷。惟《象傳》則以大象為『象傳上』，以小象為『象傳下』，又與古本小異。然以為象分大小，猶之雅分大小，出於孔子所定，則於古無徵，不足信也。」

　　定之又撰《否泰錄》一卷、《宋論》三卷、《文安策略》十卷、《呆齋集》四十五卷。《明史》本傳稱定之以文學名一時，嘗有中旨，命制元宵詩，內使卻立以俟，據案伸紙，立成絕句百首，又嘗一日草九制，筆不停書，有質宋人名字者，就列其世次，若譜系然，人服其敏博。然其榛楛勿窮，亦由於此。李東陽《懷麓堂詩話》曰：「劉文安公不甚喜為詩，縱其學力，往往有出語奇崛，用事精當者。如英廟輓歌、右鍾山歌等篇，皆可傳誦，讀者擇而觀之可也。」

　　今按：此卦內容待考。

二十二、邃卦

　　朱彝尊《經義考》卷二百七十二：「彭氏澤《邃卦》一篇，存。」

〔註54〕包荒：包含荒穢。謂度量寬大。《易·泰》：「包荒，用馮河，不遐遺。」王弼注：「能包含荒穢，受納馮河者也。」陸德明《釋文》：「荒，本亦作『芁』。」一說包容廣大。

〔註55〕背本：背棄根本。

〔註56〕以怨報德：以怨恨來回報別人給予的恩惠。《國語·周語中》：「以怨報德，不仁。」

〔註57〕中山狼：明馬中錫著寓言《中山狼傳》（一說宋謝良著），記趙簡子在中山打獵，一狼中箭逃命，東郭先生救之。既而狼反欲食東郭先生。

　　高佑釲曰：彭澤，字濟物，蘭州衛人。弘治庚戌進士，累官太子太保、兵部尚書，贈少保，諡襄毅。《邍卦》一篇，以贈楊文襄一清。文襄為中書舍人時，扁讀書處曰邍庵。自李文正、吳文定以下，贈以詩文，諸體皆備。襄毅乃擬《邍卦》一篇贈焉。謂《易》卦非可擬者，然近世如忍、退諸卦，亦屢有作，剿經傳而侮聖言，罪固不免，若姑備一體，少寓楊公歷履操存建立之大略云。

　　彭澤，字濟物，號幸庵，蘭州衛人。成化癸卯舉人，弘治庚戌進士，歷官刑部主事員外郎、真定府知府，累遷左都御史。兵部尚書。生平事蹟詳見《本朝分省人物考》卷一百六。

　　今按：此卦內容待考。

二十三、信卦

　　朱彝尊《經義考》卷二百七十二：「鄒氏魯《信卦》一篇，存。陳子升曰：鄒孝廉魯，字至道，南海人，自號曙齋。嘗為吉水醫士。龔隆作《信卦》，載《安溪講餘集》。」

　　今按：此卦內容待考。

二十四、搶卦

　　屠本畯撰。屠本畯，字田叔，又字幽叟，號漢陂，晚年自稱憨先生，浙江鄞縣（今寧波）人。生卒年不詳，主要活動於明萬曆年間。著有《山林經濟籍》一書，意在暢山林之趣，盡幽賞之致。又有《閩中海錯疏》、《海味索引》、《閩中荔枝譜》、《野菜箋》、《離騷草木疏補》等書。內容涉及植物、動物、園藝等廣闊領域。本畯曾說：「吾於書饑以當食，渴以當飲，欠伸以當枕席，愁寂以當鼓吹。」生平事蹟具《明史・文苑傳》、《明詩紀事》庚籤卷二十八。

　　今按：此卦內容待考。

二十五、譴卦

　　屠本畯撰。

　　今按：此卦內容待考。

二十六、饞卦

　　屠本畯撰。

　　今按：此卦內容待考。

《經解入門》真偽考

　　近年來，圍繞江藩《經解入門》的真偽問題曾展開過一場學術爭鳴。北京大學古文獻研究中心漆永祥先生率先發表了《俞樾〈古書疑義舉例〉係襲江藩〈經解入門〉而成》〔註1〕一文，將《經解入門》卷一《古書疑例第七》與《古書疑義舉例》中之通例從稱名、著錄之條例次序、條例細目之內容、名稱以及條例數目作了比較，認為「俞樾之條例與江氏之說有著驚人的相似，甚至可以說是完全雷同」，進而斷定「《古書疑義舉例》是襲江藩之條例而成」，「當時的俞樾僅為10歲之學童，勢不能獨造一書，然則《古書疑義舉例》之大綱細目全襲江書而成定無可疑」。漆永祥所用版本為天津市古籍書店1990年出版的《經解入門》方國瑜校點本，而該本明確將作者標為江藩。方氏為史學名家〔註2〕，不但沒有將此書版本來源交代清楚，反而把光緒十九年（1893）廣西書局所刻重印本所附的馮德材跋割掉，原跋對於此書的真偽已有所質疑〔註3〕，客觀上給後學造成了很大的誤導作用。漆永祥當時即震於方氏大名。

〔註1〕《俞樾〈古書疑義舉例〉係襲江藩〈經解入門〉而成》，《中國語文》1999年第1期。

〔註2〕方國瑜（1903～1983），字瑞臣，雲南麗江人。1933年畢業於北京大學研究所國學門。曾任雲南大學教授。著有《納西象形文字譜》等。他是雲南地方史、西南民族史的奠基者，被譽為「南中泰斗」、「滇史巨擘」。

〔註3〕閔爾昌《江子屏先生年譜》、恒慕義主編的《清代名人傳略》「江藩」條也都有所質疑，但是語焉不詳。閔爾昌《江子屏先生年譜》:「《經解入門》八卷，署甘泉江藩纂，前有阮文達序，光緒中上海石印，十九年癸巳覆刻於廣西書局，馮德材跋已決其非先生真本矣。」（北京圖書館編《北京圖書館藏珍本年譜叢刊》第122冊第626頁）

1999 年，筆者提出了與漆永祥先生觀點相左的意見〔註4〕，文章發表後引起了學術界的重視和討論。隨後，傅傑、伏俊璉、谷建等先生先後發表文章，對《經解入門》的真偽問題進行了不同側面的探討，但他們均未見到《經解入門》的初印本，對此問題未能作出圓滿的解答，甚至還存在一些誤解。〔註5〕最近，學術界仍有一些學者將《經解入門》視為江藩之作，並在此基礎上作出種種錯誤的推論。

　　鑒於《經解入門》一書的影響之大，誤解之深，筆者認為有必要徹底澄清其真偽問題，以免以訛傳訛。當時因為時間關係，商榷文章寫得極為簡略，很多地方沒有展開論述。近年來，筆者又多方搜集資料，通過對《經解入門》的版本、序跋、傳播源流、思想內容、時代特徵等方面綜合考察，深入論證了「《經解入門》出於偽撰」的結論。

一、版本來歷不明

　　有人認為阮元在 1832 年即已刊刻《經解入門》，可是誰也沒有見過這個版本。且阮序也隻字未提刊刻之事。我們遍考清代官、私目錄，均不見有此書著錄。直到民國時期孫殿起《販書偶記》才有著錄：「《經解入門》八卷，甘泉江藩撰，光緒戊子鴻寶齋石印袖珍本。」〔註6〕稍後《續修四庫全書總目提要》也著錄了這個本子，並認為這是《經解入門》最早版本，其時為 1888 年〔註7〕。而俞樾《古書疑義舉例》〔註8〕早在 1871 年就收入了《春在堂全書》，1888 年再次收入《皇清經解續編》，並被張之洞《書目答問》1876 年初刻本著錄。

　　近年，沈乃文主編《中國古籍總目·經部》群經總義類傳說之屬詳細著錄了《經解入門》一書的版本情況〔註9〕：

〔註4〕《俞樾〈古書疑義舉例〉係襲江藩〈經解入門〉而成嗎？》，《中國語文》1999年第 3 期。

〔註5〕伏俊璉：《俞樾〈古書疑義舉例〉不是襲江藩〈經解入門〉而成》，《古漢語研究》2000 年第 2 期；谷建：《經解入門辨偽》，《北京大學中國古文獻研究中心集刊》第 1 輯，北京燕山出版社，1999 年，第 406～420 頁。傅傑考證出《古書疑義舉例》襲《經解入門》說的始作俑者為劉聲木，詳見《〈古書疑義舉例〉襲〈經解入門〉說的始作俑者》，《聆嘉聲而響和》，華東師範大學出版社，2001年，第 86～90 頁。

〔註6〕孫殿起：《販書偶記》，上海古籍出版社，1982 年新 1 版。

〔註7〕《續修四庫全書總目提要》，中華書局，1993 年，第 1423 頁。

〔註8〕俞樾：《古書疑儀舉例》，《古書疑義舉例五種》，中華書局，1956 年。

〔註9〕沈乃文主編：《中國古籍總目·經部》，北京：中華書局，2012 年，第 969 頁。

經 21111606

經解入門八卷題清江藩撰

清光緒十四年鴻寶齋石印本　中科院、北大、天津、南京

清光緒十六年槐蔭書屋刻本　北大、上海

清光緒十六年上海凌雲閣石印本　浙江、湖北

清光緒十九年桂垣書局刻本　國圖、北大

清光緒十九年上海書局石印本　北大

清光緒二十年上海文林書局石印袖珍本　國圖、南京、浙江

二、阮序不足為憑

　　倫明先生指出：阮元序「作於道光十二年壬辰，銜題協辦大學士兩廣總督。按元於道光十二年九月以雲貴總督，授協辦大學士，此題兩廣總督，誤也。而《揅經室文集》中，亦無此序。又據近人所撰《江子屏年譜》，藩實卒於道光十一年辛卯，年七十一。而序作於其後一年，若不知其已死者。就序斷之，書為贗作，殆無疑也」。〔註10〕

　　此外，筆者反覆比較《經解入門・敍言》與《國朝漢學師承記》阮元序，發現前者係模仿、抄襲後者而成。為了便於比較，現將兩序列表抄錄如下：

《經解入門・敍言》	《國朝漢學師承記》阮元序
往者，余嘗語顧君千里曰：治經不難，通經亦不難；雖然，道則高矣！美矣！不得其門而入，而欲登堂奧之府，窺室家之好，則束髮抱經，有皓首不究其旨者矣。即幸而得焉，而單詞只義，百投而一中，出主入奴，始終終歧，又往往流於異端曲學，而不自知，豈不悲哉。以吾子之才之學，其能提挈綱領，指究得失，約其文，詳其旨，作為一書，以為經訓之陳途，吾道之津逮乎？千里諾之而未有作也。居無何，甘泉江君子屏出其所著《經解入門》以示余；余讀之，瞿然而起曰：是固吾疇曩所望於千里者，而今得之子，信乎海內博雅君子，能以文章為來世誦法，捨此二三學友無屬也。而元之不揣其愚，思有撰述，以益後學，亦差幸胸臆之私，抑得此為不孤耳。子屏得師承於研溪惠先生，博聞強記，於學無所不通，而研貫	兩漢經學所以當尊行者，為其去聖賢最近，而二氏之說尚未起也。老莊之說盛於兩晉，然《道德》、《莊》、《列》本書具在，其義止於此而已……吾固曰：兩漢之學純粹以精者，在二氏未起之前也。我朝儒學篤實，**務為其難，務求其是**，是以通儒碩學有束髮研經，白首而不能究者，豈如朝立一旨，暮即成宗者哉！ 甘泉江君子屏得師傳於紅豆惠氏，博聞強記，無所不通，心貫群經，折衷兩漢。元幼與君同里同學，竊聞論說三十餘年。江君所纂《國朝漢學師承記》八卷，嘉慶二十三年元居廣州節院時刻之，讀此可知漢世儒林家法之承授，國朝學者經學之淵源，大義微

〔註10〕《續修四庫全書總目提要》，北京：中華書局，1993年，第1423頁。

群經，根本兩漢，尤其所長。元少時與君同里同學，接其議論者，垂三十年。曩居余廣州節院時，元嘗刻其所纂《國朝漢學師承記》八卷，昭代經學之淵源，與近儒之微言大義，賴以不墜；今又得此，子屏之於經學，其真可謂語大而不外，語小而不遺，俾學者淺深求之，而各得其致者矣。是書之大旨，約分三端：首言群經之源流與經學之師承，端其本也；次言讀經之法與解經之體，審其業也；終言說經之弊與末學之失，防其惑也。學者得此而讀之，循其途，踐其跡，避其所短，求其所長，則可以不誤於趨向；憂而遊之，擴而充之，則可以躋許、鄭之堂，抗孔陸之席。子屏不自侈其業，以是為初學計也；顧豈僅為初學計哉，吾願後之學者，執此而終身焉可耳。道光十二年歲次壬辰九月協辦大學士兩廣總督阮元序。

旨，不乖不絕，而二氏之說亦不攻自破矣。元又嘗思國朝諸儒說經之書甚多，以及文集說部，皆有可採，竊欲析縷分條，加以剪截，引繫於群經各章句之下。譬如休寧戴氏解《尚書》「光被四表」為「橫被」，則繫之《堯典》；寶應劉氏解《論語》「哀而不傷」即《詩》「惟以不永傷」之「傷」，則繫之《論語·八佾篇》，而互見《周南》。如此勒成一書，名曰《大清經解》。徒以學力日荒，政事無暇，而能總此事，審是非，定去取者，海內學友惟江君與顧君千里二三人。他年各家所著之書，或不盡傳，奧義單辭，淪替可惜，若之何哉！

歲戊寅除夕，阮元序於桂林行館。

從上可知，兩序要點雷同者至少有三：其一，「束髮抱經，有皓首不究其旨者矣」與「是以通儒碩學有束髮研經，白首而不能究者」相近；其二，「信乎海內博雅君子，能以文章為來世誦法，捨此二三學友無屬也」與「海內學友惟江君與顧君千里二三人」相近；其三，「子屏得師承於研溪惠先生，博聞強記，於學無所不通，而研貫群經，根本兩漢，尤其所長。元少時與君同里同學，接其議論者，垂三十年。曩居余廣州節院時，元嘗刻其所纂《國朝漢學師承記》八卷，昭代經學之淵源，與近儒之微言大義，賴以不墜」與「甘泉江君子屏得師傳於紅豆惠氏，博聞強記，無所不通，心貫群經，折衷兩漢。元幼與君同里同學，竊聞論說三十餘年。江君所纂《國朝漢學師承記》八卷，嘉慶二十三年元居廣州節院時刻之，讀此可知漢世儒林家法之承授，國朝學者經學之淵源，大義微旨，不乖不絕」相似。而《經解入門·敘言》正是在此基礎上敷衍成文。阮元為乾嘉學問大家，文章亦足以自立，有《揅經室文集》傳世。為同一作者的不同著作作序，他決不會才窘到合二而一。

三、徐跋多不實之詞

光緒戊子夏鴻寶齋石印本有於越徐儀吉跋，因天津市古籍書店方國瑜標點本未收此跋，一般讀者鮮能寓目，特照錄如下：

　　是書為甘泉江子屏先生藩所著，其有功經訓與裨益後學，儀徵
　相國原序已言之詳矣。惟是書初刻於江氏家塾，工未竣而先生遽捐

館舍，以故世無傳本。儀吉聞其副本尚在江右，因不惜殫數年心力，以重金購得之，爰為斠讎，付之石印，以公同好。方今國家右文稽古，京師國子監南學專以經訓課士，海內之士聞風興起，無不以研精古訓、講求樸學為宗。惟初學入門之始，苟無所指引，則漢、宋門徑既慮其不清，而許、鄭緒言終莫能有得。得子屏此書，誦而法之，則淺之可以應明經取士之科，深之即可以為立說著書之本，則其所以嘉惠來學者又豈淺鮮哉？於越徐儀吉跋。

對於此書來源，徐跋言之鑿鑿，既無實物，亦無旁證，未免孤證不信。前面已經證明所謂「儀徵相國原序」已屬贗鼎，此跋疑亦虛構其詞。所謂「副本尚在江右，因不惜殫數年心力以重金購得之」云云，遮遮掩掩，閃爍其詞，正防後人之疑。

四、多記江氏身後人事

《經解入門》卷三《國朝治經諸儒》條列「阮元諡文達」。按：阮元卒於1849年，比江藩晚死18年，江藩何以預知阮元諡號？同卷又云：「遵義鄭珍字子尹是也。」鄭珍係1837年才中舉，其最早所作的《說文新附考》初稿草成於1833年，1852年才第一次出版著作《巢經巢詩抄》及《經說》，此前名聲不逾鄉里，江氏又何從得知其人？顧頡剛先生也指出：「予少時翻覽，深疑《入門》題江藩著，而文中提及陳澧《東塾讀書記》，兩人時代不相及，何以提到？」[註11] 諸如此類，《經解入門》中還有不少。後面還要提到，此不贅述。

五、多與江氏歿後著述雷同

《經解入門》除了與《古書疑義舉例》雷同外，與《書目答問》雷同處更多，如卷三《國朝治經諸儒》條與《書目答問》附列《經學家》雷同，《小學家》亦然。又如《經與史相表裏》條：「如《逸周書》、《國語》、《國策》、《山海經》、《竹書紀年》、《穆天子傳》、《晏子春秋》、《越絕書》、《越春秋》、《列女傳》、《新序》、《說苑》、《東觀漢記》之屬，皆可歸入史部。」按：《山海經》、《穆天子傳》、《新序》、《說苑》在《四庫總目》中皆列入子部，《書目答問》方移入史部。《經解入門》云：「《四庫提要》為讀群書之門徑，提要較多，未必人人能置一編，別有《四庫簡明目錄》，乃將提要約撮而成，書止一峽，大

〔註11〕顧頡剛：《記崔適先生》，《顧頡剛學術文化隨筆》，北京：中國青年出版社，1998年，第321～322頁。

抵初學須先將經史子集四種分清何書應入何類，於此憭然，則購書讀書皆有頭緒，然《簡明目錄》太略，書之得失亦未詳說。且四庫未收提要尚列存目於後，《簡明目錄》無之，不得誤認為世間所無也，略一翻閱，然後可讀提要。」〔註12〕這些話說得相當在行。既然該書對於《四庫提要》的認識如此深刻，為何其分類與《四庫提要》截然不同，而反與後出之《書目答問》雷同呢？

再如《有校勘之學》條所列清代校勘名家與《書目答問》附列《校勘之學家》亦大致相同。詳見下表：

人　名	入　門	答　問	人　名	入　門	答　問	人　名	入　門	答　　問
惠棟	有	有	李文藻	有	有	阮元	有	有
何焯	有	有	戴震	有	有	顧廣圻	有	有
盧見曾	有	有	王念孫	有	有	趙懷玉	有	有
全祖望	有	有	張敦仁	有	有	鮑廷博	有	有
盧文弨	有	有	丁傑	有	有	袁廷檮	有	有
錢大昕	有	有	孫星衍	有	有	吳騫	有	有
沈炳震	無	有	沈廷芳	無	有	謝墉	無	有
姚範	無	有	錢東垣	無	有	彭元瑞	無	有
周永年	無	有	黃丕烈	無	有	秦恩復	無	有
陳鱣	無	有	錢泰吉	無	有	曾釗	無	有
汪遠	無	有						

六、與《國朝漢學師承記》多相矛盾

《經解入門》所列《國朝治經諸儒》與《國朝漢學師承記》〔註13〕所列數量上過於懸殊。後者去取甚嚴，而前者幾乎襄括有清一代經學名家。詳見下表：

人　名	入　門	師　承	人　名	入　門	師　承	人　名	入　門	師　承
顧炎武	有	有	李惇	有	有	胡世琦	有	無
閻若璩	有	有	李賡芸	有	無	俞正燮	有	無
張爾岐	有	有	金榜	有	有	臧壽恭	有	無
陳啟源	有	無	金梧	有	無	周中孚	有	無
馬驌	有	有	汪萊	有	無	李銳	有	無

〔註12〕《經解入門》卷六「門徑不可不清第四十五」。
〔註13〕江藩：《國朝漢學師承記》，北京：中華書局，1983年。

王爾膂	有	有	凌廷堪	有	有	徐養源	有	無
毛奇齡	有	無	汪龍	有	無	方觀旭	有	無
朱彝尊	有	無	顧九苞	有	有	劉履恂	有	無
胡渭	有	有	金曰追	有	有	陳瑑	有	無
徐善	有	無	丁傑	有	無	李黼平	有	無
臧琳	有	有	周廣業	有	無	李富孫	有	無
臧鏞堂	有	無	梁玉繩	有	無	馮登府	有	無
臧禮堂	有	無	梁履繩	有	無	鍾文烝	有	無
惠士奇	有	有	武億	有	有	薛傳均	有	無
惠棟	有	有	汪中	有	有	張宗泰	有	無
諸錦	有	無	汪喜孫	有	無	侯康	有	無
汪師韓	有	無	程際泰	有	無	魏源	有	無
杭世駿	有	無	許鴻盤	有	無	鄭珍	有	無
齊召南	有	無	孫星衍	有	無	黃宗羲	有	有
秦蕙田	有	無	洪亮吉	有	有	黃宗炎	有	無
莊存與	有	無	許珩	有	無	王夫之	有	無
莊述祖	有	無	阮元	有	無	錢澄之	有	無
莊綬甲	有	無	劉文淇	有	無	徐璈	有	無
褚寅亮	有	有	劉毓崧	有	無	朱鶴齡	有	無
盧文弨	有	有	桂馥	有	有	沈彤	有	有
江聲	有	有	鍾褱	有	有	陳景雲	有	無
余蕭客	有	有	焦循	有	無	張尚瑗	有	無
王鳴盛	有	有	趙曦明	有	無	萬斯大	有	無
錢大昕	有	有	嚴可均	有	無	萬斯同	有	無
錢大昭	有	無	凌堃	有	無	萬經	有	無
錢塘	有	有	馬宗槤	有	無	全祖望	有	無
錢坫	有	有	馬瑞辰	有	無	徐乾學	有	無
翁方綱	有	無	畢珣	有	無	陸元輔	有	無
朱筠	有	有	姚文田	有	無	徐嘉炎	有	無
紀昀	有	有	郝懿行	有	無	惠周惕	有	有
王昶	有	有	張惠言	有	有	王叔琳	有	無
范家相	有	無	陳壽祺	有	無	方苞	有	無

翟灝	有	無	陳喬樅	有	無	陳厚耀	有	有
周春	有	無	張澍	有	無	吳廷華	有	無
盛百二	有	無	朱蘭坡	有	無	胡煦	有	無
畢沅	有	無	周用錫	有	無	王懋竑	有	無
孫志祖	有	無	李鍾泗	有	有	顧棟高	有	無
任大椿	有	有	朱彬	有	無	蔡德晉	有	無
孔繼涵	有	無	劉玉麐	有	無	陳祖範	有	無
孔廣森	有	有	劉寶楠	有	無	任啟運	有	無
孔廣林	有	無	李貽德	有	無	江永	有	有
邵晉涵	有	有	崔應榴	有	無	汪紱	有	無
金榜	有	有	劉逢祿	有	無	王坦	有	無
程瑤田	有	無	宋翔鳳	有	無	徐文靖	有	無
戴震	有	有	陳奐	有	無	程廷祚	有	無
段玉裁	有	無	沈欽韓	有	無	車文	有	無
胡匡衷	有	無	柳興宗	有	無	吳鼐	有	無
胡培翬	有	無	許桂林	有	無	吳鼎	有	無
胡秉更	有	無	趙坦	有	無	趙佑	有	無
胡涿珙	有	無	洪頤煊	有	無	顧鎮	有	無
周炳中	有	無	洪震煊	有	無	許宗彥	有	無
劉台拱	有	有	金鶚	有	無	黃式三	有	無
王念孫	有	無	宋世犖	有	無	陳澧	有	無
王引之	有	無	戚學標	有	無			
宋綿初	有	無	凌曙	有	無			

　　《師承記》中有黃儀、顧祖禹、汪元亮、程晉芳、江德亮、徐復、汪光爔等 7 人不見於《入門》，而《入門》說：「《師承記》所已見，亦備錄焉。」《師承記》將顧炎武列為最後一人，「以不純宗漢儒也」，《經解入門》則列顧氏為第一人。另外，金榜在《經解入門》中重出，亦為一失。《入門》有而《師承記》無的多達 135 人，其中一部分人是因為學術觀點相左而見絀，另一部分人則是同輩乃至後輩，如魏源（1794～1857）、侯康（1798～1837）、鄭珍（1806～1864）、陳澧（1810～1882）等等皆為後輩，時代不相及。古人著書，一般不著錄、不引用生存人的著作，古人特別重視蓋棺之定論，對於未定之論大都不置可否。江藩門戶之見甚深，想必傳統成見也不會沒有。但無論如何，魏源

等人與他之間畢竟異代不同時。我們可以根據江藩之子江鈞《國朝經師經義目錄跋》得到旁證：「著錄之意，大凡有四：一，言不關乎經義小學，意不純乎漢儒古訓者，固不著錄已；一，書雖存其名而實未成者，不著錄；一，書已行於世而未及見者者，不著錄；一，其人尚存，著述僅附見於前人傳後者，不著錄。凡在此例，不欲濫登，固非以意為棄取也。」〔註14〕至於王夫之，有人認為：「終江藩之世，他是不可能瞭解甚至聞知王夫之其人的。」〔註15〕這種說法顯然過於武斷。因為王夫之的著作《周易稗疏》、《書經稗疏》、《詩經稗疏》、《春秋稗疏》已被收入《四庫全書》，且被《四庫全書總目》著錄，並給予較高評價。另外，《尚書引義》、《春秋家說》也被列入存目。江藩云：「《四庫全書提要》、《簡明目錄》皆出公手。大而經、史、子、集，以及醫、卜、詞曲之類，其評論抉奧闡幽，詞明理正，識力在王仲寶、阮孝緒之上，可謂通儒矣。」又稱：「公一生精力，萃於《提要》一書。」〔註16〕江藩對紀昀推崇備至，如果連《四庫全書總目》都沒有翻讀一遍，他是不會輕易下此結論的。退一萬步講，即使江藩見不到《四庫全書》與《四庫全書總目》，《四庫全書簡明目錄》總是可以見到的。因此，他就完全有可能聞知王夫之其人。

七、與《古書疑義舉例》條例不盡相同

有人認為，《經解入門》與《古書疑義舉例》條例基本一致，只是次序略有不同。經仔細核對，《入門》有而《舉例》無的條例有 8 條；《入門》無而《舉例》有者共 10 條。詳見下表：

條　例	入門	舉例	條　例	入門	舉例
復有以反言而見意，不可以偏見拘也	有	無	以旁記字入正文例	無	有
有因誤衍而誤讀者	有	無	字句錯亂例	無	有
有因注文而誤者	有	無	簡策借亂例	無	有
有兩字平列而誤易者	有	無	文隨義變而加偏旁例	無	有
兩句相同而誤倒者	有	無	字固上下相涉而加偏旁例	無	有
有因誤字而誤改者	有	無	誤讀夫字例	無	有

〔註14〕漆永祥：《漢學師承記箋釋》，上海：上海古籍出版社，2006 年，第 890 頁。
〔註15〕谷建：《經解入門辨偽》，《北京大學中國古文獻研究中心集刊》第 1 輯，北京：北京燕山出版社，1999 年，第 417 頁。
〔註16〕江藩：《國朝漢學師承記》，北京：中華書局，1993 年，第 92 頁。

有因誤補而誤刪者	有	無	誤增不字例	無	有
有因誤刪而誤增者	有	無	句尾用故字例	無	有
以注誤改正文例	無	有	句首用焉字例	無	有

《入門》有而《舉例》無的條例凡 8 條，完全可以視為是對《古書疑義舉例》的補充與完善，也是對校勘條例的新發展。《古書疑義舉例》被人稱為「實千古奇作，發凡起例，祛惑釋疑，裨益士林為最大」〔註17〕。《經解入門》在校勘學上的價值也應該實事求是地予以評價。

八、卷八附選之文皆偽

《經解入門》所附十五篇考證文章，天津市古籍書店本均無主名，容易誤會為全是江藩之作。其中《易伐鬼方解》引用惠棟之說時直呼其名，江藩為惠棟再傳弟子，在《國朝漢學師承記》中稱松崖先生，若直呼其名則有悖常理。《格物說》有云：「夫程、朱為理學正宗，則《或問》所載二程之說一十六條，乃格物之正義，其餘曲說，固可一掃而空之矣，惟鄭氏舊注，立學校者已向千載，雖精研未若閩、洛，而訓詁具有師承。」江藩重漢學輕宋學，而此說似不出其口。

2001 年春，筆者在上海圖書館查到光緒戊子夏鴻寶齋石印本（即初印本）《經解入門》，始知此類文章全係他人之作，且為清代漢學名家的各種不同類型的考據範文，其目詳列如下：

篇　　名	作　　者	類　別
箕子明夷解	周中孚	解類
易伐鬼方解	李方湛	解類
考工記五材解	黃明宏	解類
五霸考	蔣炯	考類
周初洛邑宗廟考	吳文起	考類
深衣考	周以貞	考類
八卦方位辨	吳儁	辨類
文王稱王辨	鄒伯奇	辨類
緯候不起於哀平辨	李富孫	辨類

〔註17〕張舜徽：《清人文集別錄》，北京：中華書局，1963 年，第 526 頁。

辟雍太學說	孫同元	說類
八蠟說	金錫齡	說類
格物說	徐養原	說類
釋能	段玉裁	釋類
釋貫	金鶚	釋類
釋祊	侯度	釋類

　　上述考據文章，各有其主，本非偽作，後出之本將姓名全部刪去，在大題「經解入門卷八」之下全部改小題為「甘泉江藩纂」，移花接木，可謂拙於作偽。另外，天津市古籍書店本又刪去第五十二篇「科場解經程序」，更是偽中之偽。

九、盛行於清末

　　有人認為，《經解入門》成書後「從未引起學術界的注意」，「蒙塵插架，無人問津，黯然寂聞」。其實不然，該書出版後「備各省舉子攜入貢院之用」〔註18〕，幾乎人手一冊，「在清末風行最廣也」〔註19〕。另外，還傳到了日本〔註20〕。如果真是江藩所作，以江藩「吳派嫡傳」的學術威望，加上《經解入門》本身內容充實，極有可能在清代中葉就會流行開來，為何偏偏要等到清末才一紙風行、洛陽紙貴呢？

十、學術分類思想與乾嘉時代不合

　　漆永祥先生在《乾嘉考據學研究》一書中對於乾嘉時代的考據學思想作了極有意義的探討，對戴震、王鳴盛、盧文弨、錢大昕、段玉裁、焦循、顧廣圻、江藩、孫星衍、阮元等考據學家的學術分類一一作了發掘，並製成《乾嘉學者

〔註18〕顧頡剛：《記崔適先生》，《顧頡剛學術文化隨筆》，北京：中國青年出版社，1998 年，第 321～322 頁。
〔註19〕顧頡剛：《記崔適先生》，《顧頡剛學術文化隨筆》，北京：中國青年出版社，1998 年，第 321～322 頁。劉聲木《萇楚齋四筆》五卷亦稱《經解入門》「雖係石印本，轉瞬間以石印二次，是當時學林重視其書可知。予於十六七歲時，即得見此書。當時慕經師之名，頗欲有志於經學，實此不啻珍秘，無異得一導師」。轉引自傅傑《〈古書疑義舉例〉襲〈經解入門〉說的始作俑者》，《聆嘉聲而響和》，華東師範大學出版社，2001 年，第 88 頁。今按：劉氏此說雖不辨真偽，但是從中可以看出，《經解入門》問世之初即產生了較大的影響。
〔註20〕顧頡剛：《記崔適先生》，《顧頡剛學術文化隨筆》，北京：中國青年出版社，1998 年，第 321～322 頁。

學術分類簡表》〔註21〕。原表內列有龔自珍，但龔氏自稱：「我有心靈動鬼神，卻無福見乾隆春。席中亦復無知音，誰是乾隆全盛人？」可見其時代較晚，並非「乾隆全盛人」。況且其學術分類思想與乾嘉諸老也有所不同，詳見其《阮尚書年譜第一跋》〔註22〕，故刪去不錄。

人 名 ＼ 分類名	諸家分類名稱		
戴 震	義理	考核	文章
王鳴盛	義理	考據	詞章
盧文弨	理學	經學博綜抄撮校勘	詞章
錢大昕	通儒之學		俗儒之學
段玉裁	考核學		
焦 循	經學		
顧廣圻	宋學	漢學	俗學
孫星衍	考據學		
江 藩	漢學		
	目錄校勘訓詁考據		
阮 元	心性	考據	才人之學
		浩博之考據　精覈之考據	
姚 鼐	義理	考證	文章
章學誠	義理	考據	詞章

表中所引江藩的學術分類則根據《經解入門》卷五「有目錄之學」第三十二、「有校勘之學」第三十三、「有訓詁之學」第三十四、「有考據之學」第三十五。漆永祥先生製表的前提是將《經解入門》視為江藩之作，這一點顯然有誤。可貴的是，他在當時已經發現《經解入門》的學術分類思想與乾嘉時代不合，他說：「江藩的漢學或經學同前後諸人所論並不相同，一是在純學術的範圍之內；二是其論考據學較段玉裁、孫星衍等人所指內涵要小得多，是指乾嘉

〔註21〕漆永祥：《乾嘉考據學研究》，北京：中國社會科學出版社，1998年，第219頁。
〔註22〕龔自珍：《龔定庵全集類編》卷2，北京：中國書店，1991年，第29～31頁。

學術之一端而非全體甚明。躬行實踐、發為經濟,則是他認為在學術有成的情形下,才能視各人天資的高低來求取。」為什麼江藩一個人的學術分類思想與整個乾嘉時代格格不入?反而會與晚清的張之洞如出一轍?只要將《經解入門》與江藩脫鉤,就很容易解釋清楚。因為《經解入門》的學術分類思想本來就只會出現在晚清而不是乾嘉時代。漆文又引《經解入門》云:「余列目錄之學,示人以讀書之門徑;列校勘之學,示讀書之當細心;由是而通訓詁,精考據,則經學之事盡矣,即凡為學之事亦盡矣。」這段話與張之洞所論有著驚人的相似之處。當時漆永祥先生未及留意,難免智者千慮,或有一失。

十一、關於《經解入門》的編者

關於《經解入門》的真實作者,就筆者所見,有三種說法:一是「崔適所作說」。顧頡剛持此說:

> 予於 1918 年考入北京大學哲學系,其時講「春秋公羊學」者為
> 崔適(1852～1924),字懷瑾,浙江吳興人,孑然一身,寄居校中。
> 談次詢其生平,始知其少年時肄業杭州詁經精舍,為俞曲園高第弟
> 子。至 1920 年,予在北大研究所任職,始與錢玄同先生相識,乃知
> 崔老壯年在上海某書店傭工,《皇朝五經匯解》一書是其所編,卷首
> 《經解入門》則是其所作。匯解一書將阮刻經解逐條剪開,分入各
> 經各章之下,用極小字印出……予少時翻覽,深疑《入門》題江藩
> 著,而文中提及陳澧《東塾讀書記》,兩人時代不相及,何以提到?
> 聞錢氏語,乃知崔氏實作於光緒中葉也。〔註23〕

二是「章太炎所作說」。劉白村在給《經解入門》寫提要時徑直署「章炳麟撰」,其說如下:

> 按是書乃章氏早年之作。以當時人微言輕,恐不見重於世,遂
> 偽託江藩之名。至今通行各本,仍署江藩編著。〔註24〕

三是「繆荃孫所作說」。周予同在介紹江藩的《經解入門》時又說:

> 根據顧頡剛的意見,《經解入門》實際上是繆荃孫編撰的,供初
> 學者使用。〔註25〕

〔註23〕顧頡剛:《記崔適先生》,《顧頡剛學術文化隨筆》,北京:中國青年出版社,
　　　　1998 年,第 321～322 頁。
〔註24〕《續修四庫全書總目提要》,北京:中華書局,1993 年,第 1423 頁。
〔註25〕周予同:《中國經學史講義》,上海:上海文藝出版社,1999 年,第 5 頁。

　　筆者以為，上述說法均難以成立。首先，「繆荃孫所作說」可能是一種訛傳，應該予以排除。繆荃孫曾為張之洞捉刀編纂《書目答問》，後來追悔莫及，成為學界公案，至今尚未論定。周予同極有可能將兩事弄混淆了。其次，「章太炎所作說」也不知有何根據。章太炎早年桀驁不馴，不可一世，日後成為革命先驅、國學宗師，豈肯將「早年之作」拱手讓與他人？從文本分析來看，《群經緣始第一》陰主「專名說」，是今文經學，而章太炎為古文經學派之代表，向主「通名說」，認為「經」是古代書籍的通稱，並不是孔子的「所能專有」，據此可證《經解入門》不會出自章太炎之手。復次，「崔適所作說」也是撲朔迷離，顧頡剛聞於錢玄同，周予同又根據顧頡剛，輾轉相傳，但又傳聞異辭。而伏俊璉根據顧頡剛的前一種說法，當即作出「仲裁」：「據此，則是非俱清。《經解入門》卷一《古書疑例第七》一節實崔適據其師俞樾《古書疑義舉例》而成。因其主要章節是依據江藩的著作改寫而成，同時為了促銷作為『高考複習資料』的《五經匯解》一書，故署名曾參加編撰《皇清經解》的漢學名家江藩著。」〔註 26〕既然崔適為俞曲園高第弟子，又為何要編造偽書使其乃師蒙受不白之冤？伏俊璉又云：「崔適在詁經精舍時已有《古書疑例》之作，其師俞樾《古書疑義舉例》即據此而成。」〔註 27〕一會說《古書疑例》一節是崔適據其師俞樾《古書疑義舉例》而成，一會又翻口說不能完全排除俞樾《古書疑義舉例》即據《古書疑例》而成，前後如此矛盾，又怎能將《經解入門》的真實作者定為崔適？我們認為，此說毫無證據，以今測古，未免厚誣古人。既然《皇朝五經匯解》一書係歐景岱所纂，並非崔適所編，那麼顧頡剛所謂「卷首《經解入門》則是其所作」也就難以成立。

　　總之，上述三說不能成立的根本原因在於，他們都錯誤地認為《經解入門》出自一人之手，是某位作者的個人專著。其實，《經解入門》並非什麼專著，而是一部資料彙編，準確地說，它沒有真正作者，只有編者。

　　《經解入門》的成書時代在俞樾《古書疑義舉例》之後，因此決非俞樾襲用了江藩之說，而只能是《經解入門》抄襲了《古書疑義舉例》。

〔註 26〕伏俊璉：〈俞樾〈古書疑義舉例〉不是襲江藩〈經解入門〉而成〉，《古漢語研究》2000 年第 2 期。今按：此說失之不考，其主要章節並不是依據江藩的著作改寫而成，詳細情況見本書下編。

〔註 27〕伏俊璉：〈俞樾〈古書疑義舉例〉不是襲江藩〈經解入門〉而成〉，《古漢語研究》2000 年第 2 期。

十二、結論

　　儘管《經解入門》是一部偽書，但是它仍然有其存在的價值。因為它的主要來源是清代特別是乾嘉以降的幾部學術名著，即《日知錄》、《經義述聞》、《漢學師承記》、《國朝經師經義目錄》、《石經考異》、《古書疑義舉例》、《書目答問》、《輶軒語》等等。雖然《經解入門》抄襲他作，但也頗費心力。如果不是認真研究，也很難發現其中的紕漏。全書篇幅不大，文字通俗易懂，條目秩如，將清初至晚清漢學諸大師的代表作冶於一爐，又作了一點點改造加工，非常便於當時的初學者。

　　無論如何，《經解入門》是一部內容充實的偽書。天津市古籍書店 1990 年出版的《經解入門》在黑色的封面上襯托出八個極為醒目的紅字：「讀史必備，讀經必備。」雖有商家廣告之嫌，但也不是毫無道理。只要我們善於辨別真偽，去偽存真，《經解入門》仍不失為值得一讀的入門之作〔註28〕。但是，如果不辨真贗，仍然堅持將它視為江藩之作，那麼，所做的結論無論看起來多麼精緻，其實都不過是沙上建塔而已。

〔註28〕《續修四庫全書總目提要》，北京：中華書局，1993 年，第 1423 頁。

《經史雜記》辨偽
——兼論經學文獻學的辨偽意識

摘要：

清代文人王玉樹所撰《經史雜記》一書成於道光十年，近年被收入《續修四庫全書》之中。《續修四庫全書總目提要（稿本）》稱其徵引「浩博」。經過對全書 236 條的覆核，發現與他書皆有雷同，《經史雜記》是一部拼湊而成的欺世之作。經學文獻學的研究除了自身的問題意識之外，還需要具有一定的辨偽意識。辨偽意識既是比較意識與學術意識，也是歷史意識與文化意識。

關鍵詞：王玉樹；《經史雜記》；文獻辨偽；辨偽意識；經學文獻學

一、問題的提出

《經史雜記》八卷，清王玉樹撰。玉樹字廷楨，一字蒳林，號松亭，陝西安康人。乾隆三十年（1789）拔貢生，官至惠州通判。著有《存心淺說》、《志學錄》、《退思易話》、《說文拈字》、《蒳林詩抄》、《蒳林文抄》等書。《經史雜記》有道光芳棳堂本，為王氏自刻。《續修四庫全書》列於子部雜家類。全書共計 236 條，以經史辯證為主，旁涉天象、地理、人事、職官、曆法、制度、訓詁等。

書首有王玉樹道光庚寅自序，文曰：

> 劉向雜採群言以為《說苑》，列於儒家，此後世說部書所由作也。
> 而其中之有裨經史者，則莫如宋洪容齋《隨筆》、王伯厚《困學紀聞》
> 及國朝孫北海《藤陰箚記》、顧寧人《日知錄》，皆彪炳藝苑，鼓吹

儒林，洵足啟迪後學，迴非《虞初》、《周說》之類所可比擬也。公
餘讀書，每究尋經史。偶有所得，輒筆記之，間有他說，亦附益焉。
日月既深，紙墨遂多，爰擇其有關考證者，薈萃成編，題曰《經史
雜記》。惟是義鮮發明，語無詮次，緬彼前修，瞻望弗及焉爾。

可見，《經史雜記》為王氏自撰，成於道光十年（1830）。《續修四庫全書
總目提要（稿本）》稱「是書所錄，或雜採群說，或隨文發明，雖不及《日知
錄》考證之精確，然徵引尚為浩博」。徐德明《清人學術筆記提要》亦謂其某
些條目「論述精當」、「評論公允」。然而細考之下，我們發現本書內容竟與《四
庫全書總目》、《尚書後案》、《廿二史劄記》、《經義雜記》、《韓門綴學》等存在
諸多雷同之處。今本審慎態度對前人著作進行考證，論證此書係抄襲之作。

二、條目探源

表中所列《經史雜記》條目以原書順序排列，出處欄標明其抄襲出處，
之後以 A、B、C 區分不同類別。其中，A 類表示此條僅來自某一部書：或來
自某書某一條，或由同一部書多條拼湊而成；B 類表示此條由多部書拼湊而
成；C 類表示此條全文見於多書，無法確認王書為抄襲其中哪一部而來，故
單列一類。

序　　號	《經史雜記》條目	抄襲他作的原始出處	類　　型
1	《論語》古本	清盧文弨《經典釋文考證·論語音義考證》「為政第二」、清永瑢等《四庫全書總目》卷三十五《論語義疏》提要	B
2	《論語》引《湯誓》	清王鳴盛《尚書後案》卷五《商書》	A
3	《釋文》廐夫子家廐也	清臧琳《經義雜記》卷六「民無德而稱焉」條、卷七「馬廐」條、卷十九「《經典釋文》」條	A
4	《論語》古今文	《經義雜記》卷二「《論語》古文今文」條、卷七「吾不夢見周公」、卷十六「患不知也」條、卷十七「居不客」條	A
5	《論語》衍文	《經義雜記》卷六「朝服而立於阼」條、卷十七「雍也博學於文」條、「子曰義以為質」條、卷二十七「沒階趨進」條、清吳騫《皇氏論語義疏參訂》卷四「舜有臣五人章」、《四庫全書總目》卷三十六《四書通》提要	B

6	王充、高誘解《論語》	《經義雜記》卷五「父母唯其疾之憂」條、卷十二「死生有命說」條、卷十七「王充《論衡》」條	A
7	《論語》異解	《四庫全書總目》卷三十五《論語拾遺》提要、《論孟精義》提要、《論語集說》提要、《論語全解》提要、《論語意原》提要	A
8	《中庸》、《大學》注	《四庫全書總目》卷三十五《大學章句、論語章句、孟子章句、中庸章句》提要、《中庸輯略》提要、清汪師韓《韓門綴學》卷一「《中庸》、《大學》注」條	B
9	趙岐注《孟子》	《四庫全書總目》卷三十五《孟子正義》提要、《大學章句、論語章句、孟子章句、中庸章句》提要、《經義雜記》卷六「夫予之設科也」條、卷九「《孟子》西夷北夷」條、卷二十四「萬子曰」條、卷三十「有攸不惟臣」條	B
10	《孟》疏甚淺陋	《四庫全書總目》卷三十五《孟子正義》提要	A
11	《孟子》訛字	《經義雜記》卷六「行者必以贐」條、卷七「二女媒」條、卷十「行者有裹囊」條、卷十七「貪夫廉」條、「而民勸樂之」條、卷十九「不若是恧」條	A
12	鄭氏《易》注	《四庫全書總目》卷一《新本鄭氏周易》提要、《周易鄭康成注》提要、《周易集解》提要、《經義雜記》卷十五「為宣發」條	B
13	《易》古本	《經義雜記》卷三「承天龍也」條、卷五「君子以經論」條、「終朝三拕之」條、卷九「即鹿無虞」條、卷十「乘馬般如」條、「其欲逡逡」條、清陳鱣《簡莊疏記》卷一《易》、《尚書後案》卷二十九《周書》	B
14	《子夏易傳》無真本	《四庫全書總目》卷一《子夏易傳》提要	A
15	《易數鉤隱圖》出道經	《四庫全書總目》卷二《易數鉤隱圖》提要	A
16	杜林解筮法	《韓門綴學》卷一「《左傳》筮法」條	A
17	張子《正蒙·動物篇》	《韓門綴學》卷一「本天親上本地親下」條	A

18	《詩序》不可廢	《四庫全書總目》卷十五《詩集傳》提要、《詩序》提要	A
19	《詩》傳作自毛亨	《四庫全書總目》卷十五《毛詩正義》提要	A
20	《毛傳》體例	《經義雜記》卷二十三「毛傳文例最古」條	A
21	鄭箋改字	《經義雜記》卷九「《毛詩》改從鄭箋」條、卷十「願言則疌」條、卷十二「古之人無擇」條、卷十七「鄭箋改字有本」條、卷二十九「君子好仇」條	A
22	《韓詩》為今文	《經義雜記》卷二十一「《詩》古文今文」條	A
23	《毛詩》訛異	《四庫全書總目》卷十五《詩集傳》(朱子本)提要	A
24	《毛詩》訛字非《集傳》原本	《經義雜記》卷二十七「俗本《詩集傳》」條	A
25	逸詩不當補	《韓門綴學》卷一「補逸詩」條	A
26	《毛詩》古本	《經義雜記》卷四「乘我乘驕」條、卷五「碩人頎頎」條、卷十一「萬民不承」條、卷十二「維周之祺」條、「維石巖巖」條、卷二十七「好是家嗇」條、卷二十九「湜湜其止」條、清胡承珙《毛詩後箋》卷二十五	B
27	逸書多亡於永嘉	《尚書後案》卷十《周書》、卷三十序、清閻若璩《尚書古文疏證》卷一第五、焦循《孟子正義》卷十八	B
28	伏女傳經	《尚書古文疏證》卷八第一百十五、清邵懿辰《尚書傳授同異考》一「伏生所傳今文」	B
29	納於大麓	《尚書後案》卷一《虞夏書》	A
30	鄭解《洪範》	《尚書後案》卷十二《周書》	A
31	偽孔改字	《尚書後案》卷二十五《周書》(又見《蛾術編》卷三十二說字十八「卷十四上考證」條)	C
32	《酒誥》古今文皆有	《尚書後案》卷十六《周書》	A
33	虞翻駁鄭	《尚書後案》卷二十五《周書》	A
34	《酒誥·成王若曰》	《經義雜記》卷二十一「成王若曰」條、《尚書後案》卷二十五《周書》	B

35	《孟子》引《書》	《尚書古文疏證》卷一第十四	A
36	柳穀有三義	《尚書後案》卷一《虞夏書》	A
37	《禹謨》十六字	《尚書古文疏證》卷二第三十一	A
38	平王文侯之命	《尚書後案》卷三十序	A
39	左邱明受經於孔子	《四庫全書總目》卷二十六《春秋左傳正義》提要	A
40	《左傳》衍文	《經義雜記》卷二十八「《左傳》衍文冊二」條	A
41	《左傳》引《商書》	《尚書後案》卷六《商書》	A
42	《公》、《穀》傳非高赤自作	《四庫全書總目》卷二十六《春秋公羊傳注疏》提要、《春秋穀梁傳注疏》提要	A
43	《公》、《穀》經異同	《經義雜記》卷五「《穀梁》經召伯」條、「《公羊》經薔邱」條	A
44	三傳詳略不同處	《尚書後案》卷二十九《周書》	A
45	鄭康成《春秋》無注	《經義雜記》卷二十「鄭氏五經」條、《四庫全書總目》卷二十六《箴膏肓》、《起廢疾》、《發墨守》提要	B
46	《周禮》非偽託	《四庫全書總目》卷十九《周禮注疏》提要	A
47	安石《周禮》	《四庫全書總目》卷十九《周官新義》附《考工記解》提要	A
48	陳澔《禮記》	《四庫全書總目》卷二十一《雲莊禮記集說》提要	A
49	盧植注《禮記》	《經義雜記》卷二十五「盧植《禮記》注」條、「盧植奏定石經」條	A
50	王肅改《禮記》	《經義雜記》卷十六「王肅改《玉藻記》」條	A
51	《孝經·閨門章》	《經義雜記》卷五「《孝經·閨門章》」條、《四庫全書總目》卷三十二《孝經正義》提要	B
52	經注引《蒼頡》	《經義雜記》卷十六「孝經庶人章」條、卷二十六「漢注用《蒼頡篇》」條	A
53	《爾雅》列經部	《四庫全書總目》卷四十《爾雅注疏》提要	A
54	《爾雅》句讀	《經義雜記》卷四「誤讀《釋山》文」條、《四庫全書總目》卷四十《爾雅注疏》提要	B

55	西漢儒解經	《經義雜記》卷二十「董仲舒《孝經》解」條	A
56	古用「優賢揚歷」語	《尚書後案》卷六《商書》、卷十四《周書》	A
57	「蒼生」不作民解	《尚書後案》卷二《虞夏書》	A
58	有治人無治法	《尚書後案》卷十五《周書》	A
59	漢儒言性	《經義雜記》卷三「《說文》言性善」條、卷十八「董子言性」條、卷十九「韓子知命說」條	A
60	《周書・粊誓》	《尚書後案》卷三十序	A
61	《荀子》引經	《尚書後案》卷十二《周書》	A
62	《說文》古訓	《尚書後案》卷十二《周書》	A
63	《周書》非出汲冢	《四庫全書總目》卷五十《逸周書》提要	A
64	《說文》旁採諸說	清王鳴盛《蛾術編》卷十七說文三「引諸家言」條	A
65	《論語》改字	《經義雜記》卷七「施弛古通」條、卷八「李翱《論語筆解》」條、《論語筆解》纂條、卷十七「《論語筆解》好改字」條	A
66	《洪範》改字	《尚書後案》卷十二《周書》	A
67	《史記》各本互異	《尚書後案》卷十二《周書》	A
68	《史記》紀年體例	《尚書古文疏證》卷四第五十四	A
69	《史記》有後人羼入者	清趙翼《廿二史劄記》卷一「《史記》有後人竄入處」條、《四庫全書總目》卷四十五《史記》提要	B
70	《史》、《漢》互異處	《廿二史劄記》卷一「《史》、《漢》不同處」條	A
71	《史》勝《漢》處	《廿二史劄記》卷一「漢王父母妻子」條、「《史》、《漢》互有得失」條、「《史》、《漢》不同處」條和《四庫全書總目》卷四十五《史記疑問》	B
72	《漢》勝《史》處	《廿二史劄記》卷一「《史》、《漢》不同處」條、「《史記》自相岐互處」條、「《史》、《漢》互有得失」條、卷二「《漢書》增傳」條、「《漢書》增事蹟」條、《四庫全書總目》卷四十五《漢書》提要	B

73	荀悅《漢紀》	《四庫全書總目》卷四十七《漢紀》提要、《後漢紀》提要	A
74	《史記》書金縢事	《尚書後案》卷十三《周書》	A
75	《後漢書》鋪敘有法	《廿二史劄記》卷四「《後漢書》編次訂正」條、「《後漢書》間有疏漏處」條、《四庫全書總目》卷四十五《後漢書》提要	B
76	《後漢書》與《三國志》書法不同處	《廿二史劄記》卷六「《後漢書》、《三國志》書法不同處」條	A
77	袁宏《後漢紀》	《四庫全書總目》卷四十七《漢紀》提要、《後漢紀》提要	A
78	《三國志》注徵引之博	《廿二史劄記》卷六「裴松之《三國志》注」條、《四庫全書總目》卷四十五《三國志》提要	B
79	《晉書》多舛漏	《廿二史劄記》卷七「《晉書》二」條、「《王導》、《陶侃》二傳褒貶失當」條、《四庫全書總目》卷四十五《晉書》提要	B
80	史家子孫附傳之例	《廿二史劄記》卷十「《南》、《北》史子孫附傳之例」條	A
81	《魏書》多黨齊毀魏	《廿二史劄記》卷十三「《魏書》多曲筆」條、《四庫全書總目》卷四十五《魏書》提要	B
82	《宋書》告成之速	《廿二史劄記》卷一「司馬遷作史年歲」條、卷九「《宋書》多徐爰舊本」條、《韓門綴學》卷二「裴子野《宋略》」	B
83	《北齊書》多殘闕	《四庫全書總目》卷四十五《北齊書》提要	A
84	史家類敘之法	《廿二史劄記》卷九「《齊書》類敘法最善」條	A
85	《梁》、《南》二史得失	《四庫全書總目》卷四十六《北史》提要、《南史》提要、《梁書》提要、《廿二史劄記》卷十「《南史》增《梁書》有關係處」條、卷十一「《梁》、《南》二史岐互處」條	B
86	《陳》、《南》二史不同處	《廿二史劄記》卷十一「《南史》與《陳書》岐互處」條、清梁章鉅《退庵隨筆》卷十六「讀史」	B

87	《周書》多取《北史》	《四庫全書總目》卷四十五《周書》提要	A
88	私史反多迴護	《廿二史劄記》卷十三「《北史》全用《隋書》」條	A
89	《宋書》帶敘之法	《廿二史劄記》卷九「《宋》、《齊》書帶敘法」條	A
90	《齊》、《南》二史得失	《廿二史劄記》卷十「《南史》與《齊書》互異處」條、「《南史》增《齊書》處」條、《四庫全書總目》卷四十五《南齊書》提要	B
91	《陳書》多曲筆	《四庫全書總目》卷四十五《陳書》提要、《梁書》提要、《廿二史劄記》卷九「蕭子顯、姚思廉皆為父作傳入正史」條、「《陳書》多避諱」條、卷十一「《南史》與《陳書》岐互處」條、「《南史》於《陳書》無甚增刪」條	B
92	《南史》於《陳書》無大增刪	《廿二史劄記》卷十一「《南史》於《陳書》無甚增刪」條	A
93	《隋書》十志	《四庫全書總目》卷四十五《隋書》提要	A
94	一人兩史	《廿二史劄記》卷七「一人二史各傳」條、《韓門綴學》卷二「一人兩史」條、《四庫全書總目》卷四十六《北史》提要	B
95	《新書》詳於《舊書》	《廿二史劄記》卷十六「《新唐書》」條、卷十七「《新書》增《舊書》有關係處」條、《四庫全書總目》卷四十六《新唐書》提要、《舊唐書》提要	B
96	唐修史避諱	《廿二史劄記》卷八「唐人避諱之法」條	A
97	唐人三禮之學	《廿二史劄記》卷二十「唐初三禮、《漢書》、《文選》之學」條	A
98	歐、薛二史得失	《四庫全書總目》卷四十六《舊五代史》提要、《新五代史記》提要	A
99	《宋史》列傳多失實	《廿二史劄記》卷二十三「《宋史》各傳迴護處」條、《四庫全書總目》卷四十六《宋史》提要	B
100	王偁《東都事略》	《四庫全書總目》卷五十《東都事略》提要	A

101	《遼史》最簡略	《廿二史劄記》卷二十七卷「《遼史》」條、「《遼史》疏漏處」條、「《遼史》立表最善」條、《四庫全書總目》卷四十六《遼史》提要	B
102	《金史》採錄詳覈	《四庫全書總目》卷四十六《金史》提要、《廿二史劄記》卷二十七「《金史》」條	B
103	《元史》多據實錄	《四庫全書總目》卷四十六《元史》提要、《廿二史劄記》卷二十九「《元史》」條	B
104	三史人名多雷同	《韓門綴學》卷二「一人兩史」條、卷二「三史姓氏」條	A
105	《明史》最完善	《四庫全書總目》卷四十六《明史》提要、《廿二史劄記》卷三十一「《明史》」條	B
106	《明史》立傳多斟酌	《廿二史劄記》卷三十一「《明史》立傳多存大體」條	A
107	《竹書紀年》非本書	《四庫全書總目》卷四十七《竹書紀年》提要、《經義雜記》卷二十五「《竹書紀年》」條	B
108	《家禮》非朱子之書	《四庫全書總目》卷二十二《家禮》提要	A
109	緯候圖讖之書	《韓門綴學》卷一「緯候圖讖」條	A
110	《南史》較《齊書》加詳	《廿二史劄記》卷十「《南史》增刪《齊書》處」條	A
111	《南史》增《梁書》最多	《廿二史劄記》卷十「《南史》刪《梁書》處」、「《南史》增《梁書》有關係處」條、卷十一「《南史》增《梁書》瑣言碎事」條	A
112	歷代紀年	《韓門綴學》卷三「年號」條	A
113	公主立傳	《韓門綴學》卷三「公主駙馬」條	A
114	《薛史》書法多隱諱	《廿二史劄記》卷二十一「《歐史》不專據《薛史》舊本」條、「《薛史》書法回護處」條、「《薛史》亦有直筆」條、「薛居正《五代史》」條	A
115	康王冕服見群臣	《尚書後案》卷二十五《周書》	A
116	諒陰謂居廬	《尚書後案》卷二十一《周書》	A

117	祥禫不同月	《四庫全書總目》卷二十五《齊家寶要》提要、《禮記正義》卷六	B
118	喪服無定制	《廿二史劄記》卷三「兩漢喪服無定制」條、《日知錄》卷十五「期功喪去官」條、清凌揚藻《蠡勺編》卷九「期功優去官」條	B
119	屬吏為長官持服	《廿二史劄記》卷三「長官喪服」條	A
120	弟子為師持服	《經義雜記》卷六「為師齊衰三月」條	A
121	魯公居喪即戎	《尚書後案》卷二十六《周書》	A
122	公劉非后稷曾孫	《四庫全書總目》卷三十五《論語集注考證·孟子集注考證》提要、《尚書古文疏證》卷四第五十七	B
123	父師、少師非疵、強	《尚書後案》卷九《商書》	A
124	太姒為文王繼妃	《韓門綴學》卷一「田間釋《關雎》詩義」條	A
125	文王十子序次	《尚書後案》卷十三《周書》	A
126	《左傳》繼室有二	《韓門綴學》卷一「娶妻先後」條	A
127	象刑非畫像	《尚書後案》卷一《虞夏書》	A
128	刑罰世輕世重	《尚書後案》卷二十七《周書》	A
129	漢除肉刑	《尚書後案》卷二十七《周書》	A
130	援經決獄	《廿二史劄記》卷二「漢時以經義斷事」條、《尚書後案》卷二十七《周書》	B
131	莽託《尚書》	《廿二史劄記》卷三「王莽引經義以文其奸」條、《尚書後案》卷十九《周書》	B
132	左右史得交相攝代	《尚書後案》卷十六《周書》	A
133	漢詔多天子自作	《廿二史劄記》卷四「漢帝多自作詔」條	A
134	漢定石經	《經義雜記》卷二十五「李巡奏定石經」條、《廿二史劄記》卷五「宦官亦有賢者」條	B
135	漢文帝始置五經博士	《經義雜記》卷六「文帝始置博士」條	A
136	經策尺度	《經義雜記》卷八「《左傳》錯簡」條、《尚書後案》卷十三《周書》	B
137	三族不得有異姓	《尚書後案》卷一《虞夏書》、《廿二史劄記》卷十四「後魏刑殺太過」條	B
138	漢重節義	《廿二史劄記》卷五「東漢尚名節」條	A

139	六朝世族	《廿二史劄記》卷十二「江左世族無功臣」條	A
140	朱陸異同	清鄭之僑《鵝湖講學會編》卷九「鵝湖詩說」	A
141	元尚風雅	《廿二史劄記》卷三十「元季風雅相尚」條	A
142	毛氏議禮之非	《四庫全書總目》卷二十四《曾子問講錄》提要	A
143	祫大禘小之說	《尚書後案》卷六《商書》	A
144	有虞氏宗堯配天	《尚書後案》卷二《虞夏書》	A
145	昭穆原廟制	《四庫全書總目》卷二十五《廟制考議》提要	A
146	廟制三代不同	《蛾術編》卷六十八說制六「廟制」條	A
147	明堂之制	《尚書後案》卷十九《周書》、卷二十五《周書》、《四庫全書總目》卷十九《周禮傳》提要、卷二十五《明堂問》提要	B
148	祼禮有二	《尚書後案》卷十九《周書》	A
149	皇天上帝	《尚書後案》卷二十二《周書》	A
150	古今樂律	《韓門綴學》卷一「古今樂器樂聲」條	A
151	相墓非始於郭璞	《廿二史劄記》卷八「相墓」條	A
152	渾天儀傳自齊梁	《尚書後案》卷一《虞夏書》	A
153	唐古文非倡自昌黎	《廿二史劄記》卷二十「唐古文不始於韓柳」條	A
154	書院創自唐開元	《韓門綴學》卷二「四大書院」條	A
155	漢侍中多用宦官	《尚書後案》卷二十四《周書》	A
156	殷五官即六官	《尚書後案》卷二《虞夏書》、《四庫全書總目》卷三《朱文公易說》提要	B
157	六軍將皆用卿	《尚書後案》卷四《夏書》	A
158	兵車將居中	《尚書後案》卷四《夏書》	A
159	東漢功臣多儒將	《廿二史劄記》卷四「東漢功臣多近儒」條	A
160	宋初諸臣多習掌故	《廿二史劄記》卷二十四「宋初考古之學」條	A
161	因諱改諡	《韓門綴學》卷三「諡因諱改」條	A
162	名宦鄉賢立祠	《韓門綴學》卷二「名宦鄉賢祠」條	A

163	回授之典	《韓門綴學》卷三「移封」條	A
164	後世官制不師古	《尚書古文疏證》卷七第一百	A
165	逃官無禁	《廿二史劄記》卷五「擅去官者無禁」條	A
166	北齊官吏猥濫	《廿二史劄記》卷十五「北齊以廝役為縣令」條	A
167	晉人清談之習	《廿二史劄記》卷八「六朝清談之習」條	A
168	魏晉中正之弊	《廿二史劄記》卷八「九品中正」條	A
169	齊典簽之權	《廿二史劄記》卷十二「齊制典簽之權太重」條	A
170	齊梁臺使之弊	《廿二史劄記》卷十二「齊梁臺使之害」條	A
171	唐試士之法	《經義雜記》卷三「唐試士法」條	A
172	宋道學偽學之禁	《韓門綴學》卷二「道學之名」、「慶元偽學之禁」條	A
173	南宋文字之禍	《廿二史劄記》卷二十六「秦檜文字之禍」條	A
174	歷代科場之弊	《廿二史劄記》卷二十五「宋科場處分之輕」條、卷三十六「明代科場之弊」條	A
175	天子駕六馬	《經義雜記》卷十一「天子駕六馬」條	A
176	天子士皆用笏	《尚書後案》卷二《虞夏書》	A
177	戈戟之制	《尚書後案》卷十一《周書》	A
178	夷狄之數互異	《尚書後案》卷二《虞夏書》	A
179	古人名字相配	《尚書後案》卷二十八《周書》、《經義雜記》卷二十五「盧植禮記注」條	B
180	稽首禮最重	《尚書後案》卷一《虞夏書》	A
181	章服尊卑之制	《尚書後案》卷二《虞夏書》	A
182	韋弁非爵弁	《四庫全書總目》卷二十二《禮書》提要、卷二十三《儀禮釋例》提要	A
183	深衣之制	《四庫全書總目》卷二十一《深衣考誤》提要	A
184	周之九服	《尚書後案》卷二十四《周書》	A
185	井田溝洫不同制	《尚書後案》卷二《虞夏書》	A
186	呵引之制	《韓門綴學》續編「引喤」條	A

187	策簡長短之制	《尚書古文疏證》卷七第一百十一	A
188	古尺數、步數、畝數、里數	《尚書後案》卷二《虞夏書》	A
189	大斗重秤起於魏齊	《廿二史劄記》卷十五「魏齊斗秤」條	A
190	十萬為億	《尚書後案》卷十九《周書》	A
191	錢法權子母	《經義雜記》卷七「權子母輕重」條	A
192	合龠即兩龠	《蛾術編》卷七十二說制十「《書》疏言量之數與《漢志》異」條	A
193	古贖刑用銅	《尚書後案》卷一《虞夏書》	A
194	三代以貝玉為貨幣	《尚書後案》卷六《商書》	A
195	書契非起於伏羲	《蛾術編》卷十五說字一「六書原本八卦出非一時」條	A
196	曆家歲差之法	《尚書後案》卷一《虞夏書》	A
197	古曆家九道八行之說	《尚書後案》卷十二《周書》	A
198	晦朔弦望	《尚書後案》卷十五《周書》	A
199	古今宿度不同	《韓門綴學》卷四「宿度古今不同」條	A
200	曆數節氣之度	《尚書後案》卷十二《周書》	A
201	古今星象不同	《韓門綴學》卷四「星有古今不同」條	A
202	置閏	《尚書後案》卷一《虞夏書》	A
203	日食有晝食夜食之分	《韓門綴學》卷四「日食」條	A
204	求地中	《尚書後案》卷十二《周書》、卷十八《周書》	A
205	箕風畢雨	《尚書後案》卷十二《周書》	A
206	古宮室之制	《蛾術編》卷六十六說制四「西南其戶」條、「《顧命》宮室制度」條、《尚書後案》卷二十五《周書》、《四庫全書總目》卷二十《宮室考》提要、《儀禮圖及儀禮旁通圖》提要、《儀禮釋宮》提要、《儀禮釋宮增注》提要、卷二十二《參讀禮志疑》提要	B
207	天子諸侯朝門之制	《尚書後案》卷二十五《周書》（又見《蛾術編》卷六十九說制七「天子諸侯各有三朝」條）	C
208	外朝治朝無堂階	《蛾術編》卷六十九說制七「天子諸侯各有三朝」條、《尚書後案》卷二十五《周書》	B

209	門屏間謂之寧	《尚書後案》卷二十五《周書》	A
210	五行萬物之本	《尚書後案》卷十二《周書》	A
211	五行所生之次	《尚書後案》卷十二《周書》	A
212	五事配五行	《尚書後案》卷十二《周書》	A
213	董、劉《春秋》災異之說	《經義雜記》卷一「亳社災」條、「昭九年陳災」條、「西宮災」條、「宣謝火」條、「雉門及兩觀災」條、卷二「鼷鼠食郊牛角」條、「莊十一年宋大水」條、卷十「恒星不見」條、卷十三「莊十八年日食」條、卷十四「李梅實」條、「僖廿九年大雨雹」條、卷十五「僖十年大雨雪」條、「隕霜殺菽」條、卷十六「哀十二年螽」條、「雨螽於宋」條、卷十八「新宮災」條、卷二十「隱九年大雨」條、「桓宮僖宮災」條、卷二十二「隱三年日食」條、卷二十四「禦廩災」條、卷二十七「隕霜不殺草」條、《廿二史劄記》卷二「漢儒言災異」條	B
214	漢儒以災異規時政	《廿二史劄記》卷二「漢儒言災異」條	A
215	黑水無考	《尚書後案》卷三《虞夏書》	A
216	今三江與《漢志》、《水經》不合	《尚書後案》卷三《虞夏書》、《禹貢錐指》卷六	B
217	《禹貢》九州島	《尚書後案》卷一《虞夏書》、卷三《虞夏書》	A
218	九河遺跡	《尚書後案》卷三《虞夏書》、《蛾術編》卷四十五說地九「九江」條	B
219	九江非湖漢九水	《尚書後案》卷三《虞夏書》	A
220	太原六名	《尚書後案》卷三《虞夏書》	A
221	孟津在河北	《蛾術編》卷四十四說地八「孟津」條、清胡渭《禹貢錐指》卷十三中之上	B
222	傅岩在虞虢之間	清董增齡《國語正義》卷十七《楚語上》	A
223	太湖非笠澤	《禹貢錐指》卷六	A
224	五湖即太湖	《禹貢錐指》卷六（又見清秦蕙田《五禮通考》卷二百二嘉禮七十五）	C
225	塗山不得有二	《尚書後案》卷二《虞夏書》	A
226	河徙始末	《尚書後案》卷三《虞夏書》	A
227	漢水有二源	《尚書後案》卷三《虞夏書》	A

228	漢人用字不同	《尚書後案》卷十三《周書》	A
229	唐宋人不識采字	《尚書後案》卷一《虞夏書》	A
230	甄故有二音	明張自烈《正字通》卷七、元熊忠《古今韻會舉要》卷四平聲上	B
231	婦人識字	宋王明清《揮麈後錄》卷之七百三五	A
232	漢時俗字	清孫志祖《讀書脞錄》卷四「景古影字」條、《尚書後案》卷二《虞夏書》、卷七《商書》、卷二十一《周書》	B
233	古字多假借	《四庫全書總目》卷三十三《九經古義》提要、《尚書後案》卷七《商書》、卷十一《周書》、卷十二《周書》、《經義雜記》卷十九「《儀禮》古文」條	B
234	古字多通用	《尚書後案》卷一《虞夏書》、卷十二《周書》、卷十三《周書》、卷二十《周書》、卷二十一《周書》、卷二十二《周書》、卷二十五《周書》、《四庫全書總目》卷十九《周官集傳》提要、卷三十三《九經古義》提要	B
235	古字音義相兼	《尚書後案》卷二《虞夏書》、卷十二《周書》、卷二十三《周書》、卷二十九《周書》、清桂馥《說文解字義證》卷三十九、《四庫全書總目》卷二十《儀禮小疏》提要	B
236	古人校書最精	《經義雜記》卷三「劉向校書」條	A

　　其中 A 類 178 條，占總數的 75.4%，B 類 55 條，占總數的 23.3%，C 類 3 條，占總數的 1.3%。

三、分類舉例

　　A 類

　　此類每一條目出自同一本書，又可分為兩小類：

　　（1）摘自他書同一條目。如《經史雜記》卷四「唐修史避諱」條：

　　　　唐人修諸史，避祖諱。如「虎」字、「淵」字。或前人名有同之者，有字則稱其字，如《晉書》公孫淵稱公孫文懿，劉淵稱劉元海，褚淵稱褚彥回，石虎稱石季龍是也。否則竟刪去所犯之字，如《梁書》蕭淵明、蕭淵藻，但稱蕭明、蕭藻，《陳書》韓擒虎但稱韓擒是

也。否則以文義改易其字，凡遇「虎」字皆稱猛獸，李叔虎稱李叔彪，殷淵源稱殷深源，陶淵明稱陶泉明，魏廣陽王淵稱廣陽王深是也。其後諱「世」為「代」，諱「民」為「人」，諱「治」為「理」之類，皆從文義改換之法也。

對比趙翼《廿二史劄記》卷八「唐人避諱之法」：

> 唐人修諸史時，避祖諱之法有三：如「虎」字、「淵」字，或前人名有同之者，有字則稱其字，如《晉書》公孫淵稱公孫文懿，劉淵稱劉元海，褚淵稱褚彥回，石虎稱石季龍是也。否則竟刪去其所犯之字，如《梁書》蕭淵明、蕭淵藻，但稱蕭明、蕭藻，《陳書》韓擒虎但稱韓擒是也。否則以文義改易其字，凡遇「虎」字皆稱猛獸，李叔虎稱李叔彪，殷淵源稱殷深源，陶淵明稱陶泉明，魏廣陽王淵稱廣陽王深是也。其後諱「世」為「代」，諱「民」為「人」，諱「治」為「理」之類，皆從立義改換之法。

通篇改動五字。除了首句改動，去「時」和「之法有三」外，其餘內容一字未易。此類作偽方法極為簡便，然而容易識破。

（2）組合同一書的不同條目。如《經史雜記》卷二「古用優賢揚歷語」條：

> 案《文選・魏都賦》劉淵林注，引《尚書・般庚》：「優賢揚歷」，裴松之注《三國志》亦引此語。《漢咸陽令唐扶頌》已云「優賢揚歷」，載洪适《隸釋》。又《國三老袁良碑》云「優賢之寵」，謂溥求賢者而優禮之，揚其所歷試也。鄭本《尚書》作「優腎陽」，夏侯等《書》誤以一優字，分作心腹二字。「腎陽」當作「賢揚」，亦以字形相似致誤。今本作「心腹腎腸」，歷字屬下古義遂微。亦猶《大誥》：「不少延」為句，「洪」惟屬下讀，而毛氏奇齡據裴度《中和節賜百官尺》連用「延洪」字，以為唐人猶知古義。不知「延洪」之解出晚晉偽傳，古實無此義也。

對比以下兩條：

王鳴盛《尚書後案》卷六《商書》：

> 《文選・魏都賦》劉淵林注引《尚書・般庚》曰「優賢揚歷」，若依今本，則《盤庚》不見有此文，乃知鄭本作「優腎陽」者，「優」本「憂」字。夏侯等《書》以一優字，誤分作心腹二字。「腎陽」者，

當作「賢揚」，皆以字形相似而致誤。……而前此《漢成陽令唐扶頌》已云「優賢揚歷」，載洪适《隸釋》。《隸釋》又載《國三老袁良碑》有云「優臥之寵」。

王鳴盛《尚書後案》卷十四《周書》：

> 據《釋文》及疏，鄭、馬、王皆「不少延」為句，惟偽孔傳以「延洪」連文。而毛氏奇齡據唐裴度《中和節賜百官尺》詩，連用「延洪」字，以為唐人猶知古義。然《瞿義傳》亦以「洪」屬下句，則知「延洪」之解出晚晉偽傳，古無此訓也。

可知《經史雜記》前半段據《商書》櫽栝成文，並改換順序，又取《周書》，中間以「亦猶」作為連接，並不顯得突兀。

B 類

此類內容來自不同書籍，如《經史雜記》卷六「古人名字相配」條：

> 許氏《說文·㫃部》：「㫃，旌旗之遊㫃蹇之貌。古人名㫃字子游。」又云：「施，旗貌。齊欒施字子旗，知施，旗也。」又《石部》云：「碏，厲石也。鄭公子碏，字子石。」又《黑部》：「皙，雖皙而黑也。古人名皙字子皙。」是名、字恒相配也。案盧植校定《禮記·檀弓下》：「子顯以致命於穆公。」鄭注：「使者，公子縶也。」盧氏曰：「古者名、字相配，『顯』當作『䩭』。」今考《詩·白駒》：「縶之維之」傳：「縶，絆也。」《禮記·月令》則「縶騰駒」，是縶為維絆義。《說文·頁部》：「顯，頭明飾也。從頁，㬎聲。」與縶義無涉。《革部》：「䩭，著掖韉也。從革，顯聲。又《釋名·釋車》云：「䩭，維也。橫經其腹下也。」與「維絆」義合，故名縶字。子顯依《說文》當作䩭，盧氏校定作「䩭」者，漢人隸省也。

對比以下兩條：

《經義雜記》卷二十五「盧植《禮記》注」：

> 盧氏校定《禮記》今日雖亡，漢唐人偶有稱述，尚可得其略其一。《檀弓下》：「子顯以致命於穆公。」鄭注：「使者，公子縶也。」盧氏云：「古者名、字相配，『顯』當作『䩭』。」今考《詩·白駒》：「縶之維之」傳：「縶，絆也。」《禮記·月令》則「縶騰駒」，是縶為維絆義。《說文·頁部》：「顯，頭明飾也。從頁，㬎聲。」與縶義無涉。革部：「䩭，著掖韉也，從革，顯聲。」又《釋名·釋車》云：

「鞙，經也。橫經其腹下也。」（案杜注《左傳》僖廿八年云：「在背曰鞙」，非是。）與維絆義合，故名繫字子鞙。依《說文》：「鞙」當作「韅」。盧云當作「鞙」者，漢人隸省。

王鳴盛《尚書後案》卷二十八《周書》：

> 古人名、字往往相配，如《說文·㫃部》云：「㫃，旌旗之遊㫃蹇之貌。古人名㫃字子游。」又云：「施，旗貌。齊欒施字子旗，知施者旗也。」又《石部》云：「碻，屬石也。鄭公孫碻，字子石。」又《黑部》云：「皙，雖皙而黑也。古人名皙字子皙。」是名、字恒相配。

《經史雜記》此條前部分取王鳴盛《尚書後案》：「如《說文》㫃部云」至「是名、字恒相配」，取臧琳《經義雜記》中的內容。連綴成文，可謂移花接木。

C 類

此類條目見於多書，如《經史雜記》卷二「偽孔改字」：

> 《說文》金部「銳」注云：「侍臣所執兵也。《周書》曰：『一人冕執銳。』讀若允，余準切。」知《說文》所引皆真古文，鄭注必與之同。今《周書·顧命》，偽孔則改銳作銳。《說文》金部銳但云「芒也」。《左傳》成二年「銳司徒免乎」，杜注：「銳司徒，主銳兵者。」《漢書·高帝紀》：「朕親被堅執銳」，顏注：「謂利兵。」銳皆作虛字，無兵器解也。又《漢書·揚雄傳·長楊賦》有云：「克挺瘢者，金鏃淫夷者數十萬人。」臣泌按：「字書無克字，今俗以為兗州字。」本作沇，此「克挺」合作「銳挺」，《漢書》相承，誤為克字。如淳乃云：「克，括也。」師古又依孟康為「箭括」，愈無所據。且箭括非刃，豈能與挺小矛同可傷夷人乎？考宋本《漢書》附此段於《雄傳》之末。所謂「臣泌」者，宋祁謂是張泌，江南人歸宋者。《說文》銳字與挺字相次，則「臣泌」說是也。今偽孔妄改銳作銳，唐人不知檢察，且並鄭注亦改作銳矣。皆非也。

此條見於王鳴盛《尚書後案》卷二十五《周書》：

> 《說文》卷十四上《金部》銳字但云「芒也」，無兵器解。《左傳》成二年「銳司徒免乎」，杜注：「銳司徒，主銳兵者。」《漢書·高帝紀》「朕親被堅執銳」，顏注：「銳謂利兵。」銳皆作虛字，無兵

器解也。金部銳字注云:「侍臣所執兵也。從金,允聲。《周書》曰:『一人冕執銳。』讀若允,余準切。」據此知當作銳。《說文》所引皆真古文,鄭必與之同。偽孔妄改銳,唐人不識字,並所引鄭注亦作銳矣,皆非也。《漢書·揚雄傳·長楊賦》有云:「兗鋋瘢者,金鏃淫夷者數十萬人。」臣似按:「字書無兗字,今俗以為兗州字。」兗州本作沇,此「兗鋋」合作「銳鋋」,《漢書》相承,誤為兗字。如淳乃云:「兗,括也。」師古又依孟康為「箭括」,愈無所據。且箭括非刃,豈與鋋小矛同可傷夷人乎?考宋本《漢書》附此段於《雄傳》之末。所謂「臣似」者,宋祁謂是張似,江南人歸宋者。《說文》銳字與鋋字相次,則「臣似」說是也。

又見王鳴盛《蛾術編》卷三十二說字十八,內容並無差別。

結論與餘論

由上可見,《經史雜記》與他書皆有雷同,或全文抄錄,或拼湊組合。其中全抄自一書的有 178 條,占總數的 75.4%,由多書拼湊而成的有 55 條,占總數的 23.3%,見於多刷的 3 條,占總數的 1.3%。《經史雜記》在諸書成書以後,其抄襲作偽證據確鑿,不容置疑。下表反映出所抄襲各書在《經史雜記》中出現條目數。

書目名稱	涉及該書的《經史雜記》條目數
《尚書後案》	86
《四庫全書總目》	60
《廿二史劄記》	57
《經義雜記》	37
《韓門綴學》	22
《蛾術編》	10
《尚書古文疏證》	8
《禹貢錐指》	4
《簡莊疏記》	1
《國語正義》	1
《日知錄》	1
《說文解字義證》	1

《毛詩後箋》	1
《孟子正義》	1
《退庵隨筆》	1
《蠡勺編》	1
《經典釋文考證》	1
《五禮通考》	1
《尚書傳授同異考》	1
《讀書脞錄》	1
《揮塵後錄》	1
《皇氏論語義疏參訂》	1
《古今韻會舉要》	1
《正字通》	1
《禮記正義》	1
《鵝湖講學會編》	1

　　另其抄襲前人著作，即使原書有誤，也不知考證，而是妄加猜測，師心自用。如《經史雜記》卷七「求地中」條：

　　　　鄭引鄭司農云：「土圭之長，尺有五寸。以夏至之日立八尺之表，其影適與土圭等，謂之地中。據中表之東表而言，於晝漏半中表景得正時，東表日已昳矣，是地與日為近。晝漏半已得正夕景，故云景夕多風。據中表之西表而言，是地與日為近。亦於晝漏半中表景得正時，西表日未中仍得朝時之景，故云日西則景朝多陰。據中表之南表而言，晝漏半，立八尺之表，表北得尺四寸景，不滿尺五寸，不與土圭等，是其日南，是地與日為近南，景短多暑。據中表之北表而言，亦晝漏半，表北得尺六寸，是地與日為近北，景長多寒也。」

對照《尚書後案》原文：

王鳴盛《尚書後案》卷十八《周書》：

　　　　彼疏云：「據中表之東表而言，於晝漏半中表景得正時，東表日已昳矣，是地與日為近。晝漏半已得夕景，故云景夕多風。據中表之西表而言，是地與日為近西。亦於晝漏半中表景得正時，西表日未中仍得朝時之景，故云日西則景朝多陰。據中表之南表而言，晝漏半，立八尺之表，表北得尺四寸景，不滿尺五寸，不與土圭等，

是其日南，是地於日為近南，景短多暑。據中表之北表而言，亦晝
漏半，表北得尺六寸景，是地於日為近北，景長多寒也。」

《尚書後案》此處引自鄭玄《周禮疏》，於「東表日已昳矣，是地與日為
近」後脫一「東」字，與後文不類。王玉樹不知據《周禮疏》以補足，為求上
下一致，竟牽合文字，將《尚書後案》「中表之西表而言，是地與日為近西」
中「西」字刪去，導致此段文字不知所云，殊為可笑。

如此之類，在《經史雜記》中還有頗多。如卷五「屬吏為長官持服」條：
「《齊書·王儉傳》，皇太子妃薨，宮臣未知應服否，王儉議，宮僚本屬臣隸，
存既盡敬，亡自應服。褚淵由司徒改司空，未拜而卒，司空掾屬疑應服與否，
王儉議，依婦在途，聞夫家喪，改服而入之禮，其司空掾屬，宜居官持服。」
褚淵死後屬官持服之事，見於《南齊書·褚淵傳》。《廿二史劄記》不審，誤以
為出自《王儉傳》。此錯誤本極易避免，然而王玉樹抄襲時未加辨別，可謂疏
忽至極。又如卷三「《宋書》帶敘之法」條：「如《宋書·劉道規傳》，攻徐道
覆時，使劉遵為將，攻破道覆，即帶敘遵淮西人，官至淮南太守，義熙十年卒，
下文重敘道規事，以完本傳。」《宋書》原作「遵字慧明，臨淮海西人」。此又
為沿襲《廿二史劄記》之誤。如此囫圇吞棗，不知省察，可見《經史雜記》絕
非自我創見，是一部徹頭徹尾的偽書。

王玉樹晚年講宗李顒，主「存心」之說，卻做出如此掠美之行徑，言行不
一，令人匪夷所思。抄襲作偽，本為王氏一貫作風，考其所著《說文拈字》、
《退思易話》等書，亦多掩襲。如晚清李慈銘早就揭發其《說文拈字》之偽：

其書大半稗販，凡《尚書》中所有之字，皆直錄王氏《後案》，
《易》則多本惠氏《易述》，《詩》則多本陳氏《稽古》篇，而皆掩為
己說，余亦不出《釋文》、《汗簡》、《六書故》、《復古編》、《丹鉛錄》
諸書。其最可笑者，如枯字下襲《後案》引《釋文》載陸璣《疏》箟
可以為笟箱，印本皆爛一箱字，《學海堂經解》本亦作一黑塊，《拈
字》遂刪去箱字，不知檢《釋文》補之矣。橫字下言古簧舍字只作
橫，因引《鮑昱傳》修起橫舍，又引《儒林傳》遊庠序橫塾，繼引
《後漢書》、《儒林傳》更修簧宇云云，不知遊庠序橫塾即出《後漢
書·儒林傳論》，而《鮑昱傳》亦在《後漢書》也。其訂正文字，往
往與段錢諸君合，疑已見諸家之書而並諱之。惟校附一卷，折衷是
非，頗多可取，足與紐氏《新附考》毛氏《新附述誼》並傳耳。

由此觀之，王玉樹之作偽，前人已有辨及。然而《經史雜記》問世以來，無人揭其作偽事實。今論定其抄襲他書手法及內容，揭穿其作偽騙術，以免謬種流傳。

最後，我們附帶討論一下「經學文獻學」的辨偽意識。

各行各業都有自己的行業意識，如環保意識、保險意識、文保意識、法制意識、安全意識，等等。人文社會科學也有各自的專業意識，如歷史意識、文學意識、語言意識、文化意識，等等。文獻學作為一門帶有綜合性質的基礎學科，它的各個環節如目錄、版本、辨偽等等，理應有相應的「目錄意識」、「版本意識」、「辨偽意識」，且有一個更高層次的「文獻學意識」的存在。筆者曾經長期在高等院校講授《文獻學概論》課程，也出版過同名教程，但發現一個奇怪的現象，幾乎所有的文獻學教材都迴避掉了這一塊。這可能與文獻學的實證性有關，對於比較虛的理論問題往往避而不談。如果缺少這種理論意識，編得再好的文獻學教材都是沒有靈魂的「空心菜」，任何的文獻研究可能都要流入餖飣之學。沒有「目錄意識」，你不過橫通而已，與書店服務員相差不遠。沒有「版本意識」，你與圖書館管理員相差不遠。沒有「辨偽意識」，你與一般讀者相差不遠。如果缺乏「文獻學意識」，任何人的研究都缺少堅實的基礎，很難保證能夠立於不敗之地。

筆者對於「經學文獻學」的提法表示贊同。按照四部分類，文獻學下面又可以分為經部文獻學、史部文獻學、子部文獻學、集部文獻學。但是，我們注意到：經部文獻學≠經學文獻學，史部文獻學≠歷史文獻學，子部文獻學≠哲學文獻學，集部文獻學≠文學文獻學。因為經學文獻除了經部文獻之外，在其他三部中都或多或少地存在經學文獻。此問題超出本論題範圍，我們不展開具體論證。

經學文獻學有一個重要的環節，即經學文獻的辨偽。2013 年 11 月，首都師範大學左東嶺教授在一次學術研討會上很慎重地指出，文學研究已經到了一個瓶頸期，文學文獻首先需要辨偽，他以李贄著作為例，現行 90 多種李贄著作有一多半都是後人偽託的。其實，經學文獻學也存在一個瓶頸期，經學文獻的辨偽也制約著經學的研究進程。眾所周知，有些經學文獻的真偽問題爭論了很久，迄今沒有定論，而有些問題又被反覆翻案，爭論得不可開交。

經學文獻學要取得較大的突破，首先要強化辨偽意識。「辨偽意識」這個概念不是我的首創，有一位叫任火的人早在 1993 年《科技與出版》第 5 期就

發表了《編輯審稿應有辨偽意識》，強調科技期刊編輯應有高度警覺，警惕偽科技成果混入科技期刊。趙麗《淺析編輯審稿中的文化積累和辨偽意識》（《神州》2012 年第 24 期）也重申審稿中要具備辨偽意識，提高辨偽能力。此外，武原在《收藏》2001 年第 8 期也發表《唐人書法收藏中的辨偽意識》。毫無疑問，他們提出的「辨偽意識」概念對於我們具有啟發意義。

　　20 世紀 90 年代，學術界大力提倡學術規範，這對於學界的種種不規範的行為是一次大的反動，具有積極意義。現在學術規範的問題基本解決了，但更重要的是學術缺少創新。學術規範只能治標，不能治本。要真正做到學術創新，不能缺少辨偽意識。任何學術創新首先要去偽存真，剔除虛假的東西。經學文獻學要獲得發展，也不能缺少辨偽意識。辨偽意識既是比較意識與學術意識，也是歷史意識與文化意識，關於此點暫不展開，擬另文申論。

《子略校證》解題

　　《子略》，係南宋高似孫擇取「子部」中諸子著作，依次分卷編纂而成的一部專科目錄。下面主要從作者生平和主要著述、本書內容與主要學術價值、前人對本書的評論、本書的研究現狀、版本源流以及底本與校本的確定情況、此次整理的個人創獲等方面加以說明。

一、作者生平和主要著述

　　高似孫（1158～1231）〔註1〕，字續古，號疏僚，浙江鄞縣（今屬寧波）人，後遷居嵊縣（古稱剡縣）。似孫為高文虎長子。宋孝宗淳熙十一年（1184）進士，賜文林郎。紹熙元年為會稽主簿，慶元五年除秘書省校書郎，翌年任徽州通判。嘉泰元年知信州，開禧二年知嚴州。嘉定元年封通議大夫、知江陰軍，後與祠祿。嘉定十六年除秘書郎，次年升著作佐郎，兼權吏部右侍郎。寶慶元年出知處州。進官中大夫，提舉建康府崇禧觀。紹定四年卒於嵊縣，贈通議大夫。

　　其父高文虎（1134～1212），字炳如，號雪廬，紹興三十年進士，與修國史及皇帝實錄，寧宗朝曾先後任中書舍人、翰林學士兼侍讀等職，官至翰林院華文閣大學士。著有《蓼花淵閒錄》一卷。據《剡南高氏宗譜》卷三《內紀行

〔註1〕詳見左洪濤、張恒《兩宋浙東高氏家族研究——以由鄞遷剡的高氏家族及其文學為中心》第三章《個案研究——高似孫的生平與相關問題》（海洋出版社2010年版）。據民國20年（1931）高我桂等第七次續修的永思堂木活字本《剡南高氏宗譜》卷三《內紀行傳》載：「（高似孫）生於紹興戊寅（1158）二月初三日，卒於紹定辛卯（1231）十月十五日。娶侍郎趙磻公之女，封恭人，合葬剡北金波山父墳側。事見《邑志》並《傳》。生二子，普、歷。」

傳》載,(文虎)「有《天官書集注》傳世。博物洽聞,編修國史,性愛山水,慶元中入剡,建玉峰堂藏書僚於金波玉岑山,即明心寺之東麓也。卒葬其處,為南渡始祖。生於紹興甲寅六月廿三日,卒於嘉定甲戌五月初一日。配太學生升上舍紹興丙寅科貢士周世修字德遠公長女,合葬剡北金波玉岑山明心寺左,事見邑志並傳。生二子,似孫,飲孫,一女適司農卿趙士逵」。

據其嗣孫高佑所撰《疏僚公行述》記載:

> 公諱似孫,字續古,號疏僚,生於鄞,從父雪廬公來剡。自幼穎悟嗜學。凡讀書過目成誦,詩古文詞,涉筆即工,不待思索。又屬意尋山水勝,遇跡必考,遇物必詳。剡中諸美,為所襟收。嘗與舅氏周子瑞、周子章等同學,晨夕坐談文藝,討論典制,相契最厚。前守處州,有《緯略》、《騷略》等作,所言皆道術權變、調劑文武之義。嘉定朝,剡令史安之亦鄞人,慕祖才名,以剡典故無稽,求之作志。乃為撰《剡錄》十卷。凡山川、城社、人物、景跡,細及土產、風俗、茶品、泉味,有辨罔不詳悉,剡邑為之發耀。家居宜任,著述極富,每為文士習誦。又善以孔孟之旨,借發於淺近之言,邑中名俊類奉為宗法。持躬最謙藹,雖倉卒,無失常容。平居未嘗有躁怒之狀。紹定辛卯卒,葬於金波山。縉紳慟哀,送葬者百數,群奉主入賢祠,春秋牲祀。〔註2〕

縱合宋代文獻資料、《宗譜》和臺灣知名學者黃寬重先生的研究,其一生大致可以分三個階段:(一)鄞縣時期。此期高似孫經歷了對其一生具有重大影響的兩件事:隨其父遷剡和為其父守孝。主要是因為高氏父子在黨爭中緊跟韓侂胄,而在韓氏被殺之後,高似孫在仕途上無疑遭受了較大影響。(二)居剡時期。高文虎被奪職後,遂於慶元中入剡,建玉峰堂、秀堂、藏書、雪廬於金波山明心寺之東麓。高似孫亦隨父居嵊。居鄉期間,高似孫一方面寄情於奇山異水之間,剡中山水之勝,甲於東南,人文之景觀亦夥,如右軍之金庭,安道之故里,「留連娛目,令人應接不暇」(語見《高似孫集·周舅氏家乘序》);另一方面研讀典籍,發憤著書。高似孫著作可確定作於此期的有《緯略》(1212)、《剡錄》(1214)。(三)由剡重入仕途至去世。嘉定十六年(1223)五月,高似孫再度入任秘書郎,十七年九月,除著作佐郎兼權吏部侍右郎官。寶慶元年(1225)九月知處州,頗有政聲。

〔註2〕見《剡南高氏宗譜》卷一。

　　高似孫雖然在天資、家學、著述、政績等方面具有一定的優勢，又與同時名公巨卿如洪邁（1123～1202）、陸游（1125～1210）、周必大（1126～1204）、樓鑰（1137～1213）、辛棄疾（1140～1207）等人多有交往，但在宋代理學家眼中，高似孫無疑被視為另類，因其捲入黨爭，其人品問題也成為爭論的焦點。同鄉前輩樓鑰非常欣賞高似孫其人其文，所擬《自代狀》盛稱：「右臣伏見文林郎紹興府會稽縣主簿高似孫，夙有俊聲，能傳家學，詞章敏贍，吏道通明，臣今舉以自代。」〔註3〕從家學、詞章、吏道等方面給予高度評價，故力薦以自代。而與此形成鮮明對照的是，他被人戴上了「不忠、不孝、不仁、不義」的帽子。如宋代陳振孫《直齋書錄解題》卷二十對其人其文皆有相對嚴厲的批評：

　　　　《疏僚集》三卷，四明高似孫續古撰。少有俊聲，登甲辰科。不自愛重，為館職，上韓侂冑生日詩九首，皆暗用「錫」字，為時清議所不齒。晚知處州，貪酷尤甚。其讀書以隱僻為博，其作文以怪澀為奇，至有甚可笑者。就中詩猶可觀也。

「為時清議所不齒」，「貪酷尤甚」，可見其人品之劣；「其讀書以隱僻為博，其作文以怪澀為奇」，可見其文品之劣。幸好最後說了「詩猶可觀」，沒有將其全盤否定。宋盛如梓《庶齋老學叢談》卷中之上亦將他與辛棄疾一道大加譏諷：

　　　　《宋史》載，韓侂冑用事時，其誕日，高似孫獻詩九章，每章用一「錫」字；辛棄疾以詞贊其用兵，則用司馬昭假黃鉞異姓真王故事。是誠何心哉！士大夫所守必正，可仕則仕，可止則止，一以孔孟為法，斯不失為君子。如疏僚、稼軒，負大文名，而有此作穢名史冊。悲夫！

給韓侂冑獻「九錫」〔註4〕詩，諂媚姦臣，被認為對皇上「不忠」。此其一也。
陳振孫《直齋書錄解題》卷十四「《蘭亭考》十二卷」之解題云：

　　　　其書始成，本名《博議》，高內翰文虎炳如為之序，及其刊也，其子似孫，主為刪改……其最甚者，序文本亦條達可觀，亦竄改無完篇，首末缺漏，文理斷續，於其父猶然，深可怪也。

又周密《癸辛雜識》別集下「銀花」條載亦云：

〔註3〕見樓鑰《攻媿集》卷三十一《除給事中舉高似孫自代狀》。
〔註4〕九錫，古代天子賜給諸侯、大臣的九種器物，是一種最高禮遇。魏晉六朝掌政大臣奪取政權、建立新王朝率皆襲王莽謀漢先邀九錫故事，後以九錫為權臣篡位先聲。

> 高疏僚一代名人，或有譏其家庭有未能盡善者。其父嘗作《蘭亭博議敘》，疏僚後易為《蘭亭考》，且輒改翁之文，陳直齋嘗指其過焉。近得炳如親書與其妾銀花一紙，為之駭然，漫書於此。（下略）

宋人據此認為高似孫「不孝」。此其二也。周密《癸辛雜識》續集載：

> 高疏僚守括，因有籍妓洪渠，慧黠過人。一日歌《真珠簾》詞，至「病酒情懷猶困懶」，使之演其聲，若病酒而困懶者，疏僚極稱賞之。適有客云：「卿自用卿法。」高因視洪云：「吾亦愛吾渠。」遂與落籍而去，以此得嘖言者。

為官貪酷，又挾妓以去，故被認為高似孫對人「不仁」。此其三也。周密《齊東野語》卷十九又載：

> 程文簡著《演繁露》初成，高文虎炳如嘗假觀，稱其博贍。虎子似孫續古時年尚少，因竊窺之。越日程索回原書，續古因出一帙，曰《繁露詰》，其間多程書所未載，而辯證尤詳。文簡雖盛賞之，而習實不能堪。或譏其該洽有餘，而輕薄亦太過也。

此事被認為高似孫對人「不義」。此其四也。後代學者如洪業、左洪濤等人對陳振孫、周密等人的記載頗有質疑，為之辯誣。誠如左洪濤所指出的：「這是黨爭與學派不同造成的。」〔註5〕政治上站錯了隊，學術上又與主流不搭界，於是乎「不忠」、「不孝」、「不仁」、「不義」的高帽子像「飛來峰」一樣飛到他的頭上，高似孫就像孫悟空一樣被壓在五行山下，壓得喘不過氣來。因為這致命的「四宗罪」，他就為清議所不齒，為時代所拋棄，最終連《宋史》也沒有給他一席之地。平心而論，高似孫真是生不逢時。假如生在魏晉，他必定成為名士，與嵇康為鄰，與阮籍為友，因其生性無拘無束，「逍遙乎山水之阿，放曠乎人間之世」〔註6〕。假如生在唐代或者清代，他必定成為名儒，因為他博覽四部，孜孜考古，勤於著述，上可窺陸德明、孔穎達之藩籬，下可開朱彝尊、紀曉嵐之先河。而他偏偏生在朱熹的時代。慶元四年，朝廷宣布禁偽學，高文虎草詔，高似孫又作道學之圖。高氏父子聯袂站在「偽學」的對立面，難免大大小小的理學家要將他妖魔化。

　　高氏才情勃發，文名藉甚，學問亦優，勤於著述，著作多達二十餘種。現存世的有：《剡錄》、《史略》、《子略》、《緯略》、《蟹略》、《騷略》、《硯箋》、《疏

〔註5〕見《兩宋浙東高氏家族研究》第99頁。
〔註6〕語見晉潘岳《秋興賦》。

僚小集》、《選詩句圖》、《剡溪詩話》〔註7〕。現在浙江古籍出版社已經組織人員將上述著作整理為《高似孫集》，列入《浙江文叢》，於 2015 年公開出版。亡佚的有：《經略》、《集略》、《詩略》、《古世本》、《戰國策考》、《蜀漢書》、《漢書司馬相如傳注》、《漢官》、《煙雨集》、《秦檜傳》及《樂論》等。從其著書目錄來看，高氏在目錄學方面下過不少工夫，其《史略》、《子略》與今已失傳的《經略》、《集略》、《詩略》構成一整套關於我國古籍的專科目錄學系列著作。此外，《剡錄》屬於方志，《緯略》屬於雜家，《蟹略》、《硯箋》屬於譜錄。儘管這些著作的質量高低不一，但其綜合實力在當時還是出類拔萃的。

二、本書內容與主要學術價值

《子略》共五卷，《子略目》一卷，正文四卷。高似孫在本書序言中介紹了寫作目的：

> 六經後，以士才藝自聲於戰國、秦、漢間，往往騁辭立言，成一家法。觀其跌宕古今之變，發揮事物之機，智力足以盡其神，思致足以殫其用。其指心運志，固不能盡宗於經，而經緯表裏，亦有不能盡忘乎經者。使之純乎道，昌乎世，豈不可馳騁規畫，鈞錚事功，而與典謨風雅並傳乎？所逢如此，所施又如此，終亦六六與群言如一，百氏同流，可不嗟且惜哉！嗚呼！仲尼皇皇，孟子切切，猶不克如象、夔，如伊、呂、周、召，況他乎？至若荀況、揚雄氏、王通、韓愈氏，是學孔孟者也，又不可與諸子同日語。或知此意，則一言可以明道藝，究訐謨；可以立身養性，致廣大，盡高明，可以著書立言，丹青金石，垂訓乎後世。顧所擇如何耳，審哉！審哉！乃繫以諸子之學，必有因其學而決其傳，存其流而辯其術者，斯可以通名家，究指歸矣。作《子略》。

高氏對於子書的性質、功用皆有所闡發，提出了「經緯表裏」（即「經經子緯、互為表裏」）的觀點，同時明確指出了諸子「跌宕古今之變，發揮事物之機」，「純乎道，昌乎世」，「明道藝，究訐謨」，「致廣大，盡高明」，「通名家，究指歸」等作用。其書宗旨在於「因其學而決其傳，存其流而辯其術」，與後世章學誠所謂「辨章學術，考鏡源流」若合符契。

〔註 7〕俞弁子跋稱此書非高似孫所著，因其筆意與《緯略》不同。語見《高似孫集》第 1061 頁。

《子略目》摘錄《漢書‧藝文志》、《隋書‧經籍志》、《新唐書‧藝文志》、庾仲容《子鈔》及鄭樵《通志‧藝文略》中的諸子書目，並簡要附錄撰者姓名及卷數。

正文一至四卷，共著錄諸子三十八家，其中《八陣圖》附於《握奇經》，《新序》、《說苑》合二為一，故高氏所撰題識實為三十六篇。卷一包括《黃帝陰符經》、《風后握奇經》（附《八陣圖》）、《鬻子》、《太公金匱六韜》、《孔叢子》、《曾子》、《魯仲連子》、《晏子春秋》；卷二包括《老子》、《莊子》、《列子》、《文子》；卷三包括《戰國策》、《管子》、《尹文子》、《韓非子》、《墨子》、《鄧析子》、《亢桑子》、《鶡冠子》、《孫子》、《吳子》、《范子》、《鬼谷子》；卷四包括《呂氏春秋》、《黃石公素書》、《淮南子》、賈誼《新書》、桓寬《鹽鐵論》、王充《論衡》、《太玄經》、《新序》、《說苑》、《抱朴子》、《文中子》、《元子》、《皮子隱書》。其中，《黃帝陰符經》、《風后握奇經》因篇幅短小抄錄原書，其餘各家，皆不著錄。如有為諸子作注的，則先於各家名目下羅列注家姓名，並附錄書名及卷數。

《子略目》一卷大體摘錄前志，價值不大。不過高氏於每篇志前分別撰有按語，其中所蘊含的高氏本人對待官方史志目錄與私家目錄的不同態度，直接體現了他的目錄學思想。《子略》正文四卷，共三十六篇題識，雖然彙集了別家言論，但大多為高氏本人撰寫的評論和心得體會，包含了高氏對諸子各家獨到的理解和看法。其中有不少考訂和辨偽的內容，馬端臨編撰《文獻通考》時多所採用。《四庫全書總目》論及高氏《子略》時稱「頗有所考證發明」，又稱其「薈萃諸家，且所見之本猶近古，終非焦竑《經籍志》之流輾轉販鬻、徒構虛詞者比」，可謂允論。高氏於諸子中選取三十八家，逐一解題，採納眾言，分析入理，考證大體精詳。就《子略》全書的組織形式而言，高氏對於書目體式的探索和嘗試，體現了他在書目體例建構方面勇於創新的一面。若將高氏選取的三十八家諸子串聯起來，我們也能比較清晰地看到，高氏尊孔崇儒，憂國憂民，頗有傳統士大夫的情懷。總之，《子略》一書在目錄學、考據學等方面所具有的學術價值是不言而喻的。

三、前人對本書的評論

清代初期汪琬《堯峰文鈔》卷三十九《跋高似孫〈子略〉》批評其辨偽之失誤：

　　高氏疑《孔叢子》偽書，歷引《孟子》及《家語後敘》證孔子、
子思無問答事，最悉。然予以為非是。《漢書·孔光傳》首載孔氏譜
牒，孔子生伯魚鯉，鯉生子思伋，伋生子尚高，則伯魚為子思父，
審矣。《孔子家語》：「孔子年二十娶亓官氏，明年生伯魚。伯魚年五
十，先孔子卒。」孔子後三年始卒。使子思猶未生，則孔氏譜不足
據邪？《史記·魯世家》：「穆公之立也，距孔子已七十年。」子思
壽止六十二，使穆公時猶在，則與孔子相隔絕久矣。其去伯魚當益
遠，不得為其子。然遍考諸書，又不言孔子有他支庶，何也？予以
為宜從《孔叢子》。蓋《孔叢子》與譜牒皆出孔氏子孫之手，其說必
有證左，非他書臆度者比也。嗚呼！盡信書則不如無書。後世迂儒
小生讀書不知通變，往往捨其大者，旁引瑣細，以相辨難，豈非好
古，而失之愚者哉！

《四庫全書總目》卷八十五《子略》提要持論較為公允：

　　《子略》四卷、《目錄》一卷，宋高似孫撰。似孫有《剡錄》，
已著錄。是書卷首冠以目錄，始《漢志》所載，次《隋志》所載，次
《唐志》所載，次庾仲容《子鈔》、馬總《意林》所載，次鄭樵《通
志·藝文略》所載，皆削其門類而存其書名，略注撰人卷數於下。
其一書而有諸家注者，則惟列本書，而注家細字附錄焉。其有題識
者，凡《陰符經》、《握奇經》、《八陣圖》、《鬻子》、《六韜》、《孔叢
子》、《曾子》、《魯仲連子》、《晏子》、《老子》、《莊子》、《列子》、《文
子》、《戰國策》、《管子》、《尹文子》、《韓非子》、《墨子》、《鄧析子》、
《亢桑子》、《鶡冠子》、《孫子》、《吳子》、《范子》、《鬼谷子》、《呂
氏春秋》、《素書》、《淮南子》、賈誼《新書》、《鹽鐵論》、《論衡》、
《太玄》、《元經》、《新序》、《說苑》、《抱朴子》、《文中子》、《元子》、
《皮子隱書》，凡三十八家。其中《說苑》、《新序》合一篇，而《八
陣圖》附於《握奇經》，實共三十六篇。惟《陰符經》、《握奇經》錄
其原書於前，餘皆不錄，似乎後人刪節之本，未必完書也。馬端臨
《通考》多引之，亦頗有所考證發明。然似孫能知《亢桑子》之偽，
而於《陰符經》、《握奇經》、《三略》、諸葛亮《將苑》、《十六策》之
類乃皆以為真，則鑒別亦未為甚確。其盛稱《鬼谷子》，尤為好奇。
以其會梓諸家，且所見之本猶近古，終非焦竑《經籍志》之流輾轉

販鬻、徒構虛詞者比。故錄而存之，備考證焉。

清張海鵬（1755～1816）《學津討原本跋》：

> 續古氏取鬻熊以下三十八家，著之論說，其卑法術、拒刑名、黜玄虛、掃捭闔，可謂卓然絕識矣。唯能決洞靈之妄而樂治丹經，能戒黷武之殘而侈譚陳法，未免目淆五色，見涉兩歧。至謂殷楹既奠，子思未生，竟忘泰山未頹，伯魚早卒，偶疏點檢，未足訾謷。要其俯首孟氏，折衷孔經，揚子有云「好書而不要諸仲尼，書肆也；好說而不要諸仲尼，說鈴也」，續古其免於此議歟？宋槧久廢，茲從《百川學海》中錄出，為校正脫偽四百餘處，復取隋、唐諸志及馬、鄭兩家之書，覈其篇目，悉為釐正，稍還高氏之面目云。

今按：此跋完全同於清孫原湘（1760～1829）《天真閣集》卷五十四《高似孫〈子略〉跋》。

清代中期鈕樹玉《匪石先生文集》卷下《讀高氏〈子略〉》批評其「是非之是無定」：

> 按《漢・藝文志》所載子書，流傳於今十不存五，又多依託者。由今溯古，豈能惑哉？夫黃帝《陰符》、太公《金匱》及《鬻子》之類，見稱雖遠，而太史公已言百家言黃帝，其文不雅馴，薦紳先生難言之矣，余觀《子略》所採，皆據前志，足資考覽。然論管、晏則黜管而進晏，恐非持平之論。至於《孫子兵法》，甚貶其權詐，而於《風后握奇》、黃帝《陰符》又全登之。是非之是無定，見欲限服於後世，難矣。

民國初期著名學者孫德謙《諸子通考》卷二對《子略》給予很高的評價：

> 諸子立言，無不自成一家。故治其學者，莫要於辨別家數。何者為儒，何者為道，知其家數，而立言之意亦可由此而窺矣。宋之學者，以尊儒之故，屏諸子為離經畔道。高氏今謂不能盡宗於經，亦不能盡忘於經，猶曉然於諸子之術，不盡有悖於經教，其見超矣。吾嘗謂劉向之辨章諸子，用經為衡，而班固故曰「六經之支與流裔」。今觀高氏之說，諸子之無違經義，殆亦先得吾心之同然乎？夫諸子名為專家，其書則各有指歸。高氏云「可以通名家，究指歸」，其說是也，惟高氏能言之。而其論列諸子，則未必能得其指歸。列子貴虛，彼未識其指歸，疑為「鴻蒙列缺」之類。鄧析則以為流於

中、韓，且不辨名自為名，與法家不可混，何能探其指歸乎？然遊
文六經，留意仁義，為儒家之指歸；清虛自守，卑弱自恃，為道家
之指歸；班氏於《諸子》一略，固皆標揭之。有好家學者，從高氏
之言，以究其指歸，則誠確鑿而無可易者也。若謂荀況、揚雄不可
與諸子同語，吾不知高氏何憒憒若此。是二家者，均諸子之儒家流
也，漢、隋、兩唐，其史志皆然，乃謂不可與諸子同語，大可異矣。
將二氏非諸子乎？雖然，諸子亦宗於經，而以究其指歸為務，高氏
之於子學猶有得焉者也。

上述各家褒貶各異，見仁見智，皆屬正常範圍內的學術批評。

四、本書的研究現狀

現代學者有關《子略》的研究總量較少，相對集中在下列幾個問題上：

（一）作者生平問題。時人強加在高氏頭上的幾頂帽子頗有妖魔化的傾
向，這種同行之間的惡搞行為本身就是一種極其惡劣的作風，此風不可長。還
原一個真實的高似孫，這是歷史學家的責任。現代著名史學家洪業先生《高似
孫〈史略〉箋正序》（載《洪業論學集》，中華書局 1981 年版）針對前人的種
種不實之詞為高氏作了辯誣。黃慧鳴《高似孫的生平及其著作》（《古籍研究》
2000 年第 1 期）簡要介紹了高似孫的生平事蹟，並為其現存著作做了簡明解
題，稍微涉及了《子略》，但還過於簡略。左洪濤《兩宋浙東高氏家族研究》
第三章為個案研究，對高似孫的生平與相關問題進行了比較細緻深入的探討，
首次解決了高氏父子的生卒年問題，洵為難得之發現。

（二）體例問題。姚名達《中國目錄學史》認為，《子略》「體例與《史略》
同」，而劉子明《高似孫在我國目錄學史上的貢獻》（《圖書館理論與實踐》1989
年第 4 期）認為這兩書的體例是有所不同的：「首先，《子略》目錄一卷純為書
目，其他四卷則是集請家評論，並進行考證，也在老子、莊子等列了注疏本，
而《史略》則沒有把其中的書目獨立開來，而是將書目、說明混雜在一起，這
也就是姚名達先生所說的『其體例龐雜，有似書目者，有似提要者，有盡抄名
文者，有移錄舊事者，然其大體既近目錄』。其次，《子略》目錄一卷依次著錄
了《漢志》、《隋志》、《唐志》、《子鈔》、《意林》、《通志·藝文略》所收的諸子
著作，而《史略》則把有關的書集中在一起，如《漢書》後面，還列舉了漢書
注、漢書考、褚音義書、諸家本等。」

　　（三）學術價值問題。劉固盛教授曾經發表《高似孫〈子略〉初探》(《古籍整理研究學刊》1996 年第 4 期）重點從學術源流、考證辨偽等方面分析其特色，並援引日本學者石田肇的看法：「就高似孫之學術言，則需要從南宋學術界諸種動向及明州地域性特點來加以分析。考慮到朱子道學後來成為官方認可的官學，反道學派著作因之淹沒不彰，對其評價也因之不高等情況，還有必要從南宋政治史、思想史相對的角度，對他進行重新評價。」進而提出了從學術思想史方面研究《子略》的新視角。童子希《高似孫辨偽方法探析》(《黃岡師範學院學報》2012 年第 1 期）從目錄、年代、思想、內容、引文、序跋、撰者等七個方面總結了高氏的辨偽方法，比顧頡剛的三點總結（即年代、比較、綴輯）還要細緻一些。左洪濤《兩宋浙東高氏家族研究》第四章對似孫重要的學術專著進行了分析，重點介紹了《子略》一書的寫作目的、版本和主要篇目、主要內容，在前人研究的基礎上有所推進。

　　總的來看，對於《子略》一書一直存在兩種截然不同的判斷。一種觀點認為其書價值不大。宋代陳振孫首倡此說，現代學者余嘉錫、姚名達等人的說法也大致與陳氏相近。余嘉錫先生認為：「高氏著書，成於率爾，大抵抄撮之功多，而心得之處少也。」姚名達認為：「所惜似孫學識低暗，徒錄成文，無所發明。」另外一種觀點與此相反。如劉固盛教授認為此書在彙集諸子、考鏡源流、明斷真偽、闡釋旨意、辨別得失諸方面都能給人有益的啟示。《四庫全書總目》稱其「頗有所考證發明……薈梓諸家，且所見之本猶近古，終非焦竑《經籍志》之流輾轉販鬻、徒構虛詞者比」。楊守敬云：「似孫以博奧名，其《子略》、《緯略》兩書，頗為精賅。」馬端臨在《文獻通考・經籍考》中引用《子略》多達 24 處，而《子略》辨偽方面的成就也多為姚際恒《古今偽書考》等書所吸收。由此可見，《子略》作為一部專門的諸子目錄，其價值不容忽視。宋人對高似孫的評價可能受到當時主流學術評價的影響，而現代考證學者的評價似乎又缺少歷史的觀點，完全是拿後代學術標準來衡量前人的成就，皆不免失之偏頗。至於姚名達所謂「無所發明」的說法，不知何所據而云然，評論古人竟然不顧事實，如此信口開河，令人匪夷所思。我們應該看到，在高氏所處的時代，考據方法尚未大明，考據學還處在探索階段。能夠將諸子單獨劃分出來，已經是截斷眾流，頗具特識，僅此一點就不容小覷，何況他在考證辨偽等方面還有所發明呢？

五、版本源流以及底本與校本的確定情況

　　現存最早的《子略》版本，收錄在刻於南宋咸淳年間《百川學海》叢書裏。其後明弘治十四年華珵、嘉靖十五年鄭氏宗文堂、民國十六年陶湘涉園翻刻的《百川學海》，還有《四庫全書》、《學津討原》、《四明叢書》、《叢書集成初編》以及《四部備要》都收錄了《子略》一書。此外，日本國立公文圖書館藏南宋刻本（內閣文庫五二〇八號，僅存目及前三卷）。董康《書舶庸譚》卷八載：「《子略》三卷。與前（按指《史略》）同一行款，蓋同時梓行。前有序目，序末署名。」《史略》序作於寶慶元年，此本為宋本無疑。經過比較版本異同之後，《子略》大體可分為三個版本系統：（一）《百川學海》本自為一系；（二）學津本、四明本、叢編本、四部本為一系，凡與底本文字有別的地方，這四個版本對應之處基本相同；（三）四庫本亦自成一系，該本與底本文字出入較大，且逕自改動處較多，誠如顧頡剛所謂「為求其文從字順，時時憑肊竄改」。

　　本書以中華再造善本《百川學海》叢書中所收錄的《子略》為底本，再用景刊《百川學海》本、《四庫全書》本、《學津討原》本、《四明叢書》本、《叢書集成初編》本、《四部備要》本及日本內閣文庫本對校。此外，我們在校勘時還充分利用了《文獻通考》所引用的《子略》。

六、此次整理的個人創獲

　　第一，高氏在《子略目》中，對前代子書書目皆有所刪減，這種隨心所欲的做法未免太任性，無疑大大降低了其書的學術價值。我們在整理的過程中發現，為了提升《子略》的學術價值，必須對這一部分加大注釋的力度，特別是對《漢書·藝文志·諸子略》進行集釋，梳理好子書的源頭，做好正本清源的工作。我們由此認識到《漢志》的魅力，並因此步入《漢志》的殿堂，進而撰寫《漢書藝文志諸子略集釋》。同時，我們也由此更加明確了今後的治學思路，即「抓兩頭（指《漢志》與《四庫提要》），促中間」，對中國目錄學、分類學等相關學科的發展歷程展開一場攻堅戰。

　　第二，《子略》在諸子辨偽方面取得了一定的成就。《子略》對《鬻子》、《孔叢子》、《曾子》、《列子》、《文子》、《戰國策》、《尹文子》、《亢桑子》、《鬼谷子》等子書的真偽進行了考辨。高似孫對柳宗元極為推崇，其對子書的辨偽顯然受到柳宗元的影響，同時《子略》的辨偽成就也為宋濂、胡應麟、姚際恒等後來學者所吸收。因此，在諸子辨偽方面，高似孫是承上啟下的重要人物。

顧頡剛說：「宋代繼承柳宗元辨子書真偽的是高似孫，他所作的《子略》四卷是他說子書時的筆記，從《陰符經》到《皮子隱書》，共搜羅了三十八種子書，有的是抄撮，有的是列舉歷代注釋本書的書目，有的是批判書中議論的是非和本書著作的真偽。⋯⋯由於這本書是隨筆性的，所以體例不謹嚴，文辭又拖沓，心得也稀少，在學術上的地位不高。不過，他總是上承柳宗元，下開宋濂、胡應麟的一個人，不能抹殺他的篳路藍縷的功勞。」有鑑於此，我們加大了有關辨偽資料的集釋工作，有利於更加清楚地判斷《子略》一書在辨偽史上的功過得失。

乾隆王朝的禁燬實錄
——以《翁方綱纂四庫提要稿》為中心

摘要：

《翁方綱纂四庫提要稿》保存了乾隆後期的禁書史料，為清代政治史、文化史、思想史提供了鮮活的研究資料。其禁書標準有七個方面：因其人而廢、因其書而廢、因牴觸本朝而廢、因懷念前朝而廢、因名教而廢、因「淫穢」而廢、因文字獄而廢。

關鍵詞：翁方綱；《翁方綱纂四庫提要稿》；禁書；清代出版史；四庫學

一、緣起

翁方綱（1733～1818），字正三，號覃溪，晚號蘇齋。直隸大興（今屬北京）人。乾隆十七年進士，授編修。歷督廣東、江西、山東三省學政，官至內閣學士。精通金石、譜錄、書畫、詞章之學。在詩論方面創立了「肌理說」。著有《粵東金石略》、《蘇米齋蘭亭考》、《復初齋詩文集》等。他是乾嘉時期著名的詩人、學者，也是四庫館臣之一。翁方綱當年所撰四庫提要稿總計在1200條以上，是現存分纂官提要稿保存最多的一家。其手稿本收提要稿1150條，是當時撰寫提要稿的最初文獻，是研究《四庫全書總目》（以下簡稱《總目》）乃至《四庫全書》編纂的原始材料。但是，翁氏原稿一直下落不明，其過錄本也長期「養在深閨人未識」，成為學人夢寐以求的珍貴四庫文獻。令人欣喜的是，流傳到澳門何東圖書館的《翁方綱纂四庫提要稿》（以下簡稱《翁稿》）終於浮出水面，2000年已由上海科技文獻出版社正式影印出版，隨後

又有整理本行世。〔註1〕

　　筆者 2001 年 1 月至上海圖書館拜訪文獻學家、信息學家王世偉先生，彙報博士論文寫作情況，當時王先生任該館副書記，他聽了之後大加肯定，並提供了《翁方綱纂四庫提要稿》剛剛由上海科技文獻出版社正式影印出版的最新消息，當時書還沒有進入流通環節，圖書館也沒有入庫，他特地給古籍閱覽室梁穎先生寫了一張條子，特別批准供我就室借閱此書，當時我借住在中國科學院上海分院，每天聞雞起舞，欣然前往上圖，將一整部《翁稿》節要抄寫了一遍，隨後將有關新材料充實到博士論文《四庫全書總目研究》之中。2001 年 7 月我又進入復旦大學中文站從事博士後研究，題目鎖定為《四庫全書總目編纂考》，又再次前往上圖覆核《翁稿》，將它與《四庫全書總目》進行了完整地比較，據此新材料得出了大量的新結論，後來也得到諸多學界前輩如章培恒先生、王俊義先生、李慶先生等的肯定與賜教〔註2〕。我的中心是緊緊圍繞《四庫全書總目》的編纂過程展開探討，並非對《翁稿》進行專門研究，而臺北有一位研究翁方綱的任真博士對此大放厥詞，肆意詆毀，我當時對這種非學術性質的意氣之爭未予以回應，因為各人的出發點不同，自然做法不同，對那樣靠打壓別人藉以抬高自己的做法實在難以認同。竊認為，《翁稿》保存了大量的原始資料，顯而易見，《翁稿》所保存的毀書實錄，為我們研究清代政治史、文化史、思想史提供了大量珍貴的史料。而從總體上來看，《翁稿》自身的學術價值並不高，只有放在《四庫全書總目》的編纂過程中加以考察才能凸顯其史料價值。當時我在博士後報告中只是寫了一小節，舉例太少，蜻蜓點水，未免過於簡略。後來曾經抽出來以《乾嘉時期的禁燬實錄》為題發表在《出版科學》上，引起了一些學界同行的關注，也被另外一位從名校名院名導訓練出來的史學博士（姑隱其名）巧取豪奪。現在我重讀《翁稿》，補充觀點，增補例證，數量較原來那篇翻了幾倍，故改為此題，重新發表，借機回應海峽兩岸的那兩位博士，並向章培恒先生、王俊義先生、李慶先生、王世偉先生、吳根友教授、王承略教授等師友公開致謝。

〔註1〕筆者最初撰寫此文初稿時是直接引用影印本，時在 2001 年 1 月至 10 月，而上海科技文獻出版社的 2005 年版整理本尚未問世。此次修改增益，將所有引文據此本覆核，改標頁碼，便於讀者方便，特此說明。

〔註2〕章培恒先生、王俊義先生為拙著《四庫全書總目編纂考》撰序予以肯定，李慶先生也曾經賜教，吳根友教授在《中華讀書報》、王承略教授在《文匯讀書週報》上分別發表書評文章。師友們的肯定與扶持，對我是最大的鞭策。

二、實錄

　　清高宗在《四庫全書》與《總目》的編纂過程中，自始至終起著主導作用。在「稽古右文」的幌子下，利用編纂《四庫全書》之機，將心目中的禁書不動聲色地「格式化」。既輕而易舉地完成了文化專制與思想統制之大局，又博得「右文」之美名。清高宗在一道諭詔中說：「各省進到書籍不下萬餘種，並不見奏及稍有忌諱之書，豈有裒輯如許遺書，竟無一違礙字跡之理？況明季末造，野史甚多，其間毀譽任意，傳聞異辭，必有觝觸本朝之語。正當及此一番查辦，盡行銷毀，杜遏邪言，以正人心而厚風俗，斷不宜置之不辦！」〔註3〕可謂一語道破天機！

　　清高宗將徵集來的圖書交《四庫全書》館處檢查。分纂官的一個重要職責就是審查圖書中是否有語涉違礙之處。《翁稿》中注明應禁燬或抽毀的地方甚多，如《寶日堂初集》，明張鼎著。張鼎（？～1510），字用和，濟南歷城人。成化十一年（1475）進士，先授襄陵知縣，不久入京為御史。巡撫遼東。針對遼東軍備廢弛、糧餉困難的實際，提出定馬制、核屯糧、清隱占、稽客戶等主張，獲准推行。《翁稿》認為此集「以今館臣恭辦全書之體論之，自是不應存目」。另簽「毀」，因為「卷二諸疏內有不可存之語」，卷二十五為《遼□略》，卷三十為《使東日記》，可能都語涉違礙。無名氏眉注「酌辦」，而翁方綱認為：「未可輕看，似應另商。」〔註4〕雖查無實據，但事出有因。

　　《北海集》，明馮琦著。馮琦（1559～1603），字用韞，號琢庵、朐南，臨朐人。萬曆五年（1577）進士。歷任編修、侍講、禮部右侍郎、禮部尚書等職。著有《通鑒分解》、《經濟類編》。事蹟具《明史》本傳。史稱其明智典故，學有根底，數陳讜論，中外想望風采。其《蕭官常疏》陳述當朝官場腐敗之風，指出「士大夫精神不在政事，國家之大患也」。《翁稿》認為應存目，但又云：「內違礙者黏記二十七籤，但此人卒於萬曆三十一年，則其中所指，或未邃是悖觸，或抽記另辦。」〔註5〕翁方綱簽出《燕然行》等文語涉違礙，但又不能確定是否悖觸，但後來還是從嚴處理。

　　《遯庵全集》，明蔡復一著。蔡復一（1577～1625），字敬夫，號元履，

〔註3〕《高宗實錄》卷九六四。
〔註4〕翁方綱：《翁方綱纂四庫提要稿》，上海：上海科技文獻出版社，2005 年版，第 960 頁。
〔註5〕翁方綱：《翁方綱纂四庫提要稿》，上海：上海科技文獻出版社，2005 年版，第 980～981 頁。

福建同安金門（今金門縣）人。萬曆二十三年（1595）進士。為官奉守「報國以忠心，擔國事以實心，持國論以平心」之旨，以「正己不求」律己，為世所稱許。對於這樣一位鞠躬盡瘁死而後已的晚明忠臣，《翁稿》共記涉觸違礙五十簽：

> 序，第三頁上違礙；又（譚元春）序第三頁上一行悖觸。
>
> 卷二，序，二十一頁上末行，此內應簽記；二十二頁上中，此內應簽記。
>
> 卷三，壽文，二頁首行，此內應簽記。
>
> 卷四，記，一頁上一行，此內悖犯謬妄之極。
>
> 卷五，傳，一頁一行，此內悖犯甚多。
>
> 卷八，祭文，五頁上三行，此內悖觸應記。
>
> 卷九，雜著，四十頁上六行，此內悖犯牴觸甚多。
>
> ……
>
> 卷十一，楚牘，卅九頁上三行，此內悖謬甚多。
>
> 卷十三，燕牘，第一頁，此一本內處處皆是狂悖觸犯語，俱應銷毀，全不可存。
>
> 卷十四，郢牘一之四頁上，此內多悖犯；七頁下二行，此內多悖觸；二十六頁上四行，此內悖觸；四十三頁上四行，此內悖觸；四十七頁下五行，此內悖觸。郢牘一之五十四頁下二行，此內悖犯；五十五頁上六，此內悖犯；六十七頁上一行，悖犯；七十五頁下七行，此內應簽記；七十九頁下七行，此內應簽記；八十六頁上七行，悖犯，下五行，悖犯；八十九頁下末行，悖犯；六十一頁下一行，悖犯；六十九頁上四行，此內應簽記；八十一頁上二行，悖犯；八五頁下二行，觸犯。
>
> 卷十七，黔牘二之三十八頁下四行，此內悖犯。
>
> 以上十八卷之前皆文。
>
> 詩，卷一，五言古之七十頁下五行，此內悖犯甚多。
>
> 卷四，七言律七頁下四行，此內應簽記。
>
> ……末冊《續駢語》一之廿一頁下二行，此內應簽記；廿五頁

　　下七行，此內悖犯。〔註6〕

翁方綱又稱：「此書內悖觸違礙處黏簽至五十處，而又有一本全簽出者，恐不
可據此存目，則或除應銷毀者外，另就餘卷存目可否？」〔註7〕

　　《范璽卿集》，明范鳳翼著。范鳳翼（1575～1655），字異羽，號太蒙，
南直隸通州（今江蘇南通）人。萬曆戊戌進士。天啟初歷尚寶少卿（璽卿以
此得名——引者），以朋黨落職。崇禎初起復，遷光祿寺卿。鄭玄嶽稱其人見
善如渴，見不善如讎，所謂德音不瑕者。〔註8〕為范仲淹之後裔，學者稱真
隱先生。卓爾康稱之為東南之望，隱狼山，與高僧野老遊。著有《超逍遙草》。
子國祿，亦以詩名世。〔註9〕鳳翼工詞，王士禛稱道之。〔註10〕而《翁稿》
認為「皆應銷毀，毋庸存目」，另有批語：「董序行草甚妙。二十一卷。總一，
內十三，內簽出十三處應毀。卷四，四頁下七行，此內簽記。五頁上一行，
悖觸。卷六，十一頁上七行，此應簽記。卷十，四頁下二行，此內悖觸。七
行，此亦應簽記。九頁下一行，此應簽記。卷十二，三頁下八行，簽記。七
頁下三行，簽記。卷十三，六頁下六行，簽記。九頁上三行，簽記。十六頁
上一行，簽記。卷十六，二頁下三行，簽記。卷十九，十頁下《時感》三十
首，此內悖觸，總簽記於此。」〔註11〕據《纂修四庫全書檔案》載，乾隆四
十年五月三十日，安徽巡撫裴宗錫奏續查違礙各書中有《浮山文集》、《范璽
卿集》等，共計二十四種，「非係載及宏光、隆武等偽號，即有悖逆詆毀觸礙
語句，種種謬妄，殊堪痛恨，應請銷毀」。乾隆四十二年五月二十日，兩江總
督高晉奏違礙應毀書籍清單中有《范璽卿集》一部。乾隆四十三年六月十六
日，江蘇巡撫楊魁奏呈續繳違礙書目中有《范璽卿集》一部。乾隆四十四年
四月初八日，江蘇巡撫楊魁奏續繳應毀書籍清單中有《范璽卿集》二部。乾
隆五十一年四月十三日，安徽巡撫書麟奏繳應禁書籍清單中有《范璽卿集》

〔註6〕翁方綱：《翁方綱纂四庫提要稿》，上海：上海科技文獻出版社，2005 年版，
　　　　第 958～959 頁。
〔註7〕翁方綱：《翁方綱纂四庫提要稿》，上海：上海科技文獻出版社，2005 年版，
　　　　第 960 頁。
〔註8〕朱彝尊：《明詩綜》卷五八，北京：中華書局 2007 年版，第 2936 頁。
〔註9〕卓爾康：《遺民詩》卷一，上海：華東師範大學出版社 2013 年版，第 4 頁。
〔註10〕陳廷焯云：「漁洋謂翼羽詞似半山，今觀此詞頗見風韻。」見氏著《白雨齋詞
　　　　話全編》卷一三，北京：中華書局 2013 年版，第 300 頁。
〔註11〕翁方綱：《翁方綱纂四庫提要稿》，上海：上海科技文獻出版社，2005 年版，
　　　　第 960 頁。

一部。其詩嚴於夷夏之辨，如《時感》三十首有引曰：「歲在辛酉（天啟元年），寇陷遼陽。……臣翼望邊烽而震悚，緯恤方殷；顧梓里之孤危，杞憂倍切。」彼視滿人為寇，滿人亦視之為敵。此集被禁，還有一個重要誘因，就是錢謙益為之撰寫了著名的《范璽卿詩集序》。

《嶧桐集》，明劉城著。劉城，貴池人。《翁稿》：「蓋未經編定者，且多違礙應簽記處。除已逐處加簽外，可毋庸存目。」〔註12〕此書內記出二十七簽，如《薊西雜詠》內悖觸，樂府亦多譎詭，因此被禁燬。

《天傭子集》，明艾南英著。艾南英（1583～1646），字千子，號天傭子，撫州東鄉（今江西東鄉）人。臨川四才子之一。又以八股文名重當時。事蹟具《明史‧文苑傳》。曾撰寫《古今全史》一千餘卷，剛寫完即遭兵火，其他著述也散失殆盡，只存有《禹貢圖注》一卷見於《四庫全書》，《天傭子集》乾隆時遭到禁燬。《翁稿》云：「其論文大都排詆王、李之徒，雖多論時藝，然亦可以觀一時文體正變得失之故。至其編次評語，內多述呂留良、錢謙益之處，則宜痛加削去者也。應存目而核正之。」注云：「此集之存，但藉以為評文之一助，足矣。」眉注：「此書內記出十七簽。」〔註13〕如《上提學書》、《張培甫稿序》等皆有違礙詆觸之處。

《吾美樓集》，明邱士毅著。邱士毅（？～1631）字遠程。明代江西豐城人。萬曆二十五年（1597）中舉人，三十二年中進士，選庶吉士，授翰林院檢討。四十一年分校禮闈。四十三年出典湖廣鄉試。後歷官左春坊左贊善、南京禮部侍郎、《神宗實錄》總裁官、南京禮部侍郎署尚書。《翁稿》：「此內有記簽，悖謬之處至十餘處之多，其書應毀，毋庸校辦。」〔註14〕

《喜聞集》，明劉孔當著。孔當字任之，號喜聞，福建安福人。明萬曆二十年（1592）壬辰科進士，任翰林院編修、正史館纂修。著有《五經難字》、《五經叶韻》，上附琉球紅夷字。〔註15〕《翁稿》：「或酌存目。」書內僅僅

〔註12〕 翁方綱：《翁方綱纂四庫提要稿》，上海：上海科技文獻出版社，2005 年版，第 974 頁。
〔註13〕 翁方綱：《翁方綱纂四庫提要稿》，上海：上海科技文獻出版社，2005 年版，第 964～966 頁。
〔註14〕 翁方綱：《翁方綱纂四庫提要稿》，上海：上海科技文獻出版社，2005 年版，第 957 頁。
〔註15〕 劉獻廷：《廣陽雜記》卷三，北京：中華書局，1957 年版，第 149～150 頁。按：此條敘述劉氏早年在武功山異聞。

簽出一處，即卷五記十二頁上二行內有違礙，[註16]竟然以此被禁燬，豈不冤哉！

《蓮須閣集》，黎遂球著。黎遂球（1602～1646），字美周，廣東番禺人。天啟七年（1627）舉人，再應會試不第。崇禎中薦為經濟名儒，以母老不赴。南明隆武朝官兵部職方司主事，提督廣東兵援贛州，城破殉難，諡忠愍。工畫山水，有「黃牡丹狀元」之雅稱，傳世畫作有《送區啟圖北上山水圖》。著有《蓮須閣詩文集》、《周易爻物當名》。《翁稿》：「應以二十六卷存其目。」[註17]因為簽出二十六處，未能豁免。

諸如此類，不勝枚舉。如此詳細的記載，堪稱密檔。雖然時隔兩百餘年，仍然令人目瞪口呆，觸目驚心。最初讀《四庫全書總目》，誤以為語語皆真，至此始知不可盡信。《四庫全書總目》乃皇家話語，評判標準與話語權自始至終被清高宗自己掌握。紀昀等人不過是御用文人而已，哪裏有獨斷之權？《四庫全書總目》哪裏又能夠稱得上是紀昀一家之言？明乎此，則思過半矣！乾隆王朝設置的防火牆嚴密至極，空前絕後，片言隻語，絕不放過。文字獲罪，思想有罪，專制至極，實則也是盛世之下，危機四伏。

《翁稿》上所簽「毀」字甚多，與翁方綱筆跡不類。經筆者反覆驗證，審為紀昀手筆。綜觀毀書過程，也是從分纂官到總纂官到總裁官到清高宗，流水作業，層層把關。文網之密，專制之嚴，可謂登峰造極。《翁稿》關於禁燬內容的真實記載，較之以往所有的禁燬書目都更具體，可以因此順藤摸瓜，找到當時被禁燬的具體篇目。

三、標準

乾隆時期的禁書標準也可從《翁稿》中得到驗證，大致可以歸納為以下七條。

第一，因其人而廢。

錢謙益是被欽定的問題人物，清高宗云：「前因匯輯《四庫全書》，諭各省督撫遍為採訪，嗣據陸續送到各種遺書，令總裁等悉心校勘，分別應刊、應抄

[註16] 翁方綱：《翁方綱纂四庫提要稿》，上海：上海科技文獻出版社，2005 年版，第 979 頁。

[註17] 翁方綱：《翁方綱纂四庫提要稿》，上海：上海科技文獻出版社，2005 年版，第 979 頁。

及存目三項，以廣流傳……節經各督撫呈進，並飭館臣詳細檢閱，朕復於進到時親加披覽，覺有不可不為區別甄核者，如錢謙益在明已居大位，又復身事本朝，而金堡、屈大均則又遁跡緇流，均以不能死節，靦顏苟活，乃託名勝國，妄肆狂狺。其人實不足齒，其書豈可復存？自應逐細查明，概行毀棄，以勵臣節而正人心。……又若匯選各家詩文內，有錢謙益、屈大均所作，自當削去其餘，原可留存，不必因一二匪人致累及眾。」〔註18〕

　　不但其書被禁，而且凡屬引用過其文或有其序跋的著作也在清洗之列。如《翁稿》中徐允祿之《思勉齋集》，書內記出二簽，「此集為其門人潘潤所輯錄者。文十二卷，詩二卷。應存目。前後有錢謙益文二篇，後一篇則是為潘潤作者，與此集更無涉，俱削去之可也」〔註19〕，而《總目》未見著錄。又如《翁稿》中《天傭子集》，書內記出廿七簽，《總目》亦未見著錄，其原因均與錢謙益有關。《四庫全書總目·集部總敘》云：「大抵門戶構爭之見，莫甚於講學，而論文次之。講學者聚黨分朋，往往禍延宗社；操觚之士，筆舌相攻，則未有亂及國事者。蓋講學者必辨是非，辨是非必及時政，其事與權勢相連，故其患大。文人詞翰所爭者，名譽而已，與朝廷無預，故其患小也。然如艾南英以排斥王李之故，至以嚴嵩為察相，而以殺楊繼盛為稍過當，豈其捫心清夜，果自謂然。亦朋黨既分，勢不兩立，故決裂名教而不辭耳。至錢謙益《列朝詩集》，更顛倒賢奸，彝良泯絕，其貽害人心風俗者，又豈鮮哉。今掃除畛域，一準至公，明以來諸派之中，各取其所長，而不迴護其所短，蓋有世道之防焉，不僅為文體計也。」

　　第二，因其書而廢。

　　周亮工思想觀念頗為正統，道學氣挺重，其人雖由明入清，降清後做了多年的官，並無任何反清行為。他的許多著作本已收入《四庫全書》。《翁稿》認為《讀畫錄》應存其目，也就是說，翁方綱最初擬稿時並沒有發現問題〔註20〕，但是後來發現其《讀畫錄》裏有一首詩中有「人皆漢魏上，花亦義熙紅」兩句，

〔註18〕《四庫全書總目》卷首一，乾隆四十一年十一月十七日《聖諭》。

〔註19〕翁方綱：《翁方綱纂四庫提要稿》，上海：上海科技文獻出版社，2005年版，第988頁。

〔註20〕《翁方綱纂四庫提要稿》：「《讀畫錄》四卷，國朝周亮工著。記一時畫手，略有事實，兼及題韻，而附畫人姓氏於後。蓋亮工嘗作《畫人傳》，凡所及見之畫家，皆記其梗概也。應存目。」見上海科技文獻出版社2005年版第317頁。

「語涉違礙」。由此及彼，其《字觸》〔註21〕、《賴古堂詩集》〔註22〕等無一幸免，周亮工的書在四庫館中全被禁燬。

　　另外一種情況是，書稿質量不夠，因而被禁，如明俞琬綸著《自娛集》「中多贈妓之作」，「詩文皆無足取，或姑存其目」〔註23〕。但《總目》未見著錄。俞琬綸，字君宣，長洲（今江蘇蘇州）人。萬曆四十一年（1622）進士。任衢州、西安知縣。性疏簡有高韻，風流文采，掩映一時，臨池最勝。有「明日山上山，相思旦復旦」之詩句。〔註24〕又有「讓人一步，高人一籌」之嘉言。〔註25〕後竟因有名士風為過失，被劾罷官，從此以著述自娛。著有《琬綸詩餘》、《自娛集》等書。自古詩人多有贈妓之作，似不應成為被廢的理由，必有隱情。「詩文皆無足取」也是誇大其詞，朱彝尊《明詩綜》就選錄了他的兩首詩《明朝別》與《古意》，可見並非一無足取。

　　第三，因牴觸本朝而廢。

　　清高宗曾公開下令：「前因匯輯《四庫全書》，諭各省督撫遍為採訪，嗣據陸續送到各種遺書，令總裁等悉心校勘，分別應刊、應抄、及存目三項，以廣流傳。第其中有明季諸人書集，詞意牴觸本朝者，自當在銷毀之列。」〔註26〕如《鄒忠介奏疏》，《翁稿》注明「第三卷《遼餉末議》內△」〔註27〕。遍檢《總目》，未見著錄。晚明至清初的著作大都從嚴審查，如劉孔當《喜聞集》，總簽一，內簽一。內簽記一處：卷五記十二頁上二行，此內違礙，應記。《翁稿》認為「除黏

〔註21〕《翁方綱纂四庫提要稿》：「《字觸》六卷，國朝周亮工著。亮工字元亮，祥符人。官至戶部左侍郎。著有《賴古堂集》。此其摭古今說字為一編，字廈部至諧部，觸類所記，夢占戲謎皆涉及焉。末卷說部，乃歸正論，然亦寥寥雜引數則，非實有裨於字學也。至其前六卷，則誠無關義要，大都拆字離合之類。桂陽鶴觜，司農牛角，其文不雅，稽古者所訶也。或僅存目。」見上海科技文獻出版社2005年版第489頁。

〔註22〕《翁方綱纂四庫提要稿》：「《賴古堂詩集》四卷，國朝周亮工著。……至王士禎所稱亮工詩『花開今十日，酒冷古重陽』之句，雖載此卷中，然是亮工述其友之作，非元亮詩，蓋士禎誤記耳。存目。」見上海科技文獻出版社2005年版第1050頁。

〔註23〕翁方綱：《翁方綱纂四庫提要稿》，上海：上海科技文獻出版社，2005年版，第958頁。

〔註24〕朱彝尊：《明詩綜》卷六〇，北京：中華書局2007年版，第3053頁。

〔註25〕張怡：《玉光劍氣集》卷二四，北京：中華書局2006年版，第864頁。

〔註26〕《四庫全書總目》卷首一，乾隆四十一年十一月十七日《聖諭》。

〔註27〕翁方綱：《翁方綱纂四庫提要稿》，上海：上海科技文獻出版社，2005年版，第266頁。

簽外，或酌存目」〔註28〕，但《總目》未見著錄。明萬曆末年以後的著作是重點審查對象，只要詞意稍有牴觸，無不在禁燬之列。如明趙南星撰《趙忠毅集》二十四卷，內記簽十六處。〔註29〕明陳繼儒撰《白石樵真稿》二十四卷《尺牘》四卷，內詆觸違礙共記廿一簽。〔註30〕明高攀龍《高子遺書未刻稿》六卷，內違礙處謹黏四簽。〔註31〕明高出撰《鏡山庵集》二十五卷，眉注：「此種集以今館臣等恭辦全書之體，似不應存目。然明人萬曆年間以後之集恐不止此，應否商定畫一。且不應校辦。以上只就集論集，若辦其書，則方綱另有黏簽，請總裁酌定，並請定一畫一之例，以館中之書恐不止此一種也。」提要稿曰：「《鏡山庵集》二十五卷，明高出著。其集之是非勿論已，即以今館臣恭辦《全書》之體，此等集不但不應存目，而且不應校辦。不但不應校辦，而且應發還原進之人。從前於明末茅元儀所著書卷前亦已黏簽，候總裁大人酌定。明人萬曆以後之書恐不止此，應如何商定畫一，請酌定，俾各纂修一體照辦。方綱謹識。」〔註32〕四庫館臣實質上就是御用文人，他們是皇帝的爪牙與心腹，在審查晚明書稿時確實採用了嚴厲的管制手段。而對此前的著作一般從寬處理，如：《宏藝錄》三十二卷，明邵經邦撰。眉注：「此人卒於嘉靖四十四年，語無違礙，無庸加簽。」〔註33〕《程文恭遺稿》三十二卷，明程文德撰。眉注：「此人卒於隆、萬之際，其第三卷內諸疏言嘉靖間山西等處之事，皆非違礙，是以毋庸記簽。」〔註34〕《蔡可泉集》十五卷，明蔡克廉撰。眉注：「此人詩文皆作於嘉靖年間，是以毋庸黏簽。」提要稿曰：「其文每篇繫以時地，後綴詩及公移，皆嘉靖年間歷官並家居之作。萬曆初年，其子應龍、

〔註28〕翁方綱：《翁方綱纂四庫提要稿》，上海：上海科技文獻出版社，2005 年版，第 979 頁。
〔註29〕翁方綱：《翁方綱纂四庫提要稿》，上海：上海科技文獻出版社，2005 年版，第 945～946 頁。
〔註30〕翁方綱：《翁方綱纂四庫提要稿》，上海：上海科技文獻出版社，2005 年版，第 949～952 頁。
〔註31〕翁方綱：《翁方綱纂四庫提要稿》，上海：上海科技文獻出版社，2005 年版，第 952～954 頁。
〔註32〕翁方綱：《翁方綱纂四庫提要稿》，上海：上海科技文獻出版社，2005 年版，第 957 頁。
〔註33〕翁方綱：《翁方綱纂四庫提要稿》，上海：上海科技文獻出版社，2005 年版，第 896 頁。
〔註34〕翁方綱：《翁方綱纂四庫提要稿》，上海：上海科技文獻出版社，2005 年版，第 900 頁。

應麟錄而梓之。應存目。」〔註35〕《寒村集》四卷，明蘇志皋撰。旁注：「嘉靖時人。」〔註36〕《大司空遺稿》十卷，明陳紹儒撰。眉注：「此人詩文皆嘉靖末至萬曆八年以前之作，其第十卷《戊申元夕》詩是嘉靖二十七年戊申也，是以無庸記簽。」提要稿曰：「前八卷文，後二卷詩，皆嘉靖四十年以後至萬曆八年以前之作。應存目。」〔註37〕《彭比部集》八卷，明彭輅撰。此人卒於萬曆二十年間，可以不記簽。提要稿曰：「其詩則皆，嘉、隆間至萬曆初年之作也。應存目。」〔註38〕《學孔精舍匯稿》十二卷，明孫應鼇撰。眉注：「此人在嘉靖末至萬曆初年，是以毋庸記簽。」「此集刻於萬曆六年，是以毋庸記簽。」〔註39〕《怡雲堂集》十卷，明蔡國珍撰。眉注：「此人卒於萬曆三十八年，是以內無違礙之簽。」〔註40〕《華陽洞稿》二十二卷，明張祥鳶撰。眉注：「此人卒於萬曆十四年，是以其中無記簽處。」〔註41〕《狎鷗子摘稿》一卷，明吳崇節撰。眉注：「此人生於嘉靖二十二年，其文皆萬曆二十幾年以前之作，毋庸記簽。」〔註42〕《芸暉館稿》十三卷，明茅積翁撰。眉注：「此人卒於萬曆七年，是以毋庸黏簽。」〔註43〕《華禮部集》八卷，明華叔陽撰。此人卒於萬曆三年，無違礙黏簽處。〔註44〕《蟬衣生晉草》九卷《楚草》十二卷《家草》八卷，明郭子章撰。此集三種，皆萬曆二十六年以前之作，是

〔註35〕翁方綱：《翁方綱纂四庫提要稿》，上海：上海科技文獻出版社，2005 年版，第 901 頁。

〔註36〕翁方綱：《翁方綱纂四庫提要稿》，上海：上海科技文獻出版社，2005 年版，第 905 頁。

〔註37〕翁方綱：《翁方綱纂四庫提要稿》，上海：上海科技文獻出版社，2005 年版，第 907～908 頁。

〔註38〕翁方綱：《翁方綱纂四庫提要稿》，上海：上海科技文獻出版社，2005 年版，第 909 頁。

〔註39〕翁方綱：《翁方綱纂四庫提要稿》，上海：上海科技文獻出版社，2005 年版，第 912 頁。

〔註40〕翁方綱：《翁方綱纂四庫提要稿》，上海：上海科技文獻出版社，2005 年版，第 914 頁。

〔註41〕翁方綱：《翁方綱纂四庫提要稿》，上海：上海科技文獻出版社，2005 年版，第 915 頁。

〔註42〕翁方綱：《翁方綱纂四庫提要稿》，上海：上海科技文獻出版社，2005 年版，第 918 頁。

〔註43〕翁方綱：《翁方綱纂四庫提要稿》，上海：上海科技文獻出版社，2005 年版，第 919 頁。

〔註44〕翁方綱：《翁方綱纂四庫提要稿》，上海：上海科技文獻出版社，2005 年版，第 924 頁。

以毋庸記簽。〔註45〕《鄒聚所文集》六卷外集一卷，明鄒德涵撰。眉注：「此
人卒於萬曆九年，是以無違礙記簽處。」〔註46〕《研山山人漫集》一卷，明
方旴撰。其序與傳，皆在隆慶時。或存其目。〔註47〕《調象庵集》四十卷，
明鄒迪光撰。眉注：「此集皆萬曆三十六年以前所作，無連礙記簽處。」〔註
48〕《松門稿》八卷，明王庭譔撰。眉注：「此人卒於萬曆十九年。集中雖記
數簽，而皆似泛言者。謹記候酌。」〔註49〕《黃言》六卷，明余懋孳撰。眉
批：「此集皆萬曆三十七年以前之作，是以無記簽處。」〔註50〕總之，萬曆末
年是一條紅線，此前思想比較平穩，此後隨著王學的勃興與傳播，出現了一
股極大威力的思想解放與震盪。黃仁宇從其大歷史觀出發別具心裁地從萬曆
十五年寫起，而許蘇民以李贄遇害的萬曆三十年為界碑，視角不同，但結論
相近，可謂英雄所見略同，但許先生似乎射得離靶心更為精準，與四庫館臣
的反面判斷也更為合拍。

　　第四，因懷念前朝而廢。

　　凡是能引起人們對於明朝好感或懷念的書，都不能保留。如王世貞《明
事三述》，包括《盛事述》、《異典述》、《奇事述》三種，《翁稿》曰：「盛事凡
六卷，皆記勳戚爵秩門第諸事。異典凡十卷，皆記尊號襃封錫齎諸事。奇事
凡四卷，則取其事蹟之有異者記之。述自明初，迄於萬曆十五年，當是丁亥
所著，晚年筆也。可備有明一代掌故，亦可見世貞留心當代之務，不徒卮言
之類而已。應抄錄之。」〔註51〕經過翁方綱的初審，認為是一部相當不錯的
書，根本沒有牴觸本朝之意，但《總目》未見著錄。又如明朱國楨輯《皇明

〔註45〕翁方綱：《翁方綱纂四庫提要稿》，上海：上海科技文獻出版社，2005 年版，
　　　　第 925 頁。
〔註46〕翁方綱：《翁方綱纂四庫提要稿》，上海：上海科技文獻出版社，2005 年版，
　　　　第 926 頁。
〔註47〕翁方綱：《翁方綱纂四庫提要稿》，上海：上海科技文獻出版社，2005 年版，
　　　　第 927 頁。
〔註48〕翁方綱：《翁方綱纂四庫提要稿》，上海：上海科技文獻出版社，2005 年版，
　　　　第 929 頁。
〔註49〕翁方綱：《翁方綱纂四庫提要稿》，上海：上海科技文獻出版社，2005 年版，
　　　　第 931 頁。
〔註50〕翁方綱：《翁方綱纂四庫提要稿》，上海：上海科技文獻出版社，2005 年版，
　　　　第 935 頁。
〔註51〕翁方綱：《翁方綱纂四庫提要稿》，上海：上海科技文獻出版社，2005 年版，
　　　　第 208 頁。

大訓記》,《翁稿》建議「今如存其目,則或即以十六卷存目矣」〔註52〕,但《總目》未見著錄。究其原因,無非是阻止人們懷念前朝,一心一意地效忠本朝。中國歷來有「奉正朔」的傳統,清朝雖以異族入主中原,但很快被漢化。以往的種種文字禁忌,至此變本加厲。這也禁,那也忌,使得人們無所適從,動輒得咎。

第五,因名教而廢。

歷來的統治者都深知,風雅之道,關乎名教。推尊孔子及其名教,既是清代開國以來的既定方針,也是《總目》一以貫之的思想宗旨。如黃宗羲撰《明文案》,《翁稿》認為:「至於選明一代之文,必將知人論世,斟酌於質文損益之間。有明經術、文學,皆不及唐、宋固已,亦當就中擇其言近雅者,而何以傳奇之文、小說之文、遊戲狎蕩之文,若屠隆、李贄諸作亦一概選入,將使後學何所適從?甚至沈士柱《遙祭阮大鋮文》,為大鋮辨冤者,如此等文何可入選?不知宗羲最負文名,於時何以漫無別裁至此?或僅存其目,已為幸矣。內所錄錢謙益文應削去。」〔註53〕《翁稿》另籤:「內違礙廿五籤。」〔註54〕檢《總目》未見著錄。李贄因為「非聖無法」,不以孔子之是非為是非,是當時公認的「名教罪人」,其書一一遭到館臣的歧視與貶斥。至於傳奇之文、小說之文、遊戲狎蕩之文,在翁方綱看來,均屬不能登大雅之堂,也不合風雅之道。是不是符合風雅之道,就看它是不是遵守名教,是不是以孔子之是非為是非。《翁稿》認為:「有害於人心義理者,不應存目。」〔註55〕

又認為「二氏之書,不應存目」,如:

　　《憨山緒言》一卷,明沙門德清述禪家語錄也,不應存目。〔註56〕

〔註52〕翁方綱:《翁方綱纂四庫提要稿》,上海:上海科技文獻出版社,2005年版,第196頁。

〔註53〕翁方綱:《翁方綱纂四庫提要稿》,上海:上海科技文獻出版社,2005年版,第1143頁。

〔註54〕翁方綱:《翁方綱纂四庫提要稿》,上海:上海科技文獻出版社,2005年版,第1121頁。

〔註55〕《翁方綱纂四庫提要稿》認為《辨隱錄》一書:「其分目之當否姑毋論,即以其末卷『仕隱』一門以五代馮道終之,馮道歷仕數朝,歐陽修《五代史傳論》以為可謂無廉恥者矣,而此人獨取馮道以入仕隱,且其序曰『上自有莘,訖於馮道』,竟儼然以伊尹始,以馮道終,則是有害於人心義理者。不應存目。」見上海科技文獻出版社2005年版第312頁。

〔註56〕翁方綱:《翁方綱纂四庫提要稿》,上海:上海科技文獻出版社,2005年版,第658頁。

《觀老莊影響論》一卷，明沙門德清述釋氏之書，不應存目。〔註57〕

《梅花草堂筆談》第十三卷《論孟解》十二條，以禪家語入聖門書，可惡。……此書其說部也，所說既皆無關考證，而其第十三卷內《論孟解》十二條，以釋家語詁聖經，害道之尤者也，不應存目。〔註58〕

《豐草庵集》，明董說著。掇拾禪門公案偈子以詁經書，則畔道之尤者也。〔註59〕

《含素子塵譚》十卷，明朱清仁著。其書蓋自附於子書，每卷為一篇，篇各標題。多釋道荒幻語，毋庸存目。〔註60〕

《覺迷蠡測》上中下三卷，明吳人管志道與其徒答問之書。……此書皆釋氏之言，毋庸存目。〔註61〕

紫陽真人《悟真篇注疏》八卷二冊。道家之書，不應存目。〔註62〕

在傳統士大夫看來，二氏之書與名教背道而馳。以孔子之道為正，並以此衡量群言。害道者禁之，畔道者毀之。

第六，因「淫穢」而廢。

《總目·詞曲類序》云：「詞曲二體，在文章技藝之間，厥品頗卑，作者弗貴，特才華之士，以綺語相高耳。然《三百篇》變而古詩，古詩變而近體，近體變而詞，詞變而曲……王圻《續文獻通考》，以《西廂記》《琵琶記》俱入經籍類中，全失論撰之體裁，不可訓也。」如《西廂記》等書，早在乾隆十八年就被禁。清高宗云：「似此穢惡之書，非惟無益，而滿洲等習俗之偷，皆由於此。如愚民之惑於邪教、親近匪人者，概由看此惡書所致。」翁方綱在處理

〔註57〕 翁方綱：《翁方綱纂四庫提要稿》，上海：上海科技文獻出版社，2005年版，第659頁。

〔註58〕 翁方綱：《翁方綱纂四庫提要稿》，上海：上海科技文獻出版社，2005年版，第566頁。

〔註59〕 翁方綱：《翁方綱纂四庫提要稿》，上海：上海科技文獻出版社，2005年版，第988頁。

〔註60〕 翁方綱：《翁方綱纂四庫提要稿》，上海：上海科技文獻出版社，2005年版，第660頁。

〔註61〕 翁方綱：《翁方綱纂四庫提要稿》，上海：上海科技文獻出版社，2005年版，第658頁。

〔註62〕 翁方綱：《翁方綱纂四庫提要稿》，上海：上海科技文獻出版社，2005年版，第658頁。

《西廂記》一書時亦云：「詞曲之書，毋庸存目。」〔註63〕

顯然，翁氏完全是以清高宗之是非好惡為準的。歷代統治者大都喜歡禁燬「淫穢」之書，而他們自己卻又偏偏喜歡閱讀「淫穢」之書。只許州官放火，不許百姓點燈。雙重標準，自古而然。

第七，因文字獄案而廢。

《查浦詩抄》，查嗣瑮著。《翁稿》認為：「其詩尖鬭，而無收裹，氣不完，神不屬，謂之未成章可也。」〔註64〕《總目》未見著錄。其實，《查浦詩抄》被禁另有隱情，與其弟查嗣庭的一場文字獄密切相關。查嗣瑮（1652～1733），字德尹，號查浦，浙江海寧人。查慎行之弟，查嗣庭之兄。康熙三十九年（1700）進士，選翰林院庶吉士，授編修，升至侍講。查嗣庭，字潤木，號橫浦，又號查城。中康熙乙酉（1705）亞魁，次年聯捷得進士。由翰林院庶吉士授編修。甲午（1714）湖廣副主考，戊戌（1718）任山西正主考。嗣經吏部尚書隆科多薦舉，特令在內廷行走，授內閣學士兼禮部侍郎銜。復經左都御史蔡珽保奏薦舉，授禮部左侍郎，加經筵講官。雍正四年（1726）秋天，發生了一樁震驚全國的大案，即所謂「查嗣庭科場試題案」。這是繼順治間莊廷鑨《明史稿》案、康熙間戴名世《南山集》案和雍正三年汪景祺《西征隨筆》案之後的又一大案。歷來的文字獄中基本上是以詩文獲罪，而以科場試題嫁禍的可謂絕無僅有，且受到查處的竟是當朝二品大臣、內閣學士兼禮部左侍郎、江西正主考官查嗣庭，除了株連親屬、大加殺戮之外，還停止整個浙江士人參加鄉試會試。雍正四年秋，查嗣庭受命出任江西鄉試正主考。他按照慣例出了這樣幾道試題：首題是「君子不以言舉人，不以人廢言」，出自《論語》；三題「介然用之而成路，為間不用，則茅塞之矣」〔註65〕，出自《孟子》；次題兩道：一道是《易經》的「正大而天地之情可見矣」，另一道是《詩經》的「百室盈止，婦子寧止」。本來都是合乎規範、無疵可指的，而且那次主持鄉試時行事相當謹慎，對關節的查防非常嚴格，考試也順利結束，一切正常。可是，雍正卻無中生有，藉口「有人告發」，猛然拿查嗣庭開刀。雍正帝把查所出三個題目聯繫

〔註63〕翁方綱：《翁方綱纂四庫提要稿》，上海：上海科技文獻出版社，2005年版，第1167頁。

〔註64〕翁方綱：《翁方綱纂四庫提要稿》，上海：上海科技文獻出版社，2005年版，第1059頁。

〔註65〕徐珂：《清稗類鈔》，中華書局，2010年版，第1039頁。按：其時方行保舉，廷旨謂其有意譏刺，認為其居心不可問。因查其筆箚詩草，語多悖逆，遂伏誅。

起來，說：「今查嗣庭所出經題，前用『正』字，後有『止』字，『正』字有一止之象」，又羅織其他試題及查的日記文字有悖逆之詞，共四十二款，定為「大逆不道，怨誹詛咒」罪，查下獄，病死後戮屍另示，籍沒家產，子查澐處斬，秋後處決。胞兄查嗣瑮、胞侄查基「從寬免死」流放三千里（查嗣瑮年逾八十，不久卒於戍所）。族人或流放或與功臣為奴。只有其兄著名詩人查慎行父子「從寬免罪」釋放。後來民間也有附會，說查嗣庭所出題中「維民所止」一句（語出《禮記・大學》），「維」「止」二字是把「雍」「正」砍去了頭。這大約是因為查嗣庭寫過一部《維止錄》，後世附會從這部書名產生。此說出自《清稗類鈔・查嗣庭以文字被誅》：「查君書名震海內，而不輕為人書，琉璃廠賈人賄查侍者，竊其零縑剩墨出，輒得重價。世宗登極，有滿人某欲得查書，賈人以委侍者，半年不能得一紙。一日，查閉書室門，有所作，侍者穴隙窺之，則見其手一巨帙，秉筆疾書，書訖，梯而藏之屋樑。乃伺查出，竊以付賈人。賈人以獻滿人，遂被舉發。是夜三更，查方醉眠，圍而捕之，全家十三口，無一免者。」〔註66〕

四、結語

總之，以上各條基本上是政治標準。「其人實不足齒，其書豈可復存？」這不是因人廢言又是什麼？而清高宗又口口聲聲標榜不因人廢言。出爾反爾，未免自欺欺人。思想統制之嚴厲，乾隆一朝可謂空前。四庫館的文字審查由清高宗親自抓。乾隆四十四年二月二十六日奉上諭：「四庫全書館節次匯進各省送到違礙應毀書籍，朕親加抽閱……以次呈覽，候朕鑒定。」自秦始皇以來，暴君總是喜歡破壞文獻，或焚燒，或禁燬。文獻之厄，少半由於天災，多半由於人禍。如何儘量減少人為的破壞，需要從法制的高度加以根本解決。

〔註66〕 徐珂：《清稗類鈔》，中華書局，2010 年版，第 1040 頁。

《四庫全書總目》對書名學的貢獻〔註1〕

文摘：

　　本文從闡旨、溯源、論典、釋詞、正謬、明體、標類等七個方面總結了《四庫全書總目》在書名學方面的貢獻。

　　關鍵詞：書名；書名學；《四庫全書總目》；四庫學

　　書名是一部書的窗口，而給書命名絕對是一門富有藝術的學問。近年，著名學者來新夏先生倡議建立「書名學」〔註2〕。筆者認為，這是一個極富創意的課題。我國書名數量之豐富、歷史之悠久，足以把梳出一部具有原創性的專門之學。迄今為止，對於書名學的研究仍然還很薄弱。余嘉錫先生《古書通例》曾設專節《古書書名之研究》初步討論，曹之先生先後發表了《古書命名趣談》〔註3〕、《古書命名續談》〔註4〕，均提出了不少有價值的論點。我國自古有立德、立功、立言的傳統，歷代的讀書人都把著述看得比生命還重，嘔心瀝血之作一旦問世，作者都會在書名上挖空心思，別出心裁，以抒發自己的思想情懷。

　　《四庫全書總目》（以下簡稱《總目》）便是一部書名學的寶庫，它對大量的書名進行了解說，這些材料既是研究《總目》的有用資料，更是探討書名學的珍貴史料〔註5〕。《總目》對書名之分析大致可以表現為以下七個方面。

〔註1〕原載於《圖書館雜誌》2002 年第 6 期，以「黃小玲」之名發表。此文本來需
　　　要擴充，但這次時間不允許，以俟異日。

〔註2〕見來新夏為趙傳仁、鮑延毅、葛增福主編的《中國古今書名釋義釋典》（山東
　　　友誼書社 1992 年版）所作序，載於該書卷首。

〔註3〕曹之：《古書命名趣談》，《圖書與情報》，1984（4）。

〔註4〕曹之：《古書命名續談》，《圖書與情報》，1987（3）。

〔註5〕筆者曾在《四庫全書總目編纂考》一書中指出：「《總目》對於書名詮釋頗為留

一、闡旨

　　《總目》旨在闡明學術，考鏡源流，書名解說是其解題的一個重要切入點。可惜此點長期以來無人注意，幾成盲點。有些書的大旨可以從書名上得到體現，《總目》把準這一角度，闡發大旨。如（用易詳解）提要云：「考憶《自序》稱，經必以史證，後世岐而為二，尊經太過，反入於虛無之域，無以見經為萬世之學，故取《文中子》之言，以『用易』名編，其述稱名之意甚詳。」（《總目》卷三）其述稱名之意正是其著述大旨。《周易文論》提要云：「觀其名書曰『文論』，其宗旨固可見矣。」（《總目》卷四）《總目》認為《周易》乃群經之首，命以『文論』，顯然降低了《周易》的地位，因而對其宗旨流露出鄙夷之意。《周易簡說》提要引作者自序云：「其知易知，其能簡能，易簡而天下之理得。」《總目》加以評論：「是其著書大旨也。」（《總目》卷五）該書論解《易》義，每條不過數言，與其大旨吻合。《易義古象通》提要云：「大旨謂：『文、周之《易》，即象著理；孔子之《易》，以理明象。』又於漢、魏、晉、唐諸人所論象義，取其近正者，故名『古象通』，而冠以『易義』，言即象以通義也。」（《總目》卷五）朱彝尊《經義考》將書名改為《周易古象通》，《總目》認為朱說與原作者名書之意不合，《總目》借機對明代經學大加討伐：「明自萬曆以後，經學彌荒。篤實者局於文句，無所發明；高明者嬰於虛無，流為悠肆。」同時，認為該書「能博考舊文，兼存古義，在爾時說《易》之家，譬以不食之碩果，殆庶幾焉」，評價還比較高。《易用》提要云：「其每卦之論，皆逐爻尋理，務以切於人事為主，故名曰『用』。」並引原序論證該書大旨具在於一「用」字：「義理無窮，非言之所能盡，故傳注於漢、疏義於唐、議論於宋，日起而日變，而《易》之用則隨時事可以自察。」（《總目》卷五）總之，《總目》由書名而探大旨，由大旨而定價值，其解題方式可謂一目了然。

二、溯源

　　書名是一種專名，有些書名來源甚古，《總目》在追溯詞源時也做了不少有益的工作，如《周易口訣義》提要云：「《崇文總目》及晁氏《讀書志》皆以為自抄注疏，以便講習，故曰『口訣』。」（《總目》卷一）「直抄注疏，以便講

　　　　意，這種材料在《總目》中比比皆是，可以做專題研究，進而可以擴大到對所有古籍的書名進行系統研究，寫出一系列厚重紮實的專著，如《古籍書名研究》、《中國書名學史》、《書名論》等等。」詳見我所指導的碩士生沈科彥的碩士論文《四庫全書總目書名研究》（武漢大學 2007 年）。

習」，正是對「口訣」一詞的溯源。《周易口義》提要云：「朱彝尊《經義考》引李振裕之說云：『緩講授之餘，欲著書而未逮，其門人倪天隱述之。以非其師手著，故名曰《口義》。後世或稱《口義》，或稱《易解》，實無二書也。』其說雖古無明文，然考晁公武《讀書志》，有云胡安定《易傳》，蓋門人倪天隱所纂，非其自著，故序首稱『先生曰』。其說與『口義』合。」（《總目》卷二）學生整理老師的著作或言論，自古便是義不容辭的。倪天隱整理其師胡安定的《易傳》，將書命名為《口義》，與現在某些文抄公明目張膽剿竊師說或他人著作比較起來，可謂光明磊落，不悖於君子之道。《周易象旨決錄》，明代熊過撰。據其自序，初名《易象旨》，後來加「決錄」之名。《總目》考證「決錄」之源：「案《三輔決錄》，名始趙岐，而命名之義，古無傳說，以意推之，蓋定本之謂也。」（《總目》卷五）當然，余嘉錫先生對此有更精細的考證。余先生認為，《總目》不知趙岐《三輔決錄》自序尚存，而「決錄」之「決」，猶決斷之決，既決斷其賢愚善否而錄之，使有定論，非謂定本之意。

三、論典

所謂論典，即解釋書名中的用典。有些書名取得非常古雅，《總目》在解釋典故來源時往往畫龍點睛，幫助人們一下子記住書名。如《易璇璣》提要云：「其曰『璇璣』者，取王弼《易略例·明象篇》『處璇璣以觀大運』語也。」（《總目》卷三）《三傳折諸》提要云：「曰『折諸』者，取揚雄『群言淆亂折諸聖』之語也。」（《總目》卷二十九）《肆獻裸饋食禮》提要云：「其名則取《周禮》『以肆獻裸享先王，以饋食享先王』之文。」（《總目》卷二十一）

四、釋詞

書名中有些詞語需要解釋，一本書為什麼叫這個名字？人們對於書名理據的探究往往饒有興趣。《總目》在這方面也做了大量一工作，如《春秋微旨》提要云：「自序謂事或反經，志協於道，跡雖近義，而意實蘊奸，或本正而末邪，或始非而終是，介於疑似之間者，並委曲發明，故曰『微旨』。」（《總目》卷二十六）《春秋集傳辨疑》提要云：「此書乃舉傳文之不入《纂例》者，縷列其失，一字一句而詰之，故曰『辨疑』。」（《總目》卷二十六）《讀易大旨》提要云：「原非逐句逐字作解，故曰『大旨』。」（《總目》卷六）

五、正謬

《總目》對那些詞不雅訓或名實相乖的書名提出了批評意見，如《易傳燈》提要云：「『傳燈』本釋氏之語，乃取之以名經解，殊為乖剌。」（《總目》卷三）今按：「傳燈」，佛家指傳法。佛法猶如明燈，能破除迷暗，故稱。唐代詩人崔顥《贈懷一上人》詩云：「傳燈遍都邑，杖錫遊王公。」唐代詩人劉禹錫《送僧元暠南遊》詩：「傳燈已悟無為理，濡露猶懷罔極情。」《六家詩名物疏》提要云：「所論六家，乃謂齊、魯、毛、韓、鄭箋、朱傳，則古無是目，而自應京臆創之。」（《總目》卷十六）《大戴禮刪翼》提要云：「然古書存者僅矣，翼，可；刪，不可一也」（《總目》卷十六）《總目》認為古書存者不多，不可妄刪。這種觀點出自館臣之口，是何等珍貴，因為當時正是文字獄如火如荼之日，隨時都有不少古書慘遭刪改甚至禁燬。《春秋漱》提要云：「名書以『漱』，於義既為未允，且左氏、公羊、穀梁皆前代經師，功存典籍，而加以推輓之目，於名尤未為安。是則宋代諸儒藐視先儒之痛習，不可為訓者耳。」（《總目》卷二十七）

六、明體

《總目》通過書名解說，說明了一些書的編撰體例，如《易本義附錄纂疏》提要云：「是編以朱子《本義》為宗，取文集、語錄之及於《易》者附之，謂之『附錄』；取諸儒《易說》之合於《本義》者纂之，謂之『纂疏』。」（《總目》卷四）《易經補義》提要云：「其書全列《本義》於前，而以己所發明附贅於末，皆標『補』字以別之。」（《總目》卷八）《尚書集傳纂疏》提要云：「是編一以疏通蔡傳之意，故命曰『疏』；以纂輯諸家之說，故命曰『纂』。」（《總目》卷十二）《尚書輯錄纂注》提要云：「是編雖以蔡沈《集傳》為宗，《集傳》之後續以《朱子語錄》及他書所載朱子語，謂之『輯錄』；又採諸說之相發明者，附列於末，謂之『纂注』。」（《總目》卷十二）《詩傳旁通》提要云：「蓋是書仿孔、賈諸疏證明注文之例，凡《集傳》所引故實，一一引據出處，辨析原委。因杜文瑛先有《語孟旁通》，體例相似，故亦以『旁通』為名。」（《總目》卷十六）《周禮注疏刪翼》提要云：「是書於鄭注、賈疏多刊削其繁文，故謂之『刪』；又雜引諸家之說以發明其義，故謂之『翼』。」（《總目》卷十九）

七、標類

《總目》通過書名解說，標明了書的類別，大致有以下幾類：

（一）以號名書

《了翁易傳》，宋陳瑩中撰，了翁乃其自號。（《總目》卷二）《紫岩易傳》，宋張浚撰，「紫岩者，濬自號也」。（《總目》卷二）《復齋易說》，宋趙彥肅撰。彥肅字子欽，號復齋（《總目》卷三）《誠齋易傳》，宋楊萬里撰，誠齋乃其自號。初名《易外傳》，後來改定今名。（《總目》卷三）《田間易學》提要云：「國朝錢澄之撰。自號田間老人。」（《總目》卷六）以時名書。《內子學易編》提要云：「是書於嘉定九年竭二百八日之力，排纂藏業，以歲在丙子為名。」（《總目》卷三）

（二）以地名書

《桂林點丹易》提要云：「其自題桂林者，乃舉所居之地而言也」（《總目》卷八）

（三）以字名書

《八白易傳》，明葉山撰，八白是葉山的字。（《總目》卷五）

（四）以室名書

《玩易意見》提要云：「（王）恕於弘治壬戌養病家居，因構一軒名『玩易』。」（《總目》卷七）「玩易」原是作者的室名。《易說存悔》提要云：「學《易》期於寡過，欲過之寡，惟在知悔，悔存而凶吝漸消，可日趨於吉，故以『存悔』顏其齋，因以名其《易說》。」（《總目》卷一）「存悔」原是作者的齋名，以此名書是為了趨吉消災。

透過書名，我們可以看到古往今來的文人墨客的種種奇思妙想。正是那些引人入勝的書名把我們導入雄偉神奇的知識殿堂。

〔附錄〕書名學研究論著索引

（一）著作類

1. 四庫全書研究所：欽定四庫全書總目（整理本），北京：中華書局，1997。

2. 章學誠：文史通義新編，上海：上海古籍出版社，1993。

3. 余嘉錫：余嘉錫說文獻學，上海：上海古籍出版社，2001。

4. 曹之：中國古籍版本學，武漢：武漢大學出版社，1991。

5. 曹之：中國古籍編撰史，武漢：武漢大學出版社，1999。

6. 司馬朝軍：《四庫全書總目》研究，北京：社會科學文獻出版社，2004。

7. 司馬朝軍：《四庫全書總目》編纂考，武漢：武漢大學出版社，2005。

8. 趙傳仁等：中國古今書名釋義辭典，山東：山東友誼出版社，1992。

9. 趙傳仁等：中國古今書名釋義大辭典，山東：山東友誼出版社，2007。

10. 杜信孚：同書異名通檢（增訂本），南京：江蘇古籍出版社，1982。

11. 杜信孚、王劍：同書異名匯錄，南京：江蘇古籍出版社，2000。

12. 李劍國：唐前志怪小說史，南開大學出版社，1984。

13. 納日碧力戈：姓名論，北京：社會科學文獻出版社，1997。

14. 納日碧力戈：姓名，北京：中央民族大學出版社，2000。

15. 尹黎云：中國人的姓名與命名藝術，北京：中央民族大學出版社，1998。

16. 華林甫：中國地名學源流，長沙：湖南人民出版社，1999。

17. 華林甫：中國地名學史考論，北京：社會科學文獻出版社，2002。

（二）論文類

1984 年

1. 曹之：古書命名趣談，圖書與情報，1984（4）。

1987 年

1. 曹之：古書命名續談，圖書與情報，1987（3）。

1992 年

1. 鮑延毅：書名常用詞語例釋（下），棗莊師專學報，1992（1）。

2. 嘉琪：古書書名與篇名，長沙水電師院學報，1992（3）。

1993 年

1. 李純蛟：《三國志》書名稱謂考，浙江學刊，1993（3）。

2. 章文：一種值得倡導的治學精神——簡評《中國古今書名釋義辭典》，煙臺師範學院學報，1993（2）。

3. 潘樹廣：從《中國古今書名釋義辭典》說開去，辭書研究，1993（4）。

1994 年

1. 梁前剛：書名藝術之我見，出版科學，1994（1）。

2. 力牧：書名學的新開拓——評《中國古今書名釋義辭典》，棗莊師專學報，

1994（1）。

3. 朱天俊：一部有特色的辭書——評《中國古今書名釋義辭典》，山東圖書館季刊，1994（2）。

4. 李津、周冰：中文書名情報性的調查分析，圖書館理論與實踐，1994（4）。

5. 劉嘉陵：傳統小說的書名類聚現象，社會科學輯刊，1994（3）。

6. 王松林：並列書名的著錄與標目問題，圖書館論壇，1994（5）。

7. 王松林：對「正書名」等的幾點思考，江蘇圖書館學報，1994（3）。

8. 王曉鶴、宋風武：古醫籍書名用典釋例，山西中醫，1994（3）。

9. 趙傳仁：中國古籍難解書名例釋，文獻，1994（4）。

1995 年

1. 劉義欽：《論語》書名意義之我見，信陽師範學院學報（哲學社會科學版），1995（3）。

2. 高文鑄：《黃帝內經素問》書名卷數版本源流小考，中國中醫基礎醫學雜誌，1995（4）。

3. 鄭雷：書名漫想錄，大舞臺，1995（6）。

4. 舒寶璋：從《語言大典》的書名談起，編輯之友，1995（4）。

5. 郭宗明：閒話書名，文學自由談，1995（3）。

6. 郭以實：書名的藝術，科技與出版，1995（6）。

7. 嚴中：《石頭記》書名解，南京社會科學，1995（2）。

8. 步曉輝：類書及其書名的由來，內蒙古民族師院學報，1995（2）。

1996 年

1. 熊成乾：畫龍鬚點睛——編輯應注意對書名的推敲，編輯學刊，1996（6）。

2. 熊成乾：書名尤宜細推敲，編輯之友，1996（6）。

3. 李雁：《論語》書名釋義，齊魯學刊，1996（6）。

4. 徐云：淺談書名對讀者閱讀心理的影響，圖書館論壇，1996（4）。

5. 岳果：書名的墮落，中國圖書評論，1996（8）。

6. 吳岳添：書名的技巧，讀書，1996（4）。

7. 任小明：試論書名、題目的翻譯，四川師範學院學報，1996（1）。

8. 駱偉里：《圍城》與《文化苦旅》中的兩處書名訛誤，咬文嚼字，1996（10）。

1997 年

1. 陳玉珍：兩種著作的書名引起的思考，大學圖書情報學刊，1997（2）。

2. 張靜：書名改換以後，山西老年，1997（5）。

3. 朱農：書名設計安排的缺失──讀書的遺憾之六，出版參考，1997（9）。

4. 一衣：如此書名太乏味，人民論壇，1997（5）。

5. 陳玉珍：書名編排豈能胡來，出版發行研究，1997（2）。

6. 朱積孝：書名目錄探微，圖書館論壇，1997（3）。

7. 高光偉：英國對商標的保護（二）──書名使用構成商標侵權了嗎，中華商標，1997（4）。

8. 陳四益：書名是張臉，讀書，1997（8）。

9. 熊成乾：畫龍鬚點睛──編輯應注意對書名的推敲，大學出版，1997（3）。

1998 年

1. 陳青榮：《六韜》書名辨析，齊魯學刊，1998（3）。

2. 文榕生：論書名著錄的規範，圖書館建設，1998（1）。

3. 徐超：漫談古籍書名的翻譯，語言教學與研究，1998（2）。

4. 朱吉文：中國通俗小說書名芻議，北方論叢，1998（3）。

5. 徐光星：定本《金匱要略》歷代書名考辨（1），浙江中醫學院學報，1998（6）。

6. 汪少華：書名須慎辨，古籍整理研究學刊，1998（1）。

7. 陳如松：談「主題書名」與「功用書名」，科技與出版，1998（1）。

8. 陳浩元：圖書封面、書名頁不規範問題綜述，科技與出版，1998（4）。

9. 楊東魯：書名有病還是人有病？，文明與宣傳，1998（1）。

10. 毛漢玉：「書名原則」與「著者原則」──中西方文獻著錄標目的比較，上饒師範學院學報，1998（5）。

11. 丁振祺：《為芬尼根守靈》書名解讀，無錫教育學院學報，1998（1）。

12. 張玉成：關於《正紅旗下》書名的斷想，小學教學參考，1998（Z1）。

13. 王惠英：書名小議，伊犁師範學院學報，1998（2）。

14. 金文明：《勇廬閒詰》書名質疑──審讀手記（一），咬文嚼字，1998（3）。

15. 祁戎：閒話書名，咬文嚼字，1998（9）。

16. 張子才：書名差錯三例，咬文嚼字，1998（9）。

1999 年

1. 米舒：一個書名賣幾萬，編輯學刊，1999（6）。
2. 楊天宇：關於《周禮》書名、發現及其在漢代的流傳，史學月刊，1999（4）。
3. 楊玉昆：對書名爭冠「檔案」的思考，中國檔案，1999，（12）。
4. 梁太濟：《建炎以來繫年要錄》書名考，浙江大學學報（人文社會科學版），1999（1）。
5. 郭冰九：書名與商標，中華商標，1999（4）。
6. 許雋超：《人海詩區》書名正解，北方論叢，1999（6）。
7. 俞世偉：《白氏內經》等合編成《素問》的考證，甘肅中醫學院學報，1999（3）。
8. 王兵：書名的困惑，科技與出版，1999（3）。
9. 唐述宗、揚紹北：翻譯英文書名與標題的十大基本原則，四川外語學院學報，1999（2）。
10. 尚志鈞：《神農本草經》書名出現時代的討論，中華醫史雜誌，1999（3）。
11. 陳治海：釋疑難書名有利於教學，中學歷史教學參考，1999（6）。
12. 蘇培成：治一治書名不通病，咬文嚼字，1999（12）。

2000 年

1. 麥繡文：淺議書名商標的註冊，編輯學刊，2000（3）。
2. 王文戈：書名藝術淺論，編輯學刊，2000（5）。
3. 錢大群：《唐律疏議》結構及書名辨析，歷史研究，2000（4）。
4. 馬顯彬：這種書名號該不該用，語文建設，2000（7）。
5. 麥繡文：書名商標能否註冊，中國出版，2000（6）。
6. 王今覺：《珍珠囊補遺藥性賦》書名研析，中國中藥雜誌，2000（11）。
7. 紀永貴：論《紅樓夢》書名之寓意，南都學壇，2000（1）。
8. 袁品榮：譯書名忌浮躁，上海科技翻譯，2000（3）。
9. 容融：改書名，咬文嚼字，2000（3）。

2001 年

1. 張興元：都是書名惹下的禍，文學自由談，2001（5）。
2. 莫道才：新舊唐書經籍藝文志所載書名變異考，常德師範學院學報，2001（6）。

3. 徐鶴：讓書名字更富藝術性，美苑，2001（5）。

4. 劉建臻：20世紀《周易》書名研究綜述，陝西師範大學繼續教育學報，2001（2）。

5. 劉雪河：《越絕書》書名釋疑，中國地方志，2001（6）。

6. 王今覺：《珍珠囊補遺藥性賦》書名研析，中國實驗方劑學雜誌，2001（S1）。

2002 年

1. 周曉瑜：《史通》書名辯證，山東大學學報（哲學社會科學版），2002（4）。

2. 張麗娟、聶延平：對譯著書名原文使用454字段的質疑，圖書情報工作，2002（10）。

3. 趙平：善改書名，中國圖書評論，2002（11）。

4. 武秀成：《舊唐書·經籍志》著錄書名考誤，古籍整理研究學刊，2002（4）。

5. 文榕生：書名規範的再探討，圖書館界，2002（3）。

6. 范崇高：中古文獻整理中的書名問題，自貢師範高等專科學校學報，2002（3）。

2003 年

1. 樊秀峰：書名理應費推敲，文學自由談，2003（1）。

2. 黑琨：《鹽鐵論》書名辨義，吉林師範大學學報，2003（3）。

3. 鄧福泉：書名附注方法探討，情報探索，2003（4）。

4. 王健：《尚書》書名的意義與儒家道統關係新探，學海，2003（4）。

5. 陸梅：小說書名漸入「怪」圈，文學報，2003-2-20。

6. 陸高峰：靠書名能贏得讀者嗎，光明日報，2003-4-30。

7. 吳錫平：走火入魔的書名，今日信息報，2003-6-15。

8. 廖仲毛：拯救書名，中華新聞報，2003-6-23。

9. 吳亞芬：書名媚俗風侵蝕文化家園，中國新聞出版報，2003-7-23。

10. 顧遙：書名是怎樣「煉」成的，咬文嚼字，2003（7）。

11. 曹明：《指南錄》書名的含義，咬文嚼字，2003（7）。

12. 曉萬：書名裏面「作」文章，出版參考，2003（7）。

13. 田建平：書名也「瘋狂」——近年來暢銷書書名一瞥，中國編輯，2003（4）。

14. 劉更生：古籍書名誤讀舉例，中醫文獻雜誌，2003（4）。

15. 明光：啥樣的書名更吸引眼球，出版參考，2003（24）。

16. 王立強：我贊成討論書名，中國新聞出版報，2003-9-4。

17. 張翠俠：書名成「流行語」，中國圖書商報，2003-12-26。

2004 年

1. 秦立新：《素問》書名來自《道德經》，醫古文知識，2004（1）。

2. 劉翔：《黃帝內經》書名來源之探討，河南中醫，2004（3）。

3. 金常政：最長的書名，出版參考，2004（12）。

4. 曲進：中醫書名中的感性和神秘主義色彩，山西中醫學院學報，2004（2）。

5. 李玉清：《注解傷寒論》書名考，江西中醫學院學報，2004（3）。

6. 蘭鳳利：《黃帝內經素問》書名英譯探討，中國中西醫結合雜誌，2004（2）。

7. 劉曉峰：書名的漂流，讀書，2004（10）。

8. 舉人：《文心雕龍》書名的涵義，南京理工大學學報，2004（4）。

9. 劉立翔：合意合宜、意形兼似——淺議三部書名漢譯，湖北大學成人教育學院學報，2004（5）。

10. 但瓊琳：點評《紅樓夢》的書名之英譯，科技英語學習，2004（4）。

11. 韓格平：魏晉子書書名作者雜考數則，古籍整理研究學刊，2004（6）。

12. 吾愛漂：嚴肅作家的不嚴肅書名，散文百家，2004（7）。

13. 姜文兆：「準風月」書名可休矣，光明日報，2004-12-20。

2005 年

1. 肖榮：中國古代目錄書名著錄試探，圖書館學刊，2005（1）。

2. 周路紅、穆俊霞：中醫古籍書名的演變，山西中醫學院學報，2005（1）。

3. 蘇惠昭：書名的力量有多大，江淮時報，2005-6-8。

4. 楊民強：是搶眼還是脹眼——關於惡俗書名現象的批判，出版發行研究，2005（6）。

5. 吳偉：四個書名對我的啟示，秘書工作，2005（6）。

6. 李金坤：《金瓶梅》書名寓意探微，文史月刊，2005（6）。

7. 任水湖：古代書名十二問，咬文嚼字，2005（6）。

8. 余點：現代書名十二問，咬文嚼字，2005（9）。

9. 陳榮昌、申佃才：《紅樓夢》書名知多少，語文天地，2005（11）。

10. 李解民：從《庚巳編》書名之訛說起，中國典籍與文化，2005（3）。

11. 黃天祿：略論《四庫全書》對部分書名著錄存在的問題，重慶三峽學院學報，2005（5）。

12. 洛雨：《揚州書舫錄》書名有誤，南京理工大學學報，2005（5）。

13. 李萬生：「水滸」書名及相關問題，雲夢學刊，2005（6）。

14. 王少良：《文心雕龍》書名縕義新探，學術論壇，2005（12）。

15. 王紅：從分類難看中醫書名的文化色彩——中醫著作分類難的原因及帶來的後果，中醫藥學報，2005（6）。

16. 蔡鴻生：書名學，北京日報理論週刊，2005（11）。

2006 年

1. 苗鋒：書名譯法二題，上海翻譯，2006（1）。

2. 陳衛星、杜菁鋒：《世說新語》書名考論，天中學刊，2006（1）。

3. 李晶：翻譯與意識形態——《水滸傳》英譯本不同書名成因探析，外語與外語教學，2006（1）。

4. 李旋珠、李文軍：《滇南本草》書名考，雲南中醫中藥雜誌，2006（1）。

5. 曹凌：論書名在封面裝幀設計中的視覺藝術魅力，美與時代，2006（2）。

6. 曹凌：論書名設計的藝術魅力和表現手法，裝飾，2006（3）。

7. 付文斌：目睹近幾年書名之怪現狀，社會觀察，2006（3）。

8. 周紹恒：《文心雕龍》書名與「文之樞紐」的關係初探，貴州文史叢刊，2006（2）。

9. 余群：《論語》書名釋義，寧波教育學院學報，2006（2）。

10. 余群：《論語》書名新解——兼與教晶先生商榷，孔子研究，2006（3）。

11. 陳傑：書名策劃的經驗法則，湖南城市學院學報，2006（2）。

12. 毛遠明：漢語文辭書名物詞語釋義存在的問題，阿壩師範高等專科學校學報，2006（2）。

13. 周邵玲、賈德江：從《紅樓夢》中書名的翻譯看文化信息傳譯，南華大學學報，2006（2）。

14. 裴麗、常存庫：中醫古籍書名的信息障礙及文化分析，中醫藥學報，2006（3）。

15. 戴凡：書名的文體意義——系統功能語言學的文體分析，中山大學學報，2006（4）。

2007 年

1. 王富強：古書命名方法摭談，圖書與情報，2007（2）。
2. 謝玉娥：《歷代婦女著作考》所載婦女著作書名探析，昌吉學院學報，2007（6）。

2008 年

1. 劉天：古代書名中的文史知識，國學，2008（3）。
2. 徐建華：傳承文化、輔助閱讀的嘔心力作——評《中國書名釋義大辭典》，圖書館雜誌，2008（5）。
3. 熊輝：歷代古書書名與避諱，圖書館學研究，2008（7）。
4. 劉冬穎：古代書名趣談，文史知識，2008（9）。

2009 年

1. 陳虎：古代書名中的學問——我看《中國書名釋義大辭典》，尋根，2009（1）。
2. 徐強：書名文化研究的新成果——評《中國書名釋義大辭典》，辭書研究，2009（1）。
3. 梁義亭：破譯書名的秘密——讀《中國書名釋義大辭典》：編輯學刊，2009（2）。
4. 呂建軍：點睛之筆：書名在營銷中的價值探析，出版發行研究，2009（2）。
5. 孫根榮：「創新書名」才是「敲門磚」，中華讀書報，2009-2-11。
6. 李璐、翟興波：書名製作背後的出版倫理失範，華中師範大學研究生學報，2009（3）。

2010 年

1. 馬子雷：「被暢銷」圖書：眼球經濟下的視覺暴力，中國文化報，2010-3-3。
2. 李銳：新出簡帛與古書書名研究——《古書通例·古書書名之研究》補，文史哲，2010（5）。
3. 沈倩倩、張志強：暢銷書書名設計藝術淺探，編輯學刊，2010（4）。
4. 陳立民、韓莉：書之「以目傳神」——淺析書名設計的表現技法，美與時代，2010（7）。

2011 年

1. 俞劍明：冷眼觀書名，觀察與思考，2011（1）。

2. 黃威：中國古籍書名研究芻議，圖書館工作與研究，2011（4）。

3. 黃威：中國古籍書名研究問題解析與理論構建〔註6〕，圖書與情報，2011（2）。

4. 姜秀花：古今書名探析，蘭臺世界，2011（5）。

5. 李華年：人靠衣裳馬靠鞍——漫談「書名」的藝術，貴州文史叢刊，2011（4）。

6. 來新夏：書名雷同及其他，中華讀書報，2011-9-14。

2012 年

1. 趙晨：古代書名的從無到有，現代交際，2012（1）。

2. 易圖強、劉樂：勵志暢銷書書名的符號學解讀〔註7〕，出版發行研究，2012（7）。

3. 周慧虹：書名「傍名作」，歇歇吧，工人日報，2012-8-13。

4. 謝詩敏：書名的「奇觀化」現象解讀，出版發行研究，2012（8）。

5. 李興茂：「書名黨」：營銷時代的文化怪胎，語文建設，2012（9）。

6. 張青：暢銷書書名演變的五個趨勢，出版參考，2012（Z1）。

2013 年

1. 許玉潔：書名傳達情感——試論書名設計在封面裝幀中的視覺信息傳達〔註8〕，藝術科技，2013（1）。

2. 筱舟：書名「傍名作」並非靈丹妙藥，中國圖書商報，2013-03-15。

3. 劉火雄：書名借用古詩詞的美學價值及出版效應，現代出版，2013（3）。

〔註6〕該文指明研究中存在忽視書名起源、發展問題，材料選擇存在侷限，材料使用混亂無序，缺乏理論支撐，研究對象比例失衡等五方面缺陷並提出了解決方法，即：書名起源與形制研究宜結合出土文獻，研究材料來源宜以古代目錄著作為依據，書名研究需借鑒關於「名」的理論，書名研究應注意一些高頻字的使用。

〔註7〕暢銷書是典型的符號消費。勵志暢銷書的書名包含了豐富的符號學內涵，集中體現了當今讀者需求的功利性傾向。作為一種社會文化的符號，勵志暢銷書書名反映了社會轉型時期的人們對名利的追逐，對成功的希冀，對自我價值的追求，對當下快樂的渴求。有一個好的書名是圖書暢銷的重要原因。

〔註8〕書名設計處於整個封面裝幀的核心地位，書名設計中暗含著將多維情感外化為視覺信息的功能。一方面，書名作為情感的載體以其獨有魅力吸引著讀者的關注，另一方面，書名設計將文字情感外化為視覺形象，溝通著書籍作者、書名設計者和讀者之間的情感。

4. 宋煥起：書名：裝幀設計的靈魂〔註9〕，編輯學刊，2013（3）。

5. 陶恒：基於模因論的暢銷書書名分析，編輯之友，2013（7）。

6. 張愛民：書名策劃與編輯創新，出版與印刷，2013（4）。

7. 許錫強：書名妙可諧音讀，書屋，2013（9）。

8. 張曉媛：怪書名長書名的新腔調，山東商報，2013-7-23。

9. 陶恒、姚純貞、歐陽婷：出版界「書名黨」現象〔註10〕解析，出版發行研究，2013（12）。

2014 年

1. 張愛民：略談書名策劃的藝術，現代出版，2014（4）。

2. 周雲釗、趙東栓：從《晏子春秋》書名含義看其文體性質，蘭州學刊，2014（3）。

3. 葉新、詹雪美：饒舌的書名：一場「舌尖上」的圖書盛宴，中國圖書評論，2014（2）。

2015 年

1. 杜浩：雷人書名掩飾不了內容空虛，工人日報，2015-3-9。

2. 張魁興：奇葩書名傷市場，中國新聞出版報，2010-3-18。

3. 杜浩：過度「書名營銷」傷害圖書文化價值，河北日報，2015-3-27。

4. 張春津：《易經》書名辨析，理論與現代化，2015（9）。

5. 羅敏超：解讀文藝類暢銷小說的書名元素，出版廣角，2015（6）。

6. 劉安然：暢銷書名的形式特徵考察與語言失範反思——以開卷暢銷書榜（2007～2013 年）為例，嶺南師範學院學報，2015（4）。

[說明] 2016 年以來的論著沒有列入，因此目作於 2015 年上半年之故。

〔註 9〕書名是裝幀設計的靈魂，書名是圖書內容的核心，抓住書名，設計就有了出發點、方向和歸宿。該文從書名本身、書名用字和書名位置經營三個要素入手，剖析裝幀設計的靈魂。

〔註 10〕「書名黨」現象主要體現為矯揉造作、跟風搭載和凸顯感官刺激等三種類型的書名，是一些策劃人順應社會語境、文化語境以及讀者低層次心理的結果。

《天岳山館文鈔》與
《四庫提要》關係考論

李元度（1821～1887），字次青，一字笏庭，湖南平江人。《天岳山館文鈔》（以下簡稱《文鈔》）四十卷，李元度於光緒四年（1878）親自編定，並於光緒六年（1880）刊印。張舜徽先生在《清人文集別錄》中曾經指出：「元度留心當世文獻，刻意搜求，所著《先正事略》一書，於有清一代遺聞軼事，綜錄頗備。而其一生致力，專在文辭，於學術造詣甚淺。集中凡論涉經學，大半抄襲《四庫提要》。若卷二十四《重刻周易來注序》、《海粟樓藏書目錄序》、《易學一得序》、《讀左隨筆序》諸篇，或節取，或全錄，一字無易，殊嫌掠美。」〔註1〕

自張氏發難以來，迄今未見嗣響。我們在將《文鈔》涉及抄襲《四庫提要》的篇目做了詳細考察的基礎上，深入分析《四庫提要》對李元度的影響，進而對《四庫提要》在晚清的傳承做初步的探究。

一、「論涉經學」取材《四庫提要》考

據李元度光緒四年自序，《文鈔》「計為類二十有八，為文五百一十有六」〔註2〕，今所見刻本《文鈔》實止 27 類，而《重修南嶽廟殿上樑文》有目無文，如單獨分計《南嶽志小序》十四則、《平江縣志論》三十二則，《文鈔》所

〔註1〕張舜徽：《清人文集別錄》卷 19，華中師範大學出版社，2004 年版，第 484～485 頁。

〔註2〕李元度：《天岳山館文鈔自序》，嶽麓書社，2009 年版，第 6 頁。按：如與光緒六年刻本不符，則以刻本為據，下同。

有文章合計僅 492 篇，較有可能是李元度刊印《文鈔》之時，又作了刪改。
《文鈔》卷一至卷三為「論」和「說」，卷四為「碑」，卷五至卷十四為「別
傳」、「事略」和「行狀」，卷十五至卷十九為「記」和「書事」，卷二十至卷二
十三為「墓誌銘」、「墓表」和「神道碑」，卷二十四至卷三十為「序」、「跋」
和「書後」，卷三十一至卷三十四為「贈序」和「壽序」，卷三十五為「策問」
和「議」，卷三十六為「書」，卷三十七為「箴」、「銘」、「頌」、「贊」、「哀辭」、
「祭文」和「祝文」，卷三十八至卷四十為「雜著」。其中，《文鈔》「論涉經學」
的篇目如下表：

卷　數	篇數	經學篇目	小計
卷一至卷三	33	舜論、泰伯論、鉏麑論、孔子誅少正卯論、思無邪說、格物說、孟子說、甘誓湯誓說、金縢說、關雎說、將仲子說、檀弓說、檀弓說二、周禮媒氏說	14
卷四	15		0
卷五至卷十四	80		0
卷十五至卷十九	51	書吳妙應事	1
卷二十至卷二十三	55		0
卷二十四至卷三十	94	四書廣義序、小學絃歌序、六經諸史因果錄序、重刻周易來注序、易學一得序、讀左隨筆序、繡佛樓詩序、學佛閣詩序、養貞閣詩序	9
卷三十一至卷三十四	60	彭麗崧親家七十壽序	1
卷三十五	3	策問八道	1
卷三十六	14		0
卷三十七	23		0
卷三十八至卷四十	64	原性、讀《論語》、讀《論語》二、讀《論語》三、讀《論語》四、讀《大學》、《孟子》錯簡、《四書》次第、是非、氣機、輪迴、因果、志疑	13
合計	492		39

　　《文鈔》涉及經學的部分篇目僅偶有徵引經書，或是藉以論事，無關學
術，如《子產論》等，故不予列入。將這些篇目去除後，《文鈔》「論涉經學」
的篇目共 39 篇，占總篇數的 7.9%，比例極小。

　　張舜徽先生列舉了《文鈔》「論涉經學」篇目抄襲《四庫提要》的幾個例證，經過考察，《海粟樓藏書目錄序》並不涉及經學，將其與《四庫提要》相關內容對比後，兩者也不存在很大的關聯。除《海粟樓藏書目錄序》外，各篇取材《四庫提要》的史源如下表：

經學篇目	史　源
《重刻周易來注序》	《四庫提要》卷一《易類序》；《四庫提要》卷五《周易集注》提要
《易學一得序》	《四庫提要》卷一《易類序》
《讀左隨筆序》	《四庫提要》卷二十六《春秋左傳正義》提要、《春秋集解》提要；卷二十八《左傳屬事》提要、《左氏釋》提要；卷三十一《左傳評》提要

　　誠如張舜徽先生所言，以上三篇中的經學內容確是節錄或全取《四庫提要》一則或數則提要而成，然而，各篇借用《四庫提要》的文字並非「一字不易」，而是均對《四庫提要》作了一定幅度的修改，如《重刻周易來注序》，《文鈔》卷二十六《重刻周易來注序》原文如下：

　　　　《易》之為書，推天道以明人事者也，精微廣大，無所不賅。
　　漢儒若費、孟、荀、鄭諸家，皆言象數，去古未遠。一變而為京房、
　　焦子贛，入於禨祥；再變而為陳希夷、邵康節，務窮造化。王輔嗣
　　盡黜象數，說以老莊。一變而為胡翼之、程伊川，闡明性理；再變
　　而為李莊簡、楊文節，又參證史事。此兩派六宗者，一主天道，一
　　主人事，各得《易》之一端，交相勝，亦交相足。其他《易》外別傳
　　者，無論已。
　　　　宋以後，言數者宗邵子，言理者宗程子，而朱子《本義》，則發
　　明程《傳》者也。明代精《易》學者，前有蔡虛齋、胡敬齋、韓恭
　　簡，後有高忠憲、黃忠端、倪文貞，多主言理，惟忠端言數。而梁
　　山來瞿塘先生，兼理數而精之，研究二十九年，遂成專家之學。先
　　生鄉舉後，移居萬縣㟽山中，覃思《易》理，自隆慶庚子至萬曆戊
　　戌，始成《集注》一書。其立說專取《繫辭》中「錯綜其數」以論
　　《易》象，而以《雜卦》證之。其論「錯」有「四正錯」，有「四隅
　　錯」，論「綜」有「四正綜」，有「四隅綜」，有「以正綜隅」，有「以
　　隅綜正」。其論「象」有「卦情之象」，有「卦畫之象」，有「大象之

象」，有「中爻之象」，有「錯卦、綜卦之象」，有「占中之象」，有「爻變之象」。而於卦變之說則闕之。其注先釋象義、字義及錯綜義，然後釋本卦、本爻正意。凡皆冥心力索，得其端倪，因而參互旁通以自邑其說，蓋兼通程、邵之理數，以上徹四聖人之奧義微言，而於象之為像，其所以彌綸天地之故，獨能會諸意言之表。其《自序》謂「孔子歿而《易》亡，二千餘年如長夜」，言大而實，非誇也。顧其書雖流佈藝林，後學不能盡得而讀之，吾鄉同志之士，乃能勾資重刻，以表彰先儒絕業，甚盛舉也。善學者觀辭玩占，用以深究夫天道之盈虛消長，與人事之吉凶悔吝、進退存亡，其必以先生此書為秘鑰也夫？〔註3〕

文中第一段的內容出自《四庫提要》卷一《易類序》，《四庫提要》載：

聖人覺世牖民，大抵因事以寓教：《詩》寓於風謠，《禮》寓於節文，《尚書》、《春秋》寓於史，而《易》則寓於卜筮。故《易》之為書，推天道以明人事者也。《左傳》所記諸占，蓋猶太卜之遺法。漢儒言象數，去古未遠也。一變而為京、焦，入於禨祥；再變而為陳、邵，務窮造化，《易》遂不切於民用。王弼盡黜象數，說以老莊。一變而胡瑗、程子，始闡明儒理；再變而李光、楊萬里，又參證史事，《易》遂日啟其論端。此兩派六宗，已互相攻駁。又《易》道廣大，無所不包，旁及天文、地理、樂律、兵法、韻學、算術，以逮方外之爐火，皆可援《易》以為說，而好異者又援以入《易》，故《易》說愈繁。夫六十四卦《大象》皆有「君子以」字，其爻象則多戒占者，聖人之情見乎詞矣。其餘皆《易》之一端，非其本也。今參校諸家，以因象立教者為宗，而其他《易》外別傳者，亦兼收以盡其變，各為條論，具列於左。〔註4〕

對比可知，《重刻周易來注序》對《四庫提要》做了較大修改。《四庫提要》說道，漢儒主象數，「去古未遠也」，《易》學在漢以後分兩派六宗，且「互相攻駁」，皆非《易》之本，故《四庫提要》「以因象立教者為宗」。而《重刻周易來注序》將《易》學之兩派六宗「互相攻駁」更改為「各得《易》之一端，交相勝，亦交相足」，其後，又將「以因象立教者為宗，而其他《易》外別傳者

〔註3〕李元度：《天岳山館文鈔》卷26《重刻周易來注序》，第568～569頁。
〔註4〕永瑢等：《四庫全書總目》卷1，中華書局1965年版，第1頁。

亦兼收以盡其變，各為條論」更改為「其他《易》外別傳者，無論已」。即《重刻周易來注序》不偏主象數，而是肯定《易》之理數二宗各有所得，互為補充。《重刻周易來注序》第二部分的內容出自《四庫提要》卷五《周易集注》提要，《四庫提要》載：

> 《周易集注》十六卷，明來知德撰。知德字矣鮮，梁山人。嘉靖壬子舉人。萬曆三十年，總督王象乾、巡撫郭子章薦授翰林院待詔。知德以老疾辭，詔以所授官致仕。事蹟具《明史·儒林傳》。知德自鄉舉之後，即移居萬縣深山中，精思《易》理。自隆慶庚午至萬曆戊戌，閱二十九年而成此書。其立說專取《繫辭》中「錯綜其數」以論《易》象，而以《雜卦》治之：錯者陰陽對錯，如先天圓圖，乾錯坤，坎錯離，八卦相錯是也；綜者一上一下，如屯、蒙之類，本是一卦，在下為屯，在上為蒙，載之文王《序卦》是也。其論「錯」有「四正錯」，有「四隅錯」，論「綜」有「四正綜」，有「四隅綜」，有「以正綜隅」，有「以隅綜正」。其論「象」有「卦情之象」，有「卦畫之象」，有「大象之象」，有「中爻之象」，有「錯卦之象」，有「綜卦之象」，有「爻變之象」，有「占中之象」。其注皆先釋象義、字義及錯綜義，然後訓本卦、本爻正意。皆由冥心力索，得其端倪，因而參互旁通，自成一說，當時推為絕學。然上、下經各十八卦，本之舊說，而所說中爻之象，亦即漢以來互體之法，特知德縱橫推闡，專明斯義，較先儒為詳盡耳。其《自序》乃高自位置，至謂「孔子沒後而《易》亡，二千年有如長夜」。豈非伏處村塾，不盡睹遺文秘籍之傳，不盡聞老師宿儒之論，師心自悟，偶有所得，遽夜郎自大哉！故百餘年來，信其說者頗多，攻其說者亦不少。然《易》道淵深，包羅眾義，隨得一隙而入，皆能宛轉關通，有所闡發，亦不必盡以支離繁碎斥也。〔註5〕

對比兩段材料，《重刻周易來注序》「先生鄉舉後……本爻正意」與《四庫提要》差別不大，不同的是，《重刻周易來注序》在前半部分增加了宋至明代《易》學概況的論述，並強調來知德「兼理數而精之」，後半部分增添了「蓋兼通程、邵之理數……獨能會諸意言之表」一句，並將《四庫提要》「偶有所得，遽夜郎自大」更改為「言大而實，非誇也」。《四庫提要》重在闡述《周易

〔註 5〕永瑢等：《四庫全書總目》卷5，第30頁。

集注》的論說方法，避談理數問題，且諷刺來知德「夜郎自大」，而《重刻周易來注序》則論述來知德兼通理數，並有意強調來知德自序「言大而實」。《重刻周易來注序》雖借用了《四庫提要》的話語，立論卻與《四庫提要》迴異。

除以上「論涉經學」篇目外，《文鈔》借用《四庫提要》的經學篇目尚有《四書廣義序》、《氣機》。《四書廣義序》涉及借用《四庫提要》的史源為：《四庫提要》卷三十五《大學章句》《論語集注》《孟子集注》《中庸章句》提要；卷三十六《四書管窺》提要、《四書大全》提要。《氣機》涉及借用《四庫提要》的史源為：《四庫提要》卷三十五《大學章句》《論語集注》《孟子集注》《中庸章句》提要。與《重刻周易來注序》等篇目相同的是，《四書廣義序》、《氣機》同樣對《四庫提要》作了一定程度的修改，如《文鈔》卷二十六《四書廣義序》載：

> 朱子生平著述最多，行世亦最早，往往有後來考定未及造改者，故或沿漢唐諸儒之訛，或漢唐諸儒疏解不誤，朱子改之而轉誤。不獨《文集》、《語錄》不無矛盾，即《章句》、《集注》、《或問》亦時有牴牾，原書具在，可覆按也。且夫注曰《集注》，傳曰《集傳》，曷嘗以一家之說盡經哉？有能拾遺糾謬以匡所不逮，朱子必樂聞之，或更補正焉以求無憾於聖賢，不如是不足為朱子也。觀易簀前數日，猶手自更定「誠意」章注，其不自信若此。乃自科舉學興，讀朱子書者，一字一句奉為經典，雖其甚不安於心者，亦為說以附會之。〔註6〕

《四庫提要》卷三十六《四書管窺》提要載：

> 《四書管窺》八卷，元史伯璿撰。……考朱子著述最多，辨說亦最夥。其間有偶然問答未及審核者，有後來考正未及追改者，亦有門人各自記錄，潤色增減，或失其本真者。故《文集》、《語錄》之內，異同矛盾，不一而足。即《四書章句集注》與《或問》亦時有牴牾。原書具在，可一一覆按也。當時門人編次，既不敢有所別擇，後來讀朱子書者，遂一字一句奉為經典，不復究其傳述之真偽與年月之先後。但執所見一條，即據以詆排眾論，紛紜四出，而朱子之本旨轉為尊信者所淆矣。〔註7〕

可見，李元度並非嚴格地徵引《四庫提要》，而是根據己意做出修改。遍考《文

〔註6〕李元度：《天岳山館文鈔》卷二十六《四書廣義序》，第560～561頁。
〔註7〕永瑢等：《四庫全書總目》卷36，第301頁。

鈔》經學篇目，並未再發現借用《四庫提要》的例證，即《文鈔》借用《四庫提要》內容的經學篇目共 5 篇，約占所有經學篇目的 12%，遠沒有達到「大半抄襲」的程度。

二、《四庫提要》為「讀書之門徑」

《文鈔》借用《四庫提要》的內容並不限於經學，《文鈔》對《四庫提要》史部、子部、集部提要均有所取資，如《史書綱領序》、《與郭筠仙中丞論通志體例書》、《平江縣志例言》、《地理小補序》、《國朝古文正的序》等篇目，而這些篇目同樣不是對《四庫提要》的簡單複製，如《史書綱領序》，《史書綱領序》與《四庫提要》有關聯的內容如下：

> 嘗考《隋書·經籍志》，謂劉向《別錄》、劉歆《七略》，剖析源流，各有序以推尋事蹟。宋之《崇文總目》及陳氏《解題》、晁氏《讀書志》，並得此意，使後儒得略見古書之崖略，端賴乎此。〔註8〕

《四庫提要》卷八十五《目錄類序》載：

> 《隋志》曰：「劉向《別錄》、劉歆《七略》，剖析條流，各有其序，推尋事蹟。自是以後，不能辨其流別，但記書名而已。」其文甚明，應麟誤也。今所傳者以《崇文總目》為古，晁公武、趙希弁、陳振孫並準為撰述之式。〔註9〕

《四庫提要》卷八十五《崇文總目》提要載：

> 《崇文總目》十二卷，宋王堯臣等奉敕撰……考原本於每條之下具有論說，逮南宋時，鄭樵作《通志》，始謂其文繁無用，紹興中，遂從而去其序釋……考《漢書·藝文志》本劉歆《七略》而作，班固已有自注。《隋書·經籍志》參考《七錄》，互注存佚，亦沿其例。
>
> 《唐書》於作者姓名不見紀傳者，尚間有注文，以資考核。後來得略見古書之崖略，實緣於此，不可謂之繁文。〔註10〕

毫無疑問，《史書綱領序》以上內容為綜合《四庫提要·目錄類序》與《崇文總目》提要而成。又如《國朝古文正的序》，其與《四庫提要》相關的內容如下：

> 古人操選政者，若《唐文粹》、《宋文鑒》、《元文類》、《明文海》

〔註 8〕李元度：《天岳山館文鈔》卷 27《史書綱領序》，第 582 頁。
〔註 9〕永瑢等：《四庫全書總目》卷 85，第 728 頁。
〔註 10〕永瑢等：《四庫全書總目》卷 85，第 728 頁。

之屬，皆斷代為書。若《文選》、《文苑英華》之屬，則綜歷代而擷其尤。若朱氏右選《八先生文集》，茅氏坤因之，儲氏欣廣之為十家，則合數家為一集。至呂東萊之《古文關鍵》，樓迂齋之《古文標注》，真西山之《文章正宗》，謝疊山之《文章軌範》，又各取古人名作，標舉其命意布局之所在，示學者以徑途，其為來學計，益深切矣。〔註11〕

《四庫提要》卷一百八十七《古文關鍵》提要載：

> 《古文關鍵》二卷，宋呂祖謙編。取韓愈、柳宗元、歐陽修、曾鞏、蘇洵、蘇軾、張耒之文，凡六十餘篇，各標舉其命意布局之處，示學者以門徑，故謂之「關鍵」……葉盛《水東日記》曰：宋儒批選文章，前有呂東萊，次則樓迂齋、周應龍，又其次則謝疊山也。朱子嘗以拘於腔子議東萊矣。要之，批選議論，不為無益，亦講學之一端耳云云。然祖謙此書，實為論文而作，不關講學。盛之所云，乃《文章正宗》之批，非此書之評也。〔註12〕

對比可知，《國朝古文正的序》「至呂東萊之《古文關鍵》……示學者以徑途」與《四庫提要》有相似之處，但並非完全照錄。周應龍在《四庫提要》僅此一見，而真德秀及其《文章正宗》在《四庫提要》同卷多次出現，李元度很可能據此增補。

此外，《文鈔》已明確標注出自《四庫提要》或提及「四庫」的篇目有10篇，如《文鈔》卷二十五《湖南文徵序》載：

> 考文章家總集，有合一朝為一集者，若《唐文粹》、《宋文鑒》、《元文類》、《明文海》之屬是也。有合一州一邑為一集者，若宋有《成都文類》、《吳都文粹》及會稽、嚴陵、赤城諸集，元有《宛陵群彥集》、明有《中州名賢文表》、《新安文獻志》、《全蜀藝文志》、《三臺文獻錄》、《吳興藝文補》諸集，國朝有《粵西文載》、《金華文略》、《柘浦文鈔》諸集是也。其書並錄在《四庫》，藏之名山。〔註13〕

除《柘浦文鈔》未見諸於《四庫提要》外，《唐文粹》、《宋文鑒》等著錄於《四庫提要》卷一百八十六至卷一百九十四總集類提要。

〔註11〕李元度：《天岳山館文鈔》卷27《國朝古文正的序》，第580～581頁。
〔註12〕永瑢等：《四庫全書總目》卷187，第1698頁。
〔註13〕李元度：《天岳山館文鈔》卷25《湖南文徵序》，第547～548頁。

　　《文鈔》經學篇目借用《四庫提要》的比例雖然不大，但結合《文鈔》非經學篇目借用《四庫提要》的例證，可以發現，李元度對《四庫提要》經、史、子、集四部均有所擇取，且李元度對《四庫提要》的運用極為嫻熟。如若李元度對《四庫提要》沒有足夠的瞭解，顯然很難靈活地借用《四庫提要》。張舜徽先生在《清人文集別錄》中說道：

　　　　觀其平日論學之語有曰：「嘗論讀書難，其在今日轉易。何者？
　　經學至國朝諸儒，實能洞闢奧窔，盡發前人之覆。今既有《皇清經
　　解》一書，以匯眾說，又得《欽定四庫全書提要》，類聚條分，以辨
　　讀書之門徑。學者即二書求之，思過半矣。」（是集卷二十七《重刻
　　輶軒語書目答問序》）可知元度一生，固奉《四庫提要》為守約之書，
　　而未嘗從事本原之學。宜其言及群經源流得失，自不免於剽竊陳言，
　　以為己作也。〔註14〕

張舜徽先生認為，李元度奉《四庫提要》為「守約之書」，而不從事紮實的「本原之學」，故於經學無所得，習慣於抄襲《四庫提要》。李元度有無從事「本原之學」或可商榷，但從李元度的序中得知，李元度視《四庫提要》為「讀書之門徑」。至於李元度何以視《四庫提要》為「讀書之門徑」，其在序中作了交代，即它與《四庫提要》的學術地位和著作類型有關。

　　首先，《四庫提要》具有相當高的學術地位。李元度說道：「經學至國朝諸儒，實能洞闢奧窔，盡發前人之覆。」在李元度看來，「國朝諸儒」的學術水準超越前人，成就卓越，而《四庫提要》的編纂與李元度所讚頌的「國朝諸儒」關係甚大。《四庫提要》的編纂為曠世巨典，參與編纂人員，幾乎囊括當世學界名家，如著名的「五徵君」（戴震、邵晉涵、周永年、餘集、楊昌霖）。一部匯聚「國朝諸儒」之力的《四庫提要》，無疑具有很高的學術地位。更為關鍵的是，《四庫提要》為清廷欽定的學術史著作。《四庫提要》雖由紀昀等四庫館臣參與編纂，但它絕不是紀昀等四庫館臣的個人著作，而是代表著清廷當局的意志和主張，故李元度在序中使用了「欽定《四庫全書提要》」的話語，而不是僅用「《四庫全書提要》」。因而，一部由當世學界名家參與編纂，經過最高統治者欽定的《四庫提要》，具有極高的權威。《四庫提要》在刊行後獲得的評價可以很好地說明這一點，如周中孚在《鄭堂讀書記》中說道：「自漢以後，簿錄之書，無論官撰、私著，凡卷第之繁富，門類之允當，考證之精審，議論

────────────

〔註14〕張舜徽：《清人文集別錄》卷19，第485頁。

之公平，莫有過於是編矣。」〔註15〕阮元說道：「凡六經傳注之得失，諸史記載之異同，子集之支分派別，罔不抉奧提綱，溯源徹委……考古必衷諸是，持論務得其平。」〔註16〕

正因如此，學者紛紛奉《四庫提要》為撰著、治學之資。如阮元編纂《儒林傳稿》，大幅度地徵引《四庫提要》；梁章鉅《退庵隨筆》讀經、讀史、讀子、學文諸類所論，多採自《四庫提要》〔註17〕，以備治學之參考；張之洞在《輶軒語》中說道：「今為諸生提一良師，將《四庫全書總目提要》讀一過，即略知學問。析而言之，《四庫提要》為讀群書之門徑。」〔註18〕所以，李元度視《四庫提要》為「讀書之門徑」的觀點並不僅僅是一己之見，它在清後期具有一定的代表性。

在此背景下，李元度自然對《四庫提要》有相當的熟悉度，以致在文章中頻頻借用《四庫提要》。《文鈔》借用《四庫提要》的篇目多是用以作論述之資，如《重刻周易來注序》、《易學一得序》、《國朝古文正的序》等。在《國朝古文正的序》中，李元度借用《四庫提要》關於呂祖謙《古文關鍵》的論述，並特地在其後增加「其為來學計，益深切矣」一句，看似肯定《古文關鍵》等著作，實則是為下文表彰楊彝珍《國朝古文正的》作鋪墊。然而，《文鈔》借用《四庫提要》的篇目，並非完全順承《四庫提要》之意，部分篇目對《四庫提要》進行修改後，其論學宗旨與《四庫提要》已不同，這些篇目多「論涉經學」，如《重刻周易來注序》、《易學一得序》。李元度之所以如此修改，其原因是多方面的。

表面看來，《重刻周易來注序》等篇目與《四庫提要》的論述目的不同。《四庫提要》重在考辨源流與評判著作，而《重刻周易來注序》、《易學一得序》作為序，目的是為所序著作張目，故李元度不得不對《四庫提要》做出適當的修改，如《四庫提要》批評來知德「夜郎自大」，這種說法顯然不利於《周易集注》，李元度將其更改為「言大而實」，以便為《周易集注》作宣傳。

事實上，《重刻周易來注序》等篇目與《四庫提要》出現差異的原因並非僅因兩者論述目的不同，它與李元度的治學宗旨、《文鈔》的時代背景有很大關係。

〔註15〕周中孚：《鄭堂讀書記》卷32，北京：北京圖書館出版社，2007年，第587頁。
〔註16〕阮元：《紀文達公集序》，《揅經室集》三集卷五，《四部叢刊》景清道光本。
〔註17〕徐德明：《清人學術筆記提要》，學苑出版社2004年版，第135頁。
〔註18〕司馬朝軍：《輶軒語詳注》，華東師範大學出版社2010年版，第139頁。

李元度的治學宗旨與《四庫提要》不同。李元度受學於曾國藩，尊崇程朱理學，並能出入朱王二家，於王學持論較為平允。《文鈔》中多處可反映李元度的思想傾向，部分學者對此也有論及。〔註19〕而《四庫提要》揚漢抑宋，其《易》學觀以漢儒象數之說為宗。所以，李元度的治學宗旨與《四庫提要》的論學宗旨相反。更重要的是，《文鈔》的時代背景與《四庫提要》不同。《四庫提要》編纂於乾隆晚期漢學正如日中天之時，李元度主要生活於道光至光緒年間，《重刻周易來注序》、《易學一得序》等篇目撰寫於道光晚期至光緒初年。道光以降，漢學已漸趨衰落，而一度偃旗息鼓的程朱理學，在唐鑒、曾國藩等的倡導下，卻出現復興之跡象；另一方面，清廷早已不復乾隆時期的輝煌，疲於應對社會危機，思想控制漸趨鬆緩。因而，學術生態和社會形勢都變得有利於宗理學者。

在這種情況下，《四庫提要》無法對李元度形成強有力的約束力，故李元度敢於修改《四庫提要》。如在《重刻周易來注序》中，關於《易》學源流，《四庫提要》「以因象立教者為宗」，李元度闡述《易》學兩派，互為補充，各有所得；對於來知德《周易集注》，李元度強調來知德「兼通程、邵之理數」。在《易學一得序》中，同樣可以體現李元度的治學宗旨，《易學一得序》與《四庫提要》有關聯的內容如下：

> 古聖人覺世牖民，大氐因事以寓教。《易》則寓於卜筮，推天道以明人事者也。《左傳》所記諸占，蓋猶太卜之遺法。漢儒言象數，去古未遠，鄭康成從馬融受費氏《易》，實為傳《易》之正脈。一變而入禨祥，為京、焦之學；再變而窮造化，為陳、邵之學，此一派也。王輔嗣盡絀象數，以老莊說《易》。一變而為胡翼之、程伊川，闡明儒理；再變而為李莊簡、楊文節，參證史事，此又一派也。漢以後說《易》諸家，無出兩派六宗外者。又《易》道廣大，無所不包，旁及天文、地理、樂律、兵法、醫宗、韻學、算術，以逮方外之爐鼎，皆可援《易》以為說，而好奇者又往往援之以入《易》，於是《易》說愈繁。夫六十四卦之爻象，多戒占者，聖人之情見乎詞矣。其餘皆《易》之一端，非其本也。然《易》理統貫天人，成於四聖，京、孟、鄭、虞諸經師，各述其所得，仁者見仁，智者見智，自非聖

〔註19〕戚學民：《〈國朝先正事略〉與〈儒林傳稿〉》，《阮元〈儒林傳稿〉研究》，三聯書店，2011 年版，第 420～450 頁。

人復出，未有能得其定論確解者。雖程《傳》、朱《義》，所詣最深，不敢謂盡得聖人之意也。故說《易》當以因象立教為宗，而其他《易》外別傳者，亦必兼收以盡其變焉。〔註20〕

此段內容的史源基本出自《四庫提要・易類序》，而「鄭康成從馬融受費氏《易》，實為傳《易》之正脈」一句出自《四庫提要》卷一《周易鄭康成注》提要，《四庫提要》載：

《周易鄭康成注》一卷，宋王應麟編。……考玄初從第五元先受京氏《易》，又從馬融受費氏《易》，故其學出入於兩家。然要其大旨，費義居多，實為傳《易》之正脈。〔註21〕

此外，《易學一得序》增添了「然《易》理統貫天人……雖程《傳》、朱《義》，所詣最深，不敢謂盡得聖人之意也」等內容，又將《四庫提要》「亦兼收以盡其變」增補為「亦必兼收以盡其變焉」。對比《易學一得序》對《四庫提要》所做的增補，《易學一得序》與《四庫提要》的論學宗旨已大相逕庭。費氏《易》學為義理之祖，李元度借用《四庫提要》的話語，強調義理方為漢《易》之正脈，其後李元度特意增添內容，強調對於《易》學，「仁者見仁，智者見智」，「程《傳》、朱《義》，所詣最深」。而這些修改並非僅僅是為《易學一得》尋求理論依據，《易學一得》多循陳、邵之學，非義理之學。李元度所作的修改，實則是對《四庫提要》之《易》學觀的否定，是其個人論學宗旨的體現。

因而，李元度雖然認可出自欽定的《四庫提要》對於讀書治學甚有裨益，並且確實對其有相當程度地瞭解，卻未奉《四庫提要》為不刊之典，僅是限於作為「讀書之門徑」。李元度對《四庫提要》持實用之態度，即以《四庫提要》為撰著之資，合則從之，不合則改之，而經部提要是《四庫提要》貶抑宋學的主要陣地，所以李元度對《四庫提要》修改幅度較大的篇目多在「論涉經學」篇目。

李元度在《四書廣義序》中借用《四庫提要》的話說道：「乃自科舉學興，讀朱子書者，一字一句，奉為經典，雖其甚不安於心者，亦為說以附會之。」李元度本學宗程朱，但其未步唐鑒等人後塵，一味墨守程朱，相反，李元度敢於質疑朱子，認為將朱子言論奉為金科玉律者並非真得朱子之意。又如李元度

〔註20〕李元度：《天岳山館文鈔》卷27《易學一得序》，第585～586頁。
〔註21〕永瑢等：《四庫全書總目》卷1，第2頁。

認為，王陽明「立德、立功、立言，實兼三不朽」〔註22〕，這一觀點在王學飽受抨擊的清代，可謂通達之論。李元度對程朱理學和陽明心學的認識正可以很好地佐證其對《四庫提要》之態度。

三、結論與餘論

張舜徽《清人文集別錄》一書，提要鉤玄，闡幽表微，已經成為清代文學史與學術史研究的一部必讀之作。他指控李元度《天岳山館文鈔》「論涉經學」的部分涉嫌抄襲《四庫提要》，已經成為學界的一重公案。但經過我們的比勘複審，發現其說法稍有不妥，未免言過其實。李元度視《四庫提要》為「讀書之門徑」，並頻頻徵引《四庫提要》有關論述，但並未墨守《四庫提要》，其原因在於：李元度的治學宗旨與《四庫提要》不同；《文鈔》的時代背景與《四庫提要》不同。《文鈔》借用《四庫提要》內容的經學篇目，非但不是「一字不易」，而實際情況是部分篇目還有較大幅度的修改，其論述內容僅涉及《易》、《四書》和《左傳》，所佔篇幅遠未達到大半，難以據此確定李元度有無從事「本原之學」。因此判斷李元度「於學術造詣甚淺」，未免貶之過甚。

《清人文集別錄》中論述《天岳山館文鈔》的內容最早見於《壯議軒日記》，該日記撰於二十世紀四十年代初期，張舜徽先生當日並未仔細核對《四庫提要》，僅是舉起大概而言之，憑印象發言，難免失誤。張舜徽先生所閱讀的《文鈔》同為光緒六年李元度自刊本，《清人文集別錄》卻誤將《重刻周易來注序》等篇目的出處標為「卷二十四」，而《壯議軒日記》所標注的出處則沒有錯誤，令人費解。《壯議軒日記》一度於戰亂中丟失，《清人文集別錄》於1963年付梓，很可能在此後並未再檢閱《文鈔》，而是憑記憶重寫了《天岳山館文鈔》的解題。

余嘉錫在《四庫提要辯證》中說道：「故曰自《別錄》以來，才有此書，非過論也。故衣被天下，沾溉靡窮，嘉、道以後，通儒輩出，莫不資其津逮，奉作指南，功既鉅矣，用亦弘矣。」〔註23〕余嘉錫所言頗為中肯。《四庫提要》在清後期的影響極為廣泛，持久而深入。如阮元編纂具有準國史性質的《儒林傳稿》，徵引《四庫提要》超過了170次之多，李元度《文鈔》不啻將《四庫

〔註22〕李元度：《天岳山館文鈔》卷36《與邢星槎孝廉書》，第740頁。
〔註23〕余嘉錫：《四庫提要辯證·序錄》，中華書局2007年版，第49頁。

提要》作為文章之司南。《四庫提要》澤被後世,對清後期著作的滲透已經由官方向個人轉移,遍及書志、史志、學術史著作、筆記,影響甚至及於文集。

　　值得注意的是,李元度並未將《四庫提要》一字一句均奉為不刊之論,如其在《書羅氏識遺後》對《四庫提要》關於羅壁《識遺》、彭其位《學宮備考》的籍貫著錄提出了異議,而對於《四庫提要》揚漢抑宋的宗旨,李元度更是大不以為然。余嘉錫注意到,「乾、嘉諸儒於《四庫總目》不敢置一詞,間有不滿,微文譏刺而已。道、咸以來,信之者奉為三尺法,毀之者又頗過當。」〔註24〕余嘉錫指出,道光前後,學者對《四庫提要》的態度有明顯轉變,不過,余嘉錫未作深入細緻的闡述。從李元度對《四庫提要》的接受與批評中,可以初步得出,《四庫提要》在道光以降的影響已經發生微妙的變化,一方面,《四庫提要》在學術上仍舊具有相當大的影響力;另一方面,《四庫提要》所確立的「揚漢抑宋」之宗旨已然受到挑戰。李元度不滿的是《四庫提要》的論學宗旨,對於《四庫提要》的學術水準,李元度尚無太多異詞。這一現象透露,作為出自欽定的《四庫提要》,其境遇與漢宋學術興衰及清朝國力息息相關,當學術生態發生改變、清朝國力漸趨下降之時,籠罩在《四庫提要》之上的光環日益褪色,逐漸由權威著作向普通的學術著作轉變。今後需要進一步挖掘《四庫提要》的豐富學術資源,弄清其傳承軌跡,以便更為全面、深入地瞭解清代學術文化生態。

〔註24〕余嘉錫:《四庫提要辯證·序錄》,第48頁。

許瀚《讀四庫全書提要志疑》
對四庫學的貢獻

摘要：

　　通過分析許瀚《讀四庫全書提要志疑》對十八條提要的考辨，認為其中九條可作定論，三條得失參半，四條可備一家之說，僅兩條有誤，可見許瀚對四庫學多有貢獻。進而提出，要通過發掘清人研究成果中的「新材料」，對四庫學史進行系統清理。

　　關鍵詞：許瀚；《讀四庫全書提要志疑》；四庫學；山東文獻研究；文獻學史

　　許瀚（1797～1866），字印林，又字元翰，號蘭若，又號培西，山東日照人。道光十五年（1835）舉人，選滕縣訓導，生平事蹟見袁行雲所編《許瀚年譜》。目前，學界對於許瀚的研究，主要集中在對其著作的收集、考證和目錄版本校勘學、金石方志學、文字訓詁學的探討，前者如王獻唐對許瀚著作的搜求與所作題跋、袁行雲所編《攀古小廬全集》，後者如丁原基《許瀚之文獻學研究》、范曉娟《許瀚學術研究》等。而對許瀚在四庫學上的貢獻多語焉不詳，袁行雲、丁原基雖偶有論及〔註1〕，但並未從四庫學的層面加以論析。我們通過對許瀚《讀四庫全書提要志疑》一文的分析，發現許氏對四庫學多有貢獻，現論述如下。

　　許瀚《讀四庫全書提要志疑》〔註2〕，又稱《讀書附識》，是其讀《總目》

〔註1〕參見袁行云：《許瀚年譜》，濟南：齊魯書社1983年版，第175～176頁；丁原基：《許瀚之文獻學研究》，臺北：華正書局1999年版，第192頁。

〔註2〕《讀四庫全書提要志疑》主要版本有：（1）《許印林手稿》中收《讀四庫全書提要志疑》，山東省博物館藏稿本，《山東文獻集成》第二輯第38冊；（2）《攀古小廬文》（一卷），咸豐七年（1857）高均儒刊本，作《讀書附識》；又有光

的劄記。李祖望《攀古小廬文補遺序》（1874 年）稱：「許君精研小學，兼及於金石、雜家、著錄，皆考核詳審，不沿前人之訛誤，觀文冊中《讀書附識》可知也。」〔註3〕是耶？非耶？下面逐條分析，論其得失。

　　1.《史記提要》云：「然《漢志·春秋家》載《史記》百三十篇，不云有闕，蓋是時官本已以少孫所續，合為一編。觀其《日者》、《龜策》二傳並有『臣為郎時』云云，是必嘗經奏進，故有是稱。其『褚先生曰』字，殆後人追題，以為別識歟？」瀚謹案：《漢志·春秋家》有《太史公》百三十卷，不名《史記》，班固自注云：「十篇有錄無書。」未嘗無闕。又古人私家著述，亦可稱臣，不必因奏進而始稱也。《史記》自稱臣遷，亦自稱太史公，則「褚先生曰」亦無以定其為後人追題。

　　今按：《史記提要》載《四庫全書總目》卷四五。《提要》認為班固《漢書·藝文志》所著錄《太史公書》一百三十卷已合褚少孫所續，並經奏進，其中「褚先生曰」乃後人追題。許瀚則認為班固自注已言《太史公書》中有十篇僅有目錄，而無其書，並不包括褚氏續作；又認為古人私家著述也有「稱臣」之例，不能據褚氏「臣為郎時」之語而斷其必經奏進，司馬遷《史記》中就有自稱「臣遷」、「太史公」之例，也不可據「褚先生曰」而謂其為後人所題。許氏據《史記》內證而駁《提要》之論，其言甚確。

　　2. 歐陽修《集古錄提要》云：「曾鞏欲作《金石錄》而未就，僅製一序，存《元豐類稿》中。修始採摭佚遺，積至千卷。撮其大要，各為之說。」瀚謹案：據此文，則似曾為《金石錄》未成，而歐陽繼之者。歐陽跋尾類，在嘉祐、治平間，曾跋尾雖不題年月，而《桂陽周府君碑跋》云：「熙寧八年，余從知韶州王之材求得此書。」《江西石幢記跋》云：「至熙寧九年，祠部郎中集賢校理葉鈞，此下闕。」《漢武都太守漢陽阿陽李翕西陝頌跋》云：「熙寧十年，馬城中玉為轉運判官於江西，出成州所得此頌。」則其集錄，固在

緒元年楊鐸函青閣重刻本（有《補遺》一卷），日本昭和七年東京文秋堂影印原刊本；(3)《攀古小廬雜著》（十二卷）卷三，光緒間海豐吳重憙刊本，作《讀書附識》；(4)《攀古小廬雜著》（十二卷）卷三，清刻本，收入《續修四庫全書》1160 冊，作《讀四庫全書提要志疑》。本文所引《志疑》文本，以《續修四庫全書》本為底本，參以《許印林手稿》，限於篇幅，不一一出注。

〔註3〕轉引自丁原基：《許瀚之文獻學研究》，臺北：華正書局 1999 年版，第 107 頁。

熙寧後矣。又《周府君碑跋》、《李翕西頌跋》皆有訂正永叔語，斯又曾《錄》在歐陽後之明證矣。至謂曾製序一篇，存《元豐類稿》中，今檢《類稿》，實無此序，豈因其弟五十卷為《金石錄跋》十四則，而誤憶之歟？孫馮翼《京畿金石考序》、李芝齡《金石存序》，皆有「序存《元豐類稿》」語，然檢《類稿》各本，皆無之，或別有此本，疑莫能明也。

今按：《集古錄提要》載《總目》卷八六。許氏據曾鞏跋語，以證曾氏「欲作」之《金石錄》實在歐陽修《金石錄》之後，其論甚確，可祛《提要》之疑竇；而《提要》「序存《元豐類稿》」中之語純屬「誤憶」。余嘉錫《四庫提要辯證》「《集古錄》」一條，全引許瀚之說，並加案語，稱《總目》著錄《元豐類稿》的版本為「康熙中長洲顧崧齡所刊，以宋本參校」，其中並無《金石錄序》，「《提要》實誤記題跋為序，審矣。孫氏、李氏，蓋皆承《提要》之誤耳，非別見一宋元本也」。〔註4〕於此可知許說之確。

3.《博古圖提要》云：「按晁公武《讀書志》稱《宣和博古圖》為王楚撰，而錢曾《讀書敏求記》稱：『元至大中重刻《博古圖》，凡臣王黼撰云云，都為削去，殆以人廢書。』則是書實王黼撰，楚字為傳寫之訛矣。」瀚謹案：此蓋黼字訛，非楚字訛也。《詩》「衣裳楚楚」，《說文》引作「衣裳黼黼」，作書者自名楚，或書作黼，猶米芾亦書作黻也，不知何時誤書作黼，人習知《佞倖傳》之王黼，遂認為黼作，至大刊本輒削其名，是殆擬於子我作亂、曾參殺人矣。晁公武《讀書志》成於紹興二十二年，上距大觀、政和，才四十餘年，其於本書既題「王楚集」，又於薛尚功《鍾鼎篆韻》云：「政和中王楚所傳，亦不過數千字。」豈書出於黼，而公武不知，顧一再稱楚不已邪？

今按：《宣和博古圖提要》載《總目》卷一一五。余嘉錫《四庫提要辯證》引用許瀚此說，謂其「實確」，又補充若干證據。〔註5〕丁原基亦稱：「黼生平事蹟具《宋史》（卷四七○），不云有此書。是知許瀚之考證甚是。惟王楚（王黼），史無傳。」〔註6〕許氏之證《博古圖》為王楚所作，甚確。

〔註4〕余嘉錫：《四庫提要辯證》，北京：中華書局1980年版，第494頁。
〔註5〕參見余嘉錫：《四庫提要辯證》，北京：中華書局1980年版，第804～805頁。
〔註6〕丁原基：《許瀚之文獻學研究》，臺北：華正書局1999年版，第195頁。

4. 吾丘衍《周秦刻石釋音提要》云：「所正《詛楚文》二字：『絆』之為『縫』，其說於古無所據，以文義、字體按之，皆未可信。『沓』之為『遂』，則『沓』、『遂』二字，《詛楚文》石本、版本皆無其文，不知衍所據何本。」瀚謹案：《詛楚文》云：「絆以昏姻。」《說文》：「絆，縶也。」則「絆」義自通，不必改作「縫」，而衍以為「縫」者，疑衍所據本作「絆」，《說文》無此文，而有「縫」字，縫以針絍衣也，「縫以昏姻」，聯屬之意，義亦可通。縫，逢聲；絆，亦當半聲。衍求「絆」字不得，故以「縫」通之也。「沓」之為「遂」，蓋「遂取吾邊城」，衍所據本「遂」作「沓」，《說文》：「沓，迨也。」「迨，沓也。」二字相轉注，「沓取吾邊城」，無義可說，而「遂」之古文作「𨔵」，形與「沓」似，故衍易為「遂」也，「遂」則通矣。《提要》並云「沓」、「遂」二字，《詛楚文》板本、石本皆無其文，又不知《提要》所據何本也。

今按：《周秦刻石釋音提要》載《總目》卷四一。《詛楚文》，又稱《秦祀巫咸神文》，《文淵閣四庫全書》所據編修汪如藻家藏本「絆」下無「縫」字，《十萬卷樓叢書》本「絆」下有「縫」字；又「沓」字，《四庫》本「沓取吾邊城」作「逮取吾邊城」，「逮」下亦無「逐」字。檢「元至正吳刊本」《詛楚文》，有「絆」字，而「沓」則模糊難辨。[註7] 許瀚認為吾丘衍據《說文》而改「絆」為「縫」，二字皆可通；吾丘衍又以字形相近，而改「沓」為「遂」，以「沓」字文義不通，而「遂」字則可通。《詛楚文》原石刻亡於兩宋之際，宋拓本亦不可見，今傳世之「元至正吳刊本」《詛楚文》，又多不可辨識。許氏之言，可備一家之說。

5. 楊慎《水經注碑目提要》云：「昔宋洪适作《隸釋》，嘗以《水經注》所載諸碑，類為三卷。慎偶然未檢，遂復著此編。」瀚謹案：《隸釋》《水經注碑》實一卷，彼書《提要》亦云一卷，此作三卷誤矣。

今按：《水經注碑目提要》載《總目》卷八七。今檢《隸釋》卷二十為「酈道元《水經》」，卷末稱：「右東漢及魏正始以前碑見於《水經》者如此。」[註8]《隸釋提要》亦稱：「凡漢魏碑十九卷，《水經注碑目》一卷，……與二十七卷

〔註 7〕參見王美盛：《詛楚文考略》，濟南：齊魯書社 2011 年版，第 18～20 頁。
〔註 8〕洪适：《隸釋》，北京：中華書局 1986 年版，第 210 頁。

之數合。」﹝註9﹞則洪适《水經注碑目》確為一卷，許瀚之說是矣。

　　6. 張弨《瘞鶴銘辨提要》云：「弨親至焦山拓原銘，較宋黃長
睿、董逌所載者多得八字，所辨亦較顧起元書為詳覈。」瀚案：顧
起元當是顧元慶之訛，起元字太初，江寧人，萬曆戊戌進士，官至
侍郎，諡文莊，著有《金陵古金石考》。與《瘞鶴銘》無涉。元慶號
芷畦，蘇州人，著述甚富，《瘞鶴銘考》其一也。

　今按：《瘞鶴銘辨提要》載《總目》卷八七。丁晏《攀古小廬文序》稱：
「（許瀚）論吾鄉張力臣先生《瘞鶴銘辨》閣本引『顧起元』為『顧元慶』之
誤，皆確不可易。」﹝註10﹞又《總目》卷八七載顧元慶《瘞鶴銘考》提要，其
文曰：「國朝張弨作《瘞鶴銘辨》，僅於董、黃之外復得八字。」﹝註11﹞可證
「顧起元」為「顧元慶」之誤，許氏之說信而不誣。

　　7.《焦山古鼎考提要》云：「焦山古鼎，久已不存，世僅傳其銘
識。王士祿所據者，程邃之本；林佶所據者，徐燉之本。二本互有
得失，張潮則又就寺中重刻石本為之，益失真矣。」瀚謹案：焦山
鼎至今無恙。《提要》此言殊不可解，潮別刻石，為省摹拓，豈必原
器不存乎？

　今按：《焦山古鼎考提要》載《總目》卷一一六。焦山鼎，又稱無更鼎、
無專鼎、鄦專鼎，曾藏於鎮江焦山定慧寺，現藏鎮江市博物館。﹝註12﹞許瀚之
說信而有徵。

　　8. 顧炎武《金石文字記提要》引《潛研堂金石文跋尾》，摘其舛
誤之第三條云：「《元賜冥福禪院地土牒》，趙延壽、范延光皆押字，
炎武視之未審，皆以為無押字。」案：此碑長興四年九月，是「後
唐」，非「元」，顧、錢二書，皆不誤，《提要》作「元」，殆寫刻者之
誤耳。

　今按：《金石文字記提要》載《總目》卷八六，武英殿本、浙本《總目》
「元」字皆作「後唐」，故「元」字當是許瀚所據《提要》寫刻之誤。許氏之
推測無誤。

﹝註9﹞ 永瑢等：《四庫全書總目》卷八十六，北京：中華書局1965年版，第735頁。
﹝註10﹞ 轉引自丁原基：《許瀚之文獻學研究》，臺北：華正書局1999年版，第105頁。
﹝註11﹞ 永瑢等：《四庫全書總目》卷八十七，北京：中華書局1965年版，第749頁。
﹝註12﹞ 參見中國社會科學院考古研究所：《殷周金文集成》第五冊，北京：中華書局
　　　1985年版，第37頁。

9. 徐官《古今印史提要》云:「至謂縣字取系,係倒首之意,假借為州縣字,所以言民之倒縣。其謬妄更不足辨矣。」案:二系字當作県。県,倒首也,見《說文》。徐蓋據《說文》釋其從県之意,而不知県、系會意為縣,假借作州縣字,則惟依聲託事,非有義也,遂成謬論。茲又誤作係,謬戾滋甚。瀚未見徐書,不知此徐書板本之誤邪?抑《提要》板本之誤邪?

今按:《古今印史提要》載《總目》卷一一四。今檢明嘉靖、隆慶間刻本《古今印史》「縣字」條稱:「縣,古懸字,從系,係倒首以見意。」〔註13〕《寶顏堂秘籍》本「系」字作「係」,皆「県」之誤刻。許瀚認為「縣」字並非從県而有倒懸之意,而是県、係二字會意為縣字,徐官之說誤矣。其文應為「從県,県,倒首以見意」,《提要》「県」作「係」,誤矣。許氏因未見《古今印史》原書,故懷疑《古今印史》或《提要》版本有誤。案《說文》「縣」字:「系也。從系持県。」段玉裁注曰:「會意。」〔註14〕可見,徐官解「縣」字之說已誤,原書又誤刻,《提要》又蹈其誤,許氏力為辨之,此事遂明。

10.《孔北海集提要》云:「此本乃明人所捃拾。凡表一篇、疏一篇、上書三篇、奏事二篇、議一篇、對一篇、教一篇、書十六篇、碑銘一篇、論四篇、詩六篇,共三十七篇。」又云:「張溥《百三家》較此本少《再告高密令教》、《告高密縣僚屬》二篇。」今案《百三家》,表、疏二篇、上書五篇、對一篇、教六篇、書十六篇、論四篇、議二篇、碑一篇、詩五篇八首,共四十二篇。比《四庫》本多五篇,而《提要》則謂其少二篇,何也?蓋此《提要》細數總數雖相符合,而實有錯誤,如教稱一篇,而又云張溥本較此本少二篇,然則教當作八篇,此云一篇,顯然錯誤;張本議二篇,一為《馬日磾不宜加禮議》,一為《肉刑議》,二篇不應有闕,則議一篇當作二篇。其詩六篇,蓋分《雜詩》二首為二篇,非有加於張本也,其總數當作四十二篇,而云三十七篇者,就已誤之,細數計之,未與原書對核耳,肊揣如此,俟覓《四庫》本對證之。

〔註13〕徐官:《古今印史》,《四庫全書存目叢書》子部 75 冊,濟南:齊魯書社 1996 年版,第 396 頁。

〔註14〕段玉裁:《說文解字注》卷九篇上,上海:上海古籍出版社 1988 年版,第 423 頁。

今按：《孔北海集提要》載《總目》卷一四八。許氏所引《提要》與武英殿本《總目》同，《四庫》本《孔北海集》書前《提要》「詩六篇，共三十七篇」作「詩，共四十五篇」，書中表一篇、疏一篇、上書三篇、奏事二篇、議二篇、對一篇、教八篇、書十六篇、碑銘一篇、論四篇、詩六篇（九首，較《百三家》多「占句」一篇），共四十五篇。故許瀚謂「教當作八篇」、「議一篇當作二篇」，皆是。《四庫》本書前《提要》改殿本總數之誤，而未及各類之數也，其總數當為四十五篇，許瀚謂「總數當作四十二篇」則誤矣，蓋其未見《四庫》本也。許氏此條，得失參半。

11. 蔡戡《定齋集提要》云：「集本四十卷，乃紹定三年其季子戶部郎官總領四川財賦廙所刊，眉山李埴為序。見於陳振孫《書錄解題》。」今檢陳《錄》，惟云「《定齋集》四十卷，寶謨閣直學士蔡戡定夫撰，君謨四世孫，丙戌甲科」而已，更無他語。《通考》引同。不知《提要》所據陳《錄》何本。

今按：《定齋集提要》載《總目》卷一六○。今檢陳振孫《書錄解題》「《定齋集》」一條，確如許氏所言，並無李埴序。然《提要》「見於陳振孫《書錄解題》」一句，當作「陳振孫《書錄解題》著錄《定齋集》」解，未必即謂《書錄解題》中載有李埴序也。許氏之說，未免求之過深，不足據。

12. 黃注《文心雕龍》「《宗經篇》『《三墳》、《五典》、《八索》、《九丘》』，不引《左傳》，而引偽孔安國《書序》。為《宗經》本文：「皇世《三墳》，帝代《五典》，重以《八索》，申以《九丘》。」從引《左傳》，仍不能明，非不知《三墳》、《五典》、《八索》、《九丘》出《左傳》也。「《諧讔篇》『荀卿《蠶賦》』，不引《荀子·賦篇》，而引明人《賦苑》。」為《賦苑》云：「荀卿《蠶賦》通篇皆形似之言，至末語始云『夫是之謂蠶理』。」足明「諧讔」之意，不然，雖全鈔《蠶賦》一篇，意仍不明，非不知《蠶賦》在《荀子·賦篇》也，要亦以人所共知，不須兼引。《提要》乃指此為「尤多不得其根柢」，過矣。至安國《書序》雖偽，梁朝文士無害其宗信，此又不必責注家之濫引矣。

今按：《文心雕龍輯注提要》載《總目》卷一九五。《提要》認為黃叔琳注《文心雕龍》，有信孔安國《偽古文尚書序》、注荀卿《蠶賦》而引明人《賦苑》之弊，不得根柢。許氏則認為，劉勰著《文心雕龍》時宗信《偽古文尚書序》，

不必求全責備於黃叔琳；《提要》多有先入為主之論，許氏則具同情之理解，其論當矣。許氏又認為黃注《諧讔篇》「荀子《蠶賦》」引《賦苑》不引《荀子・賦篇》，旨在明「諧讔」之意，且《蠶賦》在《荀子・賦篇》為「人所共知，不須兼引」。今檢明萬曆刻本《賦苑》（載《四庫全書存目叢書》集部第 384 冊），書中僅錄荀子《蠶賦》全文，並無「通篇皆形似之言」一句，不知黃氏所據何本，而許氏未檢原書，隨之長短，未免疏漏。許氏此條得失參半。

13.《提要》載任昉《文章緣起》有「明陳懋仁注，國朝方熊更附益之。題『注』者，懋仁語；題『補注』者，熊所加」，而譏其「蔓衍論文，多掇拾摯虞、李充、劉勰之言，而益以王世貞《藝苑卮言》之類，未為精要」。又譏其「議論紕繆，謂《七發》原於《孟子》、《莊子》之七篇，『鄉約』當仿王褒《僮約》」。瀚案：凡此所譏，皆「補注」也。補注本，瀚未見，其陳注本，則見於曹氏《學海類編》，訓釋謹嚴，蓋無長語。

今按：《文章緣起提要》載《總目》卷一九五。《四庫》本《文章緣起》與《學海類編》本中陳注詳略稍有不同，且《提要》所譏，並非皆為補注，如「四言詩」一條，《四庫》本陳注末有「王世貞曰：四言須本風雅，間及韋、曹，然勿相雜也」一句，見王世貞《藝苑卮言》卷一，而《學海類編》本則無。是陳注已「益以王世貞《藝苑卮言》之類」矣，許氏謂《提要》「凡此所譏，皆補注也」之說不確。

14. 強行父撰《唐子西文錄提要》引強行父自序：「宣和元年罷官京師，唐先生同寓城東景德僧舍。」而駁之云：「考庚以張商英罷相之後，坐為商英賦《內前行》貶惠州，大觀五年會赦，北歸，道卒。大觀五年即政和元年辛卯，下距宣和元年己亥，唐沒九年矣，安得同寓京師？其說殊為可疑。」謂「好事者依託為之」。瀚案：強序又云：「自己亥九月十三日，盡明年正月六日而別。先生北歸還朝，得請宮祠歸瀘南，道卒於鳳翔，年五十一，自己亥距今紹興八年戊午，二十年矣。」所記瑣細明確如此，豈似依託者之所為，如後依託，亦當略考其卒年，豈得於卒九年後，猶覼縷作生交語，且別撰出一卒年，以招駁難乎？此蓋作《宋史・文苑傳》者，「北歸」、「道卒」間有脫漏，遂致子西減算九年，正當據此以正史，不當據史疑此。《提要》又以劉克莊《後村詩話》恨子西不得及東坡之門，而

《文錄》言及東坡者八，其一條言「余雅善東坡」，又一條言「年十八，東坡赴定武，過京師，謁於城外一園子中」為疑。按：子西曾一謁東坡，豈必令後村知。據強序，子西卒於宣和庚子，年五十一，蓋生於熙寧三年庚戌，其十八歲當元祐二年丁卯，是正可借東坡赴定武事，考其年歲符合與否。至「余雅善東坡」一條，彼固云「余雅善東坡」以約辭紀事，善猶喜也，非謂與東坡交善也。

今按：《唐子西文錄提要》載《總目》卷一九七。大觀元年即政和元年，為1111年；宣和元年為1119年，紹興八年為1138年。《提要》以《唐子西文錄》強行父序為依託，許瀚駁之，證強序非偽，足補正史之誤。丁晏《攀古小廬文序》亦申許氏之說。〔註15〕又呂榮義《眉山文集原序》稱：「（唐庚）其後歸京師，僦居於景德寺，予時與先生比舍。」〔註16〕亦可與強序相印證，可見強序非偽。李裕民亦據唐庚《亡兄墓銘》證唐庚「宣和元年在京師與強行父會面，自屬情理中事」。〔註17〕《提要》又據劉克莊《後村詩話》疑唐庚雅善、拜謁蘇軾之事為偽託，許瀚駁之，認為唐庚拜謁蘇軾之事，劉克莊未必知曉，而「雅善」並非謂唐庚與蘇軾交善。今檢《後村詩話》卷二曰：「唐子西諸文皆高，不獨詩也。其出稍晚，使及坡門，當不在秦、晁之下。」〔註18〕又徐時棟亦稱：「後村云『不及東坡之門』，非謂不及見東坡之人。子西固不隸坡門，而遂不許其十八歲之嘗一晉謁，此何說耶？景仰前輩，望見顏色，不得師事其人，古今恒有之事，而以未及其門，遽斷為生平未見，可耶？若以『雅善東坡』語駁之，則尤怪。按《文錄》此條之前方稱『東坡詩敘事言簡意盡』，此條因云『謝固作六一堂，求余賦詩，余雅善東坡以約辭記事，冥搜既久，僅得句云云，然深有愧於東坡矣』。是雅善東坡者，雅善東坡之詩，非雅善東坡之人。『余雅善』以下十字為一句，稍知文義者，一見便曉，今以『余雅善東坡』五字為句，不知下文將作何解。」〔註19〕徐說較許說益善。郭紹虞則據周紫芝《竹坡詩話》載強行父為周氏述唐庚論蘇軾詩之語，見於《唐子西文錄》，而

〔註15〕參見丁原基：《許瀚之文獻學研究》，臺北：華正書局1999年版，第105頁。
〔註16〕唐庚：《眉山集》，《文淵閣四庫全書》1124冊，臺北：商務印書館1983年版，第272頁。
〔註17〕李裕民：《四庫提要訂誤》，北京：中華書局2005年版，第451頁。
〔註18〕劉克莊：《後村詩話》，《文淵閣四庫全書》1481冊，臺北：商務印書館1983年版，第317頁。
〔註19〕徐時棟：《煙嶼樓讀書志》卷十六，《續修四庫全書》1162冊，上海：上海古籍出版社1996年版，第601頁。

稱「強氏此書固非好事者依託所為矣」。〔註20〕李裕民則稱：「劉克莊生於淳熙十三年（1186），晚於唐庚之生一百一十六年，對唐庚生平不甚瞭解，其說不足以否定唐庚與蘇軾有過交往。……一條稱『東坡赴定武，過京師』，確有其事，此在元祐八年（1093），是年唐庚二十四歲，《文錄》作『年十八』，當屬唐庚晚年記憶之誤，或強行父追記之誤。」〔註21〕諸家所論，皆可證《提要》「偽託」說之誤，許瀚辨《唐子西文錄》非偽，雖非盡善盡美，然首創之功不可埋沒。

　　15.《提要》譏許彥周《詩話》：「讀漢武帝《李夫人歌》，以『立而望之偏』為句，為好奇而至於不可通。」當矣。又謂：「《歌》本以『之』、『時』為韻。」瀚案：此歌：「是耶非耶？立而望之，翩何珊珊其來遲。」無「時」字，豈有一本作「其來時」耶？然遜「遲」字遠甚，縱有是，不可從也。而考以古韻，「之」、「時」同部，「之」、「遲」不同部，仍不無可疑。竊謂當作「翩何珊珊其遲來」，「遲來」猶言徐徐來也，若言「來遲」，不惟乖韻，義亦未協。寶應成心巢蓉鏡云：「非與『遲』韻耶，語助不韻。」或是也。

　　今按：《彥周詩話提要》載《總目》卷一九五。焦竑稱：「武帝《李夫人歌》：『是邪非邪，立而望之，翩何珊珊其來遲？』『之』與『遲』一韻。『翩何珊珊』，言其來翩然，而珊珊然耳。許顗《詩話》云：『立而望之偏』，是退之『走馬來看立不正』之所祖也。以『翩』字屬上，不惟於韻不迭，且『立而望之偏』是何語邪？」〔註22〕焦氏已指謫《詩話》之誤屬翩字於上，《提要》、許瀚皆踵其說。又《漢書‧外戚傳》載《李夫人歌》作「是邪，非邪？立而望之，偏何姍姍其來遲」。〔註23〕干寶《搜神記》作「是耶？非耶？立而望之，偏。婀娜何冉冉其來遲」。〔註24〕無有作「時」字者，當是《提要》字誤，許氏之說是矣。而許瀚又以「『之』、『遲』不同部」，案《廣韻》中「之」為「之」部字，「遲」為「脂」部字，在段玉裁提出「支、脂、之」三分之前，學界多以「脂」、「之」古同韻，故焦竑以「『之』與『遲』一韻」，而許氏則已知其不同部矣；然許氏改「來遲」為「遲來」以協韻，則未必確當。

〔註20〕郭紹虞：《宋詩話考》，北京：中華書局1979年，46～47頁。
〔註21〕李裕民：《四庫提要訂誤》，北京：中華書局2005年版，第451頁。
〔註22〕焦竑：《焦氏筆乘》卷三「李夫人歌」，北京：中華書局2008年版，第133頁。
〔註23〕班固：《漢書》卷九十七上，北京：中華書局1962年版，第3952頁。
〔註24〕干寶：《搜神記》，北京：中華書局1979年版，第25頁。

16. 李日華《恬志堂詩話提要》云：「此編載曹溶《學海類編》中，乃摘其諸雜著中論詩之語，湊合成編。如武伯英《燭剪》一聯，其文甚繁，今刪其上文，但云：『《燭剪》句，余改曰：吐殘月魄蟆頤動，蹴落春紅燕尾忙。』此改字竟從何來，是直不通書賈所摘矣。至日華堂名恬致，其集即名《恬致堂集》，而改曰『恬志』，尤耳食之誤也。」瀚謹案：《學海類編》實作《恬致堂詩話》，未嘗誤「致」為「志」，豈後人因《提要》改正耶？至《燭剪》事，尤與《提要》所說不符。今備錄於左，以備考。第三卷第三條云：「元元遺山《賦雲岩石詩序》，因載觀州倅武伯英《詠燭剪》一聯云：『啼殘瘦玉蘭心吐，蹴落春紅燕尾香。』當時以為奇絕，予細思上句無味，因戲改之云：『吞殘月魄蟆頤動，蹴落花須燕尾香。』庶於體物較勝乎！」又第六條云：「《燭剪》句，余又改云：『朱櫻顆坼金蟲墮，絳樹花殘玉燕斜。』覺更縟麗。」如所載，原委分明，並無不通處，不知《提要》所據何本，舛互至此，疑當時從《學海類編》中抄出別著，寫者鹵莽脫誤，《提要》但據摘抄本駁斥，未檢《學海類編》原本一對勘也。又按：「斜」字蓋「忙」字之誤，「斜」則非韻矣。

今按：《恬志堂詩話提要》載《總目》卷一九七。翁方綱《提要稿》稱：「謹按：《恬志堂詩話》上中下三卷，明嘉興李日華著。……至其改金人武伯英《詠剪燭刀》詩句，尤為鄙陋。存目可矣。」〔註25〕道光十一年（1831）六安晁氏刻本《學海類編》集餘三文詞類有《恬致堂詩話》四卷。翁氏所見《恬志堂詩話》與《學海類編》中《恬致堂詩話》書名既異，卷數亦不同。《學海類編》道光之前以鈔本行世，翁方綱所見《恬志堂詩話》，當即其一，故訛誤不少，而翁氏多有批評。許瀚所據《恬致堂詩話》應為晁氏刻本，已經人校改。許氏疑《提要》所據本為「從《學海類編》中抄出別著」者，大抵近是，惜無原鈔本對驗耳。

17.《帝範提要》云：「《唐書·藝文志》載有賈行注，而《舊唐書·敬宗本紀》稱：寶曆二年，秘書省著作郎韋公肅注是書以進。是唐時已有二注。今本注無姓名，觀其體裁，似唐人注經之式。而其中時稱楊萬里、呂祖謙之言，疑元人因舊注而補之。」瀚謹案：

〔註25〕翁方綱：《翁方綱纂四庫提要稿》，上海：上海科學技術文獻出版社 2005 年版，第 1163 頁。

都穆《鐵網珊瑚》稱：「大德中，霸州李鼎元為之注，廬陵鄧光薦序
之。」疑今本注乃李作也。

今按：《帝範提要》載《總目》卷九一。《提要》又稱：「後有吳萊跋，謂
征雲南樊夷時，始得完書。考其事在泰定二年。」〔註26〕都穆《鐵網珊瑚》卷
一「《帝範》」條則稱：「元元貞初，雲南行省左丞得之白人，字與漢異，乃譯
而進之，其書乃始行。大德中，霸州李鼎元鎮嘗為之注，廬陵鄧光薦序之。余
家所藏安成刻本，元舊物也。」〔註27〕可知《帝範》之流傳：《帝範》成書後，
遭五代戰亂，遂在中原地區失傳；到元代元貞（1294～1297）年間，雲南行省
左丞從白人手中得到《帝範》原本；大德（1297～1307）年間，李鼎元為之作
注；泰定二年（1325），元朝平定雲南叛亂時得到《帝範》；明代修《永樂大典》
時將《帝範》採入，清代修《四庫全書》時從《永樂大典》中輯出，即今《四
庫》本，今檢此本中確有「楊誠齋」、「東萊先生」之語。許氏據單文孤證，疑
注本為李鼎元作，恐非定論。

18.《史記索隱提要》云：「裴駰《集解》，舊有《音義》，年遠散
佚。諸家《音義》，延篤《音隱》，鄒誕生、柳顧言等書，亦失傳。」
瀚謹案：司馬貞《索隱後序》云：「始後漢延篤乃《音義》一卷，別
有《音隱》五卷，不記作者何人，近代鮮有二家之本。」然則延篤
亦撰《音義》耳，《音隱》非篤撰也。〔註28〕

今按：《史記索隱提要》載《總目》卷四五。梁玉繩稱：「注《史記》者甚
少，延篤、徐廣、鄒誕生、劉伯莊俱作《音義》；別有《音隱》五卷，莫詳其
人，並佚不傳。」〔註29〕又檢裴駰《史記集解》所引《史記音隱》若干條，亦
皆未言為延篤所作。許氏之說是矣。

綜上所述，許瀚在對18條《提要》的考辨中，有9條（第1、2、3、5、
6、7、8、9、18條）可作定論，3條（第10、12、15條）得失參半，4條（第
4、14、16、17條）可備一家之說，僅有2條（第11、13條）有誤。

〔註26〕永瑢等：《四庫全書總目》卷九十一，北京：中華書局1965年版，第774頁。
〔註27〕都穆：《鐵網珊瑚》卷一，《四庫全書存目叢書》子部117冊，濟南：齊魯書社
1996年版，第589頁。
〔註28〕轉引自袁行云：《許瀚年譜》，濟南：齊魯書社1983年版，第175～176頁。
按：此條不見於《續修四庫全書》本《攀古小盧雜著》中《讀〈史記索隱提要〉
志疑》，《許印林手稿》中有，袁行雲稱：「第一條《史記》內，刻本漏去一節
（或為許瀚自刪），今補錄於此。」
〔註29〕梁玉繩：《史記志疑》卷三十六，北京：中華書局1981年，1489頁。

　　司馬朝軍在《四庫學研究的戰略思考》一文中指出：「儘管『四庫學』一詞出現較晚，其實，關於四庫學的研究可以一直追溯到《四庫全書》編纂之時。」「從乾嘉至晚清這段時間，許多學者都對四庫學展開了研究，其成果散見於各種文集、筆記、書目、日記之中，可惜這部分材料發掘不夠，這段學術史至今還是模糊不清的。」〔註30〕我們對許瀚《讀四庫全書提要志疑》一文的分析，就是為全面清理四庫學學術史而做的初步努力。

　　余嘉錫在總結清人對《四庫全書總目》的研究時說：「乾嘉諸儒於《四庫總目》不敢置一詞，間有不滿，微文譏刺而已。道咸以來，信之者奉為三尺法，毀之者又頗過當。」〔註31〕這種對清人百餘年研究情況的概括過於籠統，許瀚作為道咸時期的學者，對《總目》雖有辨誤，但也並非余氏所言「信之」或「毀之」那麼簡單，他更多地是從學術的角度對《總目》進行考辨，雖然未必條條皆為不刊之論，但他的這種研究態度已經超越了信或毀的情感評價，而將其上升到學術研究的層面。

　　所以，我們認為，要對四庫學史進行系統的清理，尤其是對《四庫全書》修成之後至清末的這百餘年四庫學研究狀況的梳理，就要努力從清人的研究成果中發掘鮮為人知的「新材料」，對這一階段的研究成果進行系統總結。

〔註30〕 倪莉、王蕾、沈津：《中文古籍整理與版本學目錄學國際學術研討會論文集》，桂林：廣西師範大學出版 2013 年版，第 19～22 頁。
〔註31〕 余嘉錫：《四庫提要辯證》，北京：中華書局 1980 年版，第 48 頁。

顧炎武考據學準則辨析
——以《謫觚十事》為例

摘要：

顧炎武《謫觚十事》一文是針對李煥章《與顧寧人書——辯正地理十事》而作，顧炎武在文中從正負兩方面提出了八條考據學準則。正面準則有：（一）重古書；（二）重正史；（三）重闕疑；（四）重目驗。負面準則有：（五）輕俚俗；（六）輕佛道；（七）反剿襲；（八）反妄改。「顧八條」有得有失，第一、二、三、四、七、八條皆能成立，而五、六兩條或不免有所侷限。

關鍵詞：顧炎武；《謫觚十事》；考據學準則；方法論；清代學術史

顧炎武（1613～1682）之所以能夠被後世尊為清代學術的開山之祖，主要是因為他對清代主流學術——考據學的開創性推進。考據學雖然並不源於清代，顧炎武也並非第一個以考據成就而著稱的學者，但顧氏在考據學方法上的推進，使其成為考據學史上的重要人物。

《謫觚十事》一文是顧炎武針對李煥章《與顧寧人書——辯正地理十事》〔註1〕而作。李煥章（1614～1688），字象先，號織齋，山東樂安人。明諸生，明亡後，隱居不出。李氏此劄原文雖不可見，但顧炎武在《謫觚十事》中對原劄中辯正地理的十條內容皆有引及，顧氏謂：「（李氏）所辯十事，僕所著書中

〔註1〕 光緒間張昭潛認為此劄為他人偽作：「好事者或冒先生名，作為尺牘，竟自刊布，以與亭林辯正地理。」（張昭潛《織齋文集序》）張維華則考辨此劄確實為李煥章所作（張維華：《顧炎武在山東的學術活動及其與李煥章辯論山東古地理問題的一樁學術公案》，《山東大學學報》1962年第4期），筆者認同張維華觀點。

有其五事，然李君亦未嘗見，似道聽而為之說者，而又或以僕之說為李君之說，則益以徵李君之未見鄙書矣。」〔註2〕

顧炎武《譎觚十事》一文雖然旨在與李煥章質疑辨難，但其在對李氏考據論據問題、態度問題的批評過程中，也展現了顧氏考據學方法的原則。本文主要分析了《譎觚十事》一文展現的考據學論據原則與態度原則，並結合現代學術狀況，對其原則做方法論上的反思。

一、顧炎武考據學的正面準則

考據學主要是通過論據來證明觀點、考辨訛誤的，論據是考據學的基礎，某一具體的考據結論是否能夠成立，論據起著非常重要的作用。所以，考據學家對於論據的文獻來源，必須非常謹慎。文獻在內容上，既有類型的不同，又有時代的先後，而不同的文獻作為論據起到的論證力度也是不一樣的。

（一）重古書

顧炎武在與李煥章討論具體的問題時，也提出了一些論據方面的原則。如第一事中李煥章稱：

> 來箚〔註3〕：「孟嘗君封邑在般陽，不當名薛，薛與滕近。《孟子》篇中『齊人將築薛』。」此足下泥古之過，漢淄川郡即今壽光，今淄川即漢淄川郡所屬之般陽。孟嘗封邑在淄川，今壽光地，墓在壽光西四十里朱良鎮，後人以淄川之般陽為淄川，如以琅邪之臨沂為琅邪，樂安之博昌為樂安。孟嘗封邑偶名同薛國耳。不然，今肥城有薛王城，考其地去滕頗遠，當何說也？〔註4〕

顧炎武稱其所著「《日知錄》有辯『淄川非薛』一事」（見《日知錄》卷三十一「《史記》菑川國、薛城之誤」條），並詳加引用，顧氏於此後論曰：「僕所論如此，乃言『孟嘗君之薛不在般陽』，不曰『孟嘗君封邑在般陽，而不當名薛也』。李君之辯，既已失其指矣。凡考地理，當以《水經》、《皇覽》、《郡國志》等書為據，昔人注書皆用之。若近年郡邑志乘，多無稽之言，不足信。

〔註2〕顧炎武：《譎觚十事》，《日知錄集釋》（校注本）附錄一，浙江古籍出版社2013年版，第1907頁。

〔註3〕顧炎武原注：「據李君謂僕與之箚。」本文中獨立引文為李煥章原箚內容，其中李氏所謂「顧炎武論點」居引號之中。

〔註4〕顧炎武：《譎觚十事》，《日知錄集釋》附錄一，浙江古籍出版社2013年版，第1907～1908頁。

今曰『孟嘗君墓在壽光』，其昉於何書邪？《史記‧孟嘗君傳》:『愍王即位三年，封田嬰於薛。』《正義》曰:『薛故城在今徐州滕縣南四十四里。』今曰『孟嘗封邑偶同此名』，是古人所傳皆非也。又《漢書》有菑川國，無淄川郡，而般陽縣自屬濟南。今曰『漢淄川郡所屬之般陽』，李君既博考地理，何乃捨近而求遠，並《史記》、《漢書》而不之考邪？」〔註5〕李氏考證行文之中，其論證並無文獻依據，不知其論據從何而來，如其謂「孟嘗君墓在壽光」就不知緣據何書，令人生疑。而顧氏之考據，則以《史記》、《漢書》、《水經注》、《皇覽》等與所考證之對象有直接關聯的文獻為依據，有理有據。這就為考據學在論據方面提出了方法論上的原則:考據當以文獻為據，不能臆斷。即顧氏所謂「凡考地理，當以《水經》、《皇覽》、《郡國志》等書為據」。

從顧炎武提到考證地理當以《水經》、《皇覽》、《郡國志》等書為論據，我們可以看到，考證地理，當以古書為據。凡地理之書，多重沿革，後世所修方志，必以前代之書為損益，在此過程之中，難免出現訛誤或曲解，因此，在對地理的考證中，當以古書為據。如顧氏所舉《水經》為首部記載我國水系的著作，北魏酈道元曾為之作注，時代較早且較為完備，後世治地理者皆奉為圭臬。而《皇覽》則是我國首部類書，其中亦有記載地理的內容，只是此書很早就亡佚，只有部分佚文存於古書之中，顧氏舉《皇覽》作為考證地理時論據之書的代表，更可見其「尚古」的思想，凡於古有徵，雖隻言片語，亦有取焉，顧炎武此條引《日知錄》駁正李煥章觀點時，即引及《皇覽》。而顧炎武對「近年郡邑志乘」則持否定態度，謂其「多無稽之言，不足信」。顧氏在第五事辨「景公碑」時，就曾論道:「因歎近代士人之不學，以本邑之人書本邑之事，而猶不可信，以明白易見之碑而不之視，以子孫而不識其先人。推之天下郡邑之志，如此者多矣。」〔註6〕也可見其對於「近年郡邑志乘」的批評態度。

（二）重正史

考證地理，當以正史為據。顧炎武所據《郡國志》即《後漢書‧郡國志》，顧氏此條引《日知錄》駁正李煥章觀點時，亦引及該書以及《史記》、《漢書‧地理志》等，可見顧氏舉《郡國志》之意，應理解為正史中對地理問題的記載。

〔註5〕顧炎武:《譎觚十事》，《日知錄集釋》附錄一，浙江古籍出版社2013年版，第1909頁。

〔註6〕顧炎武:《譎觚十事》，《日知錄集釋》附錄一，浙江古籍出版社2013年版，第1913~1914頁。

顧氏對正史的重視，也與其反對以齊東之語為論據的觀點相呼應。

　　顧炎武除從正面提出正史作為考據論據的原則外，還從反面對考據徵引「別史」作為論據的現象提出了批評，如第八事中李煥章稱：

　　　　來簡：「泰山無字碑，非始皇，乃漢武時物。」《別史》：「始皇移徂徠，命李斯篆文如琅邪之眾碑。因阻暴風雨，大怒，罷。」此可信者。漢武何故立無字碑，未敢以足下言為是。〔註7〕

李氏依據《別史》所載秦始皇因暴風雨而罷篆書碑文之事，以證泰山無字碑為秦始皇所立，而駁顧炎武謂泰山無字碑乃漢武帝所立之說。顧炎武稱其所著「《日知錄》有考『泰山無字碑』一事」（見《日知錄》卷三十一「泰山立石」條），並詳加引用，文中引及《史記》、《後漢書》等，顧氏於此後論曰：「李氏似未見僕此論，不知其所謂『別史』者何書？將考千載以上之事，乃不徵《史記》而徵『別史』乎？」並進一步論證李氏「所引『別史』不過二十餘字，而謬妄已有數端」。〔註8〕首先，顧炎武對李氏所據「別史」的來源提出質疑。就顧炎武所見歷代典籍而言，其中並無名「別史」之書者，「別史」只是史部典籍中的一個類型，並非具體某部史書。如果李氏論據來自「別史」類中某一史籍的話，那就應標出具體書名，不當以「別史」含混稱之。如果李氏所引「別史」文字並無文獻來源的話，那麼李氏就有自造證據之嫌。安致遠（1628～1701）《與李象先辯答顧寧人書》中亦批評其引書不著書名，含混不清，曰：「漢去古未遠，此可信者。而足下風雨暴罷之言，所引何書耶？足下書中所引用皆云『別史』、『古史』，不著書名，足下博物弘覽，當今僑、劄，固無書不讀，豈鄙正史為尋常不足道，而故以僻奧之書相炫鬥耶？」〔註9〕也是對李氏論據來源的質疑。其次，顧炎武對以《史記》為代表的正史與李氏所謂「別史」進行了區分，認為考史事，當以正史為主，而不可依據別史。也就是說，即使李氏所據材料確為別史中的某一具體史籍，也不足以否定顧炎武依據《史記》得來的觀點。可見，顧炎武在史籍作為論據方面，是「重正史，輕別史」的。這正是顧氏對其「考據當以正史為論據」的觀點進一步深化。

〔註7〕顧炎武：《譎觚十事》，《日知錄集釋》附錄一，浙江古籍出版社2013年版，第1915頁。

〔註8〕顧炎武：《譎觚十事》，《日知錄集釋》附錄一，浙江古籍出版社2013年版，第1916～1917頁。

〔註9〕安致遠：《紀城文稿》卷四，《清代詩文集彙編》第107冊，上海古籍出版社2012年版，第568頁。

（三）重闕疑

顧炎武在與李煥章辯駁之前，就提出了考據中一個重要態度──「闕疑」：「若方輿故跡，亦於經史之暇，時一及之。而古人之書，既已不存，齊東之語，多未足據，則尤所闕疑而不敢妄為之說者。」〔註10〕即在所考據的問題論據不足以得出確定的結論時，或論據中有不同觀點而未能得出具體結論時，不能夠妄下判斷，而應該將問題暫時懸置，以待發現新的材料進行進一步論證。如第十事中李煥章稱：

> 來箚：「太公封營丘，地澤鹵，人民寡，因上古封建，各有其國，未便奪其地，遂就其隙封之，非不置太公於上游也。」古史萬國，商三千，周千八百，當伐紂時不知其如何變置。殷都朝歌，千里內不免改王畿為侯國；周都鎬京，千里內不免改侯國為王畿。澗水東、瀍水西皆諸侯，營洛後能各守其地乎？王以東方諸侯附紂者眾，故封太公以彈壓耳，足下乃過信《貨殖傳》，未敢以足下為是。〔註11〕

顧炎武《日知錄》卷七「象封有庳」條論及太公封齊之事，而與李氏所言顧氏「來箚」不同。顧炎武引該條以證，並補論「周封太公」之事曰：「《漢書》曰：齊地，虛危之分野也。少昊之世有爽鳩氏，虞、夏時有季則，湯時有逢公柏陵，殷末有薄姑氏，皆為諸侯，國此地。至周成王時，薄姑氏與四國共作亂，成王滅之，以封師尚父，是為太公。而《史記》以太公為武王所封，當武王之時，而太公至國修政，人民多歸，齊為大國矣。考《左氏傳》，管仲之對楚子，展喜之對齊侯，並言成王，不言武王。而鄭康成注《檀弓》，謂：『太公受封，留為太師，死葬於周。』又《金縢》之書有二公，則太公在周之明證。二說未知孰是。李君『變置』、『彈壓』之論，恐亦是以後世之事而測量古人也。」〔註12〕

周封太公，《史記》以為是武王所封，《漢書》以為是成王所封，二說不同。顧炎武雖考之《左傳》、《檀弓》、《金縢》，但仍以謹慎之態度，謂「二說未知孰是」，不敢妄下判斷，闕疑以待進一步考證。這就是顧氏在考據遇到觀點不一的材料，而又不能判斷孰是孰非時所採用的闕疑態度。

〔註10〕顧炎武：《謫觚十事》，《日知錄集釋》附錄一，浙江古籍出版社 2013 年版，第1907 頁。

〔註11〕顧炎武：《謫觚十事》，《日知錄集釋》附錄一，浙江古籍出版社 2013 年版，第1918 頁。

〔註12〕顧炎武：《謫觚十事》，《日知錄集釋》附錄一，浙江古籍出版社 2013 年版，第1919 頁。

同時，顧炎武還批評了李煥章「以古測今」的態度：「李君『變置』、『彈壓』之論，恐亦是以後世之事而測量古人也。」李煥章在解釋周封太公於齊的原因時，認為這是周王朝在滅商之後，出於政權穩定的考慮而做出的決定。商滅周興，東方諸侯曾經依附商紂，又距周之政治中心較遠，容易反叛，所以封太公於齊，以起到彈壓震懾的作用。而顧炎武則認為李氏此論，是以後世之事來推測古人行事的原因，並無文獻依據。從顧炎武的這一批評，我們可以看出，顧炎武反對在考據中以今測古，在沒有文獻作為論據的情況下，是不能對古代史事進行推測的。

（四）重目驗

在第五事中李煥章稱：

> 來箚：「景公墓在臨淄東南十二里，淄河店桓公墓旁。」又曰：「在長白山下，今長山境內。」又云：「周景公墓。景姓稀少，更無多為官者，必景延廣。延廣，陝州人，後晉出帝，與桑維翰同時，非周臣。又不當云周景公墓。」考《五代史·周列臣傳》：「景範，鄒平人，世宗顯德中官宰相，顯德六年罷。」故云「周景公墓」。墓在鄒平，今割入長山界。在臨淄淄河店者，春秋周齊景公墓，非周世宗景公墓也。〔註13〕

顧炎武謂其《金石文字記》中有「後周中書侍郎景范碑」一文，並引其文以證此碑為後周景範之墓碑，非晉景延廣之墓碑。今考顧氏《山東考古錄》中亦有「辨景相公墓」一條，二者略同，皆未如李氏所言，誤「景相公」為景延廣。顧氏於引《金石文字記》之後，並記其與馬驌訪「景相公碑」一事，稱：「此僕在鄒平，與邑人宛斯馬君親訪其墓而錄之者，不知李君何所聞之，而剿為己說。且與齊之景公何涉，而橫生此一辯？又此墓舊屬長山，今割入鄒平，今反曰舊屬鄒平，今割入長山。又景相，長山人，今反曰鄒平人。知李君之道聽而途說也。」〔註14〕對待論據應該講求目驗，顧炎武與馬驌訪碑一事，就充分體現了顧炎武考據學實踐中非常注重目驗。紙上得來終覺淺，絕知此事要躬行。他不是書齋型的學者，他的學問是跑出來的，從田野考古中看出來的。

〔註13〕顧炎武：《譎觚十事》，《日知錄集釋》附錄一，浙江古籍出版社 2013 年版，第 1912～1913 頁。

〔註14〕顧炎武：《譎觚十事》，《日知錄集釋》附錄一，浙江古籍出版社 2013 年版，第 1914 頁。

與此同時，顧炎武認為考據不可道聽途說。他在開篇即宣稱：「其所辯十事，僕所著書中有其五事，然李君亦未嘗見，似道聽而為之說者，而又或以僕之說為李君之說，則益以徵李君之未見鄙書矣。」〔註15〕可見，李煥章所辨顧炎武地理考證十事，就是依據道聽途說之言而來。而在本條中，李氏更是依據道聽途說之言，誤倒景相公墓之古今隸屬沿革。

二、顧炎武考據學的負面準則

（一）輕俚俗

顧炎武在正式辯駁李氏觀點之前，就提出了「齊東之語，多未足據」的觀點：「若方輿故跡，亦於經史之暇，時一及之。而古人之書，既已不存，齊東之語，多未足據，則尤所闕疑而不敢妄為之說者。」〔註16〕在這裡，顧炎武即是強調在考證的過程中應該避免使用「齊東野語」等志怪小說作為考證地理的論據。這是顧炎武從文獻來源的角度對論據進行的區分，凡是那些得自底層傳聞的材料，大多不能作為論據來證明自己的觀點。同時，這也是顧炎武從否定的層面對何種材料不適合作為論據的界定。

（二）輕佛道

顧炎武還對宗教類文獻作為論據提出了自己的看法。如第七事中李煥章稱：

> 來箚：「黃冠別說，勞山有吳子宮，是吳子夫差請《靈寶度人經》處。」春秋，吳伐齊，至艾陵。艾陵，齊南境，今郯城，去勞六七百里，甚為牽合難據。足下未讀道書，道書云：「許旌陽弟子吳猛，東昌人，入勞請《靈寶度人經》。」吳子，吳猛，非夫差。道家所居皆曰宮，不僅王侯也。〔註17〕

李煥章此條與顧炎武辨勞山吳子宮一事。李氏認為：顧炎武誤以吳子宮是因「吳子夫差請《靈寶度人經》」而得名，並引「道書」，謂吳子宮是因許旌陽弟子吳猛請《靈寶度人經》而得名，非吳子夫差。顧炎武諸書之中並無關於

〔註15〕顧炎武：《譎觚十事》，《日知錄集釋》附錄一，浙江古籍出版社 2013 年版，第1907 頁。

〔註16〕顧炎武：《譎觚十事》，《日知錄集釋》附錄一，浙江古籍出版社 2013 年版，第1907 頁。

〔註17〕顧炎武：《譎觚十事》，《日知錄集釋》附錄一，浙江古籍出版社 2013 年版，第1915 頁。

「勞山吳子宮」的論述，所以顧氏反駁道：「此道家荒唐之說，不足辯。《萊州府志》『傳疑』一條云：『春秋時，吳王夫差登勞山，得《靈寶度人經》。』今欲去其年代而改為吳猛，庸愈乎？按《晉書》：『吳猛，豫章人。』晉時亦未有『東昌』之名也。」〔註18〕

在這裡，顧炎武提出了他在考據學方法上的一個重要原則：「此道家荒唐之說，不足辨。」即在考據過程中，是不能以道家（實際指道教）等宗教文獻作為論據的。顧炎武在反駁李氏觀點時，引及《萊州府志》、《晉書》，引《萊州府志》證明傳聞亦有「夫差請《靈寶度人經》」一事，引《晉書》證明李煥章謂吳猛為東昌人之誤。顧氏所引為方志、正史，這與李氏引道書適成對照，可見顧氏以儒家為本位的正統思想已影響到其對考據學方法的運用。顧炎武的這一考據學方法觀念對後世影響極大，有清一代考據學家，大多以正經正史為論據，少有引及佛、道教文獻者，其考據學之對象亦以經史以及先秦兩漢子書為主，更少對宗教類文獻的考證。可見，顧炎武考據學的方法論，在論據方面，對佛道書是極其排斥的。

（三）反剿襲

從前面「重目驗」條的論述中，可以看到考據學者在從事考據時應持之態度：考據不可剿他人之說以為己說。顧氏已通過親自訪求到的景相公墓碑文證明該墓為景範之墓，而非景延廣之墓，而李氏則將顧氏考據成果據為己有，用以攻擊顧氏。此外，考據不可橫生枝節。對「景相公墓」的考證本應集中在該墓是景範墓，還是景延廣墓，而李煥章插入臨淄淄河店之「齊景公墓」非景範墓一事，實在突兀，屬於橫生枝節。

從顧炎武對李煥章的批評可以看出，顧炎武認為在考據過程中，既應該有誠實的態度，不能剿襲他人的考據成果而據為己有。

（四）反妄改

如第九事中李煥章稱：

來箚：「俗以丈人為泰山。唐明皇封禪，張說婿韋晊扈駕，以說婿，增三級。後帝忘其故，問群臣，伶官黃幡綽曰：『泰山之力也。』因以丈人為泰山。」不知春秋時，已有丈人峰，孔子遇丈人榮啟期

〔註18〕顧炎武：《譎觚十事》，《日知錄集釋》附錄一，浙江古籍出版社 2013 年版，第1915 頁。

處也，未敢以足下言為是。〔註19〕

李煥章此條與顧炎武辨「以丈人為泰山」事。李氏認為顧炎武以唐明皇封禪事為後世稱丈人為泰山之出處，而李氏則認為：春秋時泰山已有「丈人峰」，是「孔子遇丈人榮啟期處」，這才是後世稱丈人為泰山之出處。顧炎武反駁道：「此俚俗之言，亦不足辯。乃謂『春秋時有丈人峰』，其何所據？《列子》：『孔子游於泰山，見榮啟期，行乎郕之野。』無『丈人』字。夫紀載之文，各有所本，今欲實此峰之名，即添一『丈人』字；欲移吳門於曲阜，即去一『閶』字。用心之不平如此，而謂天下遂無讀《列子》、《論衡》二書之人哉？」〔註20〕

顧炎武諸書之中並無關於「俗以丈人為泰山」的論述。他認為，像李煥章這種考證問題缺乏相關文獻作為論據，而只以所謂俗語作為依據的論證，是不值得進行考辨的。並且李氏謂「春秋時有丈人峰」，也缺乏文獻作為依據，李氏又以丈人峰為孔子遇榮啟期處，顧氏據《列子》文，謂其中並無「丈人」二字，此二字實為李氏妄添，以證成己說。

從這裡我們可以看出：第一，顧炎武非常強調在考據過程中的文獻論據問題，沒有文獻作為論據支撐的論證是不成立的。顧氏之所以對俚俗之言不於關注，也主要是因為這些俚俗之言大多難以從文獻上找到依據。第二，顧炎武認為，在依據文獻進行論證的過程中，絕對不可以根據論證的需要而妄改論據，而李氏在此條中於「榮啟期」前加「丈人」二字以證明春秋時丈人峰因此得名，以及第四條改「吳閶門」為「吳門」以移吳國之閶門於魯，都是妄改論據的做法。

在上文論述的第九事中，顧炎武對李煥章妄改論據的做法提出了嚴厲的批評，末尾稱：「用心之不平如此，而謂天下遂無讀《列子》、《論衡》二書之人哉？」可見，在考據的過程中，顧炎武認為是應該採取客觀的、實事求是的態度，即所謂「平心」，而不能為了達到論證事先預設論點之目的，而妄改證據。

三、對顧氏考據學準則的辨析

（一）顧氏考據學準則的侷限

從上文對顧炎武考據學論據原則的歸納中，我們可以看出，顧炎武的觀點是以儒家為本位的，在考據過程中，注重運用古書、正史等居於正統地位的典

〔註19〕顧炎武：《譎觚十事》，《日知錄集釋》附錄一，浙江古籍出版社 2013 年版，第1917 頁。

〔註20〕顧炎武：《譎觚十事》，《日知錄集釋》附錄一，浙江古籍出版社 2013 年版，第1917～1918 頁。

籍作為論據,而輕視齊東之語、佛道之書、俚俗之言,這些方面的典籍,在顧炎武看來是不能作為論據來進行考據的。顧炎武《日知錄》中有關考據的條目,大多以十三經、歷代正史、先秦兩漢諸子書等為論據,而對齊東之語、佛道之書、俚俗之言等文獻則相當排斥,即是其論據原則的體現。

對於顧炎武在考據學上強調運用古書以及正經正史作為論據的觀點,筆者是認同的。因為,古書以及正經正史的產生時代相對較早,其可信度高,在考據的論據中佔據著重要的地位。但是,筆者也認為,顧炎武在考據學的論據上一味排斥齊東之語、佛道之書、俚俗之言等文獻,並將其與古書以及正經正史等文獻對立起來的做法,是有其侷限性的。這是因為:

第一,並非所有的問題都可以從古書和正經正史中得到證明。古書和正經正史等正統主流文獻作為論據自然有其優勢,但這些材料畢竟是有限的。而考據學所面對的問題卻是豐富多樣的,並非所有的問題都能從文獻中得到解答,而能從古書和正經正史中得到證明的問題則更少。所以,嚴格將論據限定在古書和正經正史等書中,只能使某些原本可以通過其他途徑得到證明的問題,依然處於懸而未決的境地。

第二,古書和正經正史中的問題並非都有考據學的價值。某一問題是否在考據學上具有價值,不是從證明該問題的論據來判斷的,而在於問題本身是真問題還是偽問題,是大問題還是小問題。如果以古書和正經正史等文獻為論據證明的問題本身就是偽問題,那麼該考據自然也沒有價值。

第三,並非只有古書和正經正史等文獻才有考據學的價值,齊東之語、佛道之書、俚俗之言等文獻也有一定價值。某一文獻是否能夠作為論據,用以考據,並不在於這一文獻本身的性質,而在於其所要進行考據的對象,即考據所要證明的問題。如果將考據學嚴格限定在史實考據上,顧炎武的論據原則是值得提倡的,畢竟很多齊東之語、佛道之書、俚俗之言很難作為論據用以證明史實,因為這些典籍相較古書和正經正史而言,其可信度較低。但是,在考據學的其他方面,例如對民俗、俗語、民間信仰等問題的考據,這些文獻未必就不能作為論據來證明問題,如果能夠運用新方法、新理論,這些材料仍能在考據學上發揮作用。

所以,筆者認為,如果只以古書和正經正史等文獻為論據,而排斥齊東之語、佛道之書、俚俗之言等文獻,勢必大大縮小考據學的範圍,使很多有價值的問題得不到考據學上的證明。顧氏提出的觀點大多是就具體問題而發,其論

據原則並不具備普遍適用性。在考據學實踐中，我們不能將之作為考據學的不二準則，而應該具體問題具體分析，根據考據時所面對的問題，而對不同論據的可信度進行區分，以使各類論據能各盡其用，以達到證明問題的目的。所以可以說，顧炎武在《譎觚十事》中提出的論據原則是有一定的侷限性的。

（二）顧氏考據學準則的價值

儘管顧氏考據學準則中的兩條有一定的侷限性，但大部分極具借鑒價值。

第一，考據畢竟是以論據為基礎而進行證明的，而論據畢竟是有限的，並不是所有的問題都能夠通過現有的文獻得到證明。而且，即使在關於所論證的問題材料充足的情況下，也可能出現論據之間相互矛盾的情況。在這樣的情況下，如果無法進行明確的判斷，最好的方法就是闕疑存疑，暫且將問題提出，不強行做出論斷。所以，顧炎武在考據學中重闕疑這一條是極有價值的。由於古今之間存在著一定的差異，在沒有證據的情況下，就採用「以古測今」的方法對考據的問題進行推測，就有可能造成錯判，而採用「以古測今」的方法推測出的觀點，也未必與事實相符。因此，如果在證據不足的情況下，以推測的方式，強行對問題作出論證，其結論的可信度就要大打折扣，甚至與事實相反。

第二，考據是一個發現問題，並通過論證進而解決問題的過程，而解決問題的過程，是具有原創性的。所以，我們在考據的過程中，如果要證明的問題前人已有考證，即使未能完善，也應該尊重其勞動成果，採取引證的方式來加以展現，不能掩人之善，更不能掠人之美，剿襲他人之說以為己說。考據成果的「後出轉精」就是指在尊重前人成果的基礎上，進一步推進問題的考證，而剿襲他說在考據學上則是極其「不德」的行為。考據所面對的問題一般都是比較直接的單一的問題，在論證過程中只要能通過對論據的梳理，達到證明觀點的目的就可以，沒有必要在本問題之外橫生枝節，使人看不清論證的問題所在。考據要以論據為基礎，論據應有文獻依據，而不能以得自道聽途說之言，作為論據。

第三，考據是人的行為，難免受到主觀因素的影響，但是為了使考據的結論可信，在考據的過程中，應該儘量以「平心」要求自己，以客觀的、實事求是的態度對待面臨的問題和使用的材料。在對問題進行論證的過程中，我們最好不要提前預設問題的結論，以免在材料的梳理過程中有所側重，而使結論出現偏差。在無法避免對結論提前預設時，我們也應該以材料與論證過程為主，

在論證的結果與預設結論出現偏差時，寧可放棄預設結論，也絕不能為了證成預設的結論，而故意隱匿、曲解甚至妄改證據。

四、結語

顧炎武在考據學上提出的少數準則雖然有一定的侷限性，但在清代以正經正史為主的考據學中，還是有很高的適用性的，他的幾條準則對乾嘉考據學的興盛起到了重要作用，如代表乾嘉考據學最高成就的高郵王氏父子，其文獻考據成果《讀書雜志》、《廣雅疏證》、《經義述聞》、《經傳釋詞》等，都是集中在對早期古書與正經正史的考據。而顧炎武對齊東之語、佛道之書、俚俗之言等文獻的排斥，也造成了清代考據學對這些方面文獻研究的冷落，這也就為近現代以來學界在古代小說、佛道文獻、民俗學的研究方面留下了巨大的空間。

顧炎武在考據過程中強調的態度問題，也對清代學術風氣產生了重要影響，如清代學者普遍對辨偽問題比較關注，《四庫全書總目》中就有許多對古代典籍抄襲問題的批評〔註21〕，而清代學術史上關於著作權的公案，如「戴震、趙一清《水經注》校本案」、「《日知錄集釋》作者案」、「《書目答問》作者案」等，都受到當時學者的極大關注，這些都表明了清代學術界對剿襲他說行為的反對。

〔註21〕參見司馬朝軍：《四庫全書總目研究》附錄一「《四庫全書總目》辨偽書目」，社會科學文獻出版社 2004 年版。